国家重点研发计划"村镇数字化科技信息服务综合示范"项目
"全国农业农村科技信息与成果转化云平台集成与示范"课题

基于价值共创的农业科技成果转化模式与利益分配机制研究

◎李 晓 唐江云 熊 鹰 郭耀辉 著

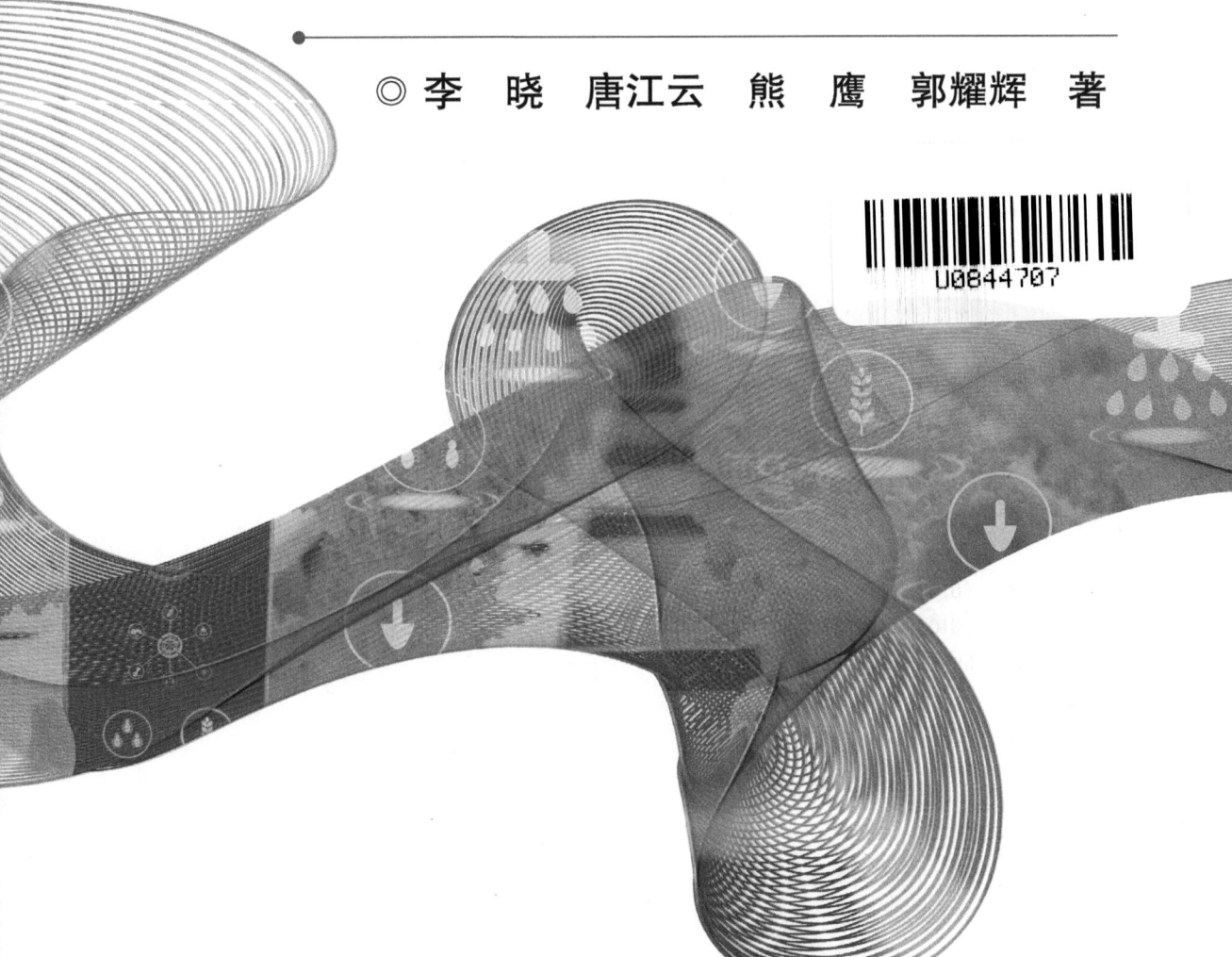

中国农业科学技术出版社

图书在版编目(CIP)数据

基于价值共创的农业科技成果转化模式与利益分配机制研究 / 李晓等著. —北京：中国农业科学技术出版社，2022.11
ISBN 978-7-5116-6037-4

Ⅰ.①基… Ⅱ.①李… Ⅲ.①农业技术-科技成果-成果转化-利益分配-分配机制-研究-中国 Ⅳ.①F324.3

中国版本图书馆 CIP 数据核字(2022)第 225202 号

责任编辑	穆玉红　李　娜
责任校对	王　彦
责任印制	姜义伟　王思文

出 版 者	中国农业科学技术出版社 北京市中关村南大街 12 号　邮编：100081
电　　话	(010) 82106626 (编辑室)　　(010) 82109702 (发行部) (010) 82109709 (读者服务部)
网　　址	https://castp.caas.cn
经 销 者	各地新华书店
印 刷 者	北京建宏印刷有限公司
开　　本	185 mm×260 mm　1/16
印　　张	17.25
字　　数	320 千字
版　　次	2022 年 11 月第 1 版　2022 年 11 月第 1 次印刷
定　　价	88.00 元

◆◆◆ 版权所有·翻印必究 ◆◆◆

序 言

我国是农业大国,有着五千年的农耕文明历史。从古代朴素主义强国观到当代社会主义强国观,农业在大国中的基础地位一以贯之。实现由农业大国向农业强国转变,是中国农业发展的理想传承和千年夙愿。从"中国要强,农业必须强"的深刻论断,到"加快推进农业农村现代化"的战略部署,再到"加快建设农业强国"的奋进号角,充分体现了党中央对"三农"工作的高度重视。农业强国必是农业科技创新强国,而把农业科技创新成果转变为现实生产力,则是迈向农业强国的重要驱动力,更是助推我国乡村振兴战略有效实施的关键环节。面对新形势、新挑战,有效推进农业科技成果转化已成为我国"三农"领域一项重要而紧迫的任务。

纵观世界,从简单工具应用的农业生产到机械化、精准化、智慧化的农业生产,农业科技创新和农业科技成果转化起到了革命性的推动作用。近年来,我国农业基础研究取得了突出成绩,农业高新技术单项成果丰硕,但我国农业科技产学研转化效率不高,主要表现为农业农村科技信息与成果转化模式缺乏活力,用户参与度低、研发成果脱离实际、成果信息更新缓慢,其根本原因在于:需求主体在以成果为导向的成果转化单向价值链中处于被动参与地位,参与各方难以形成有效协同,导致农业科技产学研转化效率不高,农业创新链与产业链融合不畅。努力破解农业科技成果转化率低的难题,探索构建新时代下适合我国农情的农业科技成果转化模式与机制,是新时代"三农人"的使命担当!

在国家重点研发计划"村镇数字化科技信息服务综合示范"项目的支持下,作者深入调研农业科技成果转化的现实需求,分析农业科技成果转化关键主体在价值链和产业链上的作用、需求、连接点、制约点,剖析现有模式与利益联结机制的优劣点,探索性地构建了由政府、专家、企业、农业服务商、专业大户/家庭农场主5个成果转化主体要素集成的协同转化的"复合三螺旋模式";同时,构建了农业科技成果转化利益分配Shapley模型,解决多主体合作模式下各主体利益分配问题,实现利益共享；并基于理论与实证研究结果，提出促进价值共创的农业科技成果转化的对策与建议，形成了《基于价值共创的农业科技成果转化模式与利益分配机制研究》学术专著。这一研究为改进我国农业科技成果转化模式和利益分配机制提供了科学证据，不仅对高效推进我国农业科技成果转化，推进科技强农、农业强国具有重要的理论依据与实践价值，对农业科技成果转化领域的研究者、管理者和有兴趣的读者，也具有一定的启示和指导作用。

是为序！

浙江大学教授

2022 年 10 月

前　言

全面推进乡村振兴、加快建设农业强国是党中央着眼全面建成社会主义现代化强国做出的战略部署。强国必先强农、农强方能国强，科技自立自强是建设农业强国的根本动力，是夯实国家粮食安全和重要农产品供给的重要保障。长期以来，科技成果供需不匹配、创新力量不协同，制约着我国农业科技成果转化的效率与质量。价值共创理论认为，在农业科技创新与成果转化领域，不同主体通过合作实现信息、资源的整合和配置效率的提升，形成稳固的创新转化合作关系，有助于降低交易成本及市场风险。因此，在国家重点研发计划"村镇数字化科技信息服务综合示范项目"支持下，课题组历时两年，先后走访调研了四川省、重庆市等30余个县（市、区），并发放1 000多份问卷，基于大量的调研构建了科技成果转化多主体间的博弈关系和行为决策机制，提出了要素集成的协同转化的"复合三螺旋模式"，探索解决多主体合作模式下各主体利益分配问题，相关研究成果在四川省宜宾市屏山县、成都市金堂县、雅安市名山区及眉山市、巴中市、广元市等地开展了应用示范。

全书共分为四个部分，11个章节，第1~4章为基础理论研究。梳理了国内外研究现状，对农业科技成果转化相关概念进行了界定；探讨了价值共创理论、技术创新扩散理论、博弈论、交易成本理论和灰色关联理论等相关理论在本书中的应用；提出了企业、科研院所、合作社、家庭农场等科技成果转化主体相关关系以及对农业科技成果转化的共同影响；明确了农业科技成果需求具有地域差异性与多样化类型，转化兼具公益性和盈利性以及转化具有周期长、风险高的特点。第5~6章为典型案例调研分析。通过问卷分析明确了科技成果转化主体的基本情况、科技创新及转化模式、科技成果需求及利益分配情况等，针对不同区域、不同产业、不同层级的科技成果转化参与主体进行了典型案例分析；总结出了各类成果转化主体的特点、优势和不足。第7~9章为模型构建与实证分析。以灰色关联理论为支撑，分析了农业科技成果转化单主体和多主体视角下的影响因素、关联关系和关键主体，及制约农业科技成果转化的现实因素；基于演化博弈论构建了三方共同参与农业科技成果转化的博弈模型；研究了影响供给主体、平台中介和需求主体等多主体行为决策机制，提出基于价值共创的"政府—专家团队—企业"农业科技成果转化三螺旋模式；阐述该模式下的科技成果转化运行机制、特点及局限性；构建修正Shapley值法的利益分配模型，对农业科技成果转化中各主体的利益分配机制进行理论与实证分析。第10~11章为科技成果转化机制与策略的总结部分。从优化多元主体参与转化机制、完善产学研一体的区域协同和组织联动机制、完善科技成果产出和转化的内生长效激励机制等几个方面，分别阐述了农业科技成果转化的推进思路，提出了推进农业科技成果转化与实现科技成果产业化的主要措施及对策建议。

课题组在调研过程中得到了地方各级部门、科研院所、企业及新型经营主体的大力支持，在此表示衷心的感谢。课题组成员黄东南、汪君、彭璟颜、林正雨、张越、汪鑫、唐庆祥、卿玲杉等付出了艰辛的努力，黄钢研究员、阎文昭研究员、吕秀兰教授、谢红江研究员、侯勇研究员、彭卫红研究员等专家为课题的研究、示范推广及专著成稿提供了智力和技术支撑，在此一并致谢。由于此项研究是开拓性工作，可借鉴的成果少，加之时间仓促、疫情防控时期等原因，书中如存在不足之处，敬请各位专家和读者提出宝贵意见。

作者
2022年10月

目 录

第1章 导 论 ……………………………………………… (1)
  1.1 研究背景及依据 ……………………………………… (1)
  1.2 国内外研究动态 ……………………………………… (4)
  1.3 研究目标与研究内容 ………………………………… (13)
  1.4 研究方法与技术路线 ………………………………… (16)
  1.5 主要创新 ……………………………………………… (18)

第2章 农业科技成果转化的概念与理论 ………………… (20)
  2.1 农业科技成果转化的相关概念 ……………………… (20)
  2.2 农业科技成果转化分析研究的相关理论 …………… (24)

第3章 国外农业科技成果转化模式分析 ………………… (45)
  3.1 国外农业科技成果转化主要模式 …………………… (45)
  3.2 国外农业科技成果转化模式的启示 ………………… (51)

第4章 我国农业科技成果转化现状和主要模式研究 …… (54)
  4.1 我国农业科技成果转化现状 ………………………… (54)
  4.2 农业科技成果转化特征分析 ………………………… (57)
  4.3 我国农业科技成果转化主要模式 …………………… (59)

第5章 农业科技成果转化主体调研分析 ………………… (71)
  5.1 问卷样本容量确定 …………………………………… (71)
  5.2 涉农企业问卷设计与分析 …………………………… (72)
  5.3 新型经营主体问卷设计与分析 ……………………… (83)

5.4 科研单位、大专院校、科研人员及农业科技人员问卷设计
　　与分析 …………………………………………………………… (93)

第6章 农业科技成果转化模式典型案例分析 ……………………… (115)
　6.1 科研院所农业科技成果转化模式案例分析 …………………… (115)
　6.2 创新型农业企业科技成果转化案例分析 ……………………… (122)
　6.3 合作社、协会及社会化服务组织科技成果转化模式
　　　案例分析 ………………………………………………………… (129)
　6.4 粮经复合园区科技成果转化案例的启示 ……………………… (134)
　6.5 农业科技成果转化模式案例的启示 …………………………… (138)

第7章 农业科技成果转化影响因素与多主体行为决策研究 …… (140)
　7.1 农业科技成果转化影响因素 …………………………………… (140)
　7.2 农业科技成果转化多主体行为决策研究 ……………………… (154)

第8章 基于信息共享、价值共创的农业科技成果转化新
　　　模式研究 ………………………………………………………… (170)
　8.1 基于信息共享的农业科技成果转化模式 ……………………… (170)
　8.2 基于价值共创的农业科技成果转化模式 ……………………… (174)
　8.3 复合三螺旋农业科技成果转化模式的构建及运行机制
　　　研究 ……………………………………………………………… (184)

第9章 基于修正Shapley值法的农业科技成果转化利益分配
　　　机制研究 ………………………………………………………… (195)
　9.1 理论研究 ………………………………………………………… (195)
　9.2 实证研究 ………………………………………………………… (197)
　9.3 农业科技成果转化利益分配机制研究结论与启示 …………… (216)

第10章 农业科技成果转化策略研究 ………………………………… (218)
　10.1 农业科技成果转化机制 ………………………………………… (218)
　10.2 农业科技成果转化策略 ………………………………………… (223)

10.3 推进农业科技产业化的主要措施 …………………………… (227)

第11章 结论与展望 ………………………………………………… (232)

11.1 主要结论 ………………………………………………… (232)

11.2 未来研究 ………………………………………………… (234)

参考文献 …………………………………………………………… (236)

附　　录 …………………………………………………………… (254)

附录一　农业科研机构/高校农业科技创新与转化模式调研

问卷 ………………………………………………… (254)

附录二　农民合作组织农业科技创新与转化模式调研问卷 …… (258)

附录三　农业企业农业科技创新与转化模式调研问卷 ………… (260)

第1章 导 论

1.1 研究背景及依据

农业农村现代化是我国农业、农村地区发展的目标和基础,是推动我国现代化建设的关键环节,促进国民经济快速稳定增长的先决条件,提高粮食综合生产能力的重要举措,也是实现乡村持久振兴的内生动力;加快农业科技成果转化对于推动我国农业农村现代化进程、实现乡村振兴战略目标具有重要意义。

农业科技的进步源于创新性的农业科研成果,而把科研成果从知识形态的潜在生产力转变为物质形态的现实生产力,则是促进农业供给侧结构性改革的重要驱动力,也是助推乡村振兴战略有效实施的关键环节(郭海红,2019;陈萌山,2018;熊桉,2019)。"十三五"以来,我国农业科技进步贡献率已超过60%,农业发展新动能不断涌现,为农业农村经济社会发展做出了巨大贡献(王丹 等,2018;黄亿红 等,2021)。

通过中国科技项目创新成果鉴定意见数据库可以检索到,2011—2020年我国农业科技成果总量为55 143件,相较2001—2010年增加了28.43%。这说明,十年来我国农业科技创新事业取得了明显成效。自2011年以来,我国年均5 500余件农业科技成果产出中能够达到稳定应用状态和成熟应用阶段的成果分别占总量的36.19%和41.94%。相较成果产出绝对数量的快速增长,横向对比却远低于发达国家70%~85%及以上的成果转化率水平。长期以来,农业科技分工不明确,科技成果供需缺乏有效衔接,成果不接地气、配套性差,创新力量不协同,职称评定唯论文而非成果转化导向等普遍存在的问题,都在制约着我国农业科技成果转化的效率与质量(黄季焜,2018;蒋和平 等,2020;林青宁 等,2018)。如何利用好农业科技成果并通过将其有效转化促进新技术、新产业、新业态的形成,克服"论文多、专利多、成果多而转化少"的尴尬局面,真正形成农业科技成果对农业高质量绿色发展的强力助推,是解决目前农业科研与农业生产"两张皮"的重点和难点(宁云 等,2021)。

加快农业科技成果转化的重要性主要体现在以下三个方面。

第一,推动农业科技成果转化是确保国家粮食安全的基础支撑。我国是有着14亿人口的大国,粮食安全事关国计民生和社会政治稳定,是国家发展战略、国家安全战略和国际竞争战略的首要问题。然而,一方面随着中国人口不断增加,工业化、城镇化进程不断加快,人们生活水平的提高和饮食结构的改善,口粮需求、工业用粮需求、饲料用粮与加工食品用粮的需求将呈刚性增长,粮食供给面临人口消费与社会发展刚性需求的双重压力;另一方面,工业化、城镇化的快速推进,导致耕地面积、淡水资源和农业劳动力资源日趋紧张,环境污染、水土流失、土地沙漠化等一系列问题日益突出,粮食生产的资源与环境约束日益加剧,高投入、高消耗、高污染、高产出的粗放型增长方式难以持续。在不能过多依靠增加投入要素来提高单产且耕地面积总量有限甚至可能减少的情况下,迫切需要根据各地农业生产发展需要,选择一批具有创新性、成熟性、效益性、适用性和实用性的重大科技成果,把农业科技成果转化为现实生产力,可为确保国家粮食安全和重要农产品有效供给提供技术支撑。

第二,推动农业科技成果转化是突破资源环境约束的必然选择。我国是人均资源相对匮乏的人口大国,在经历改革开放40年来高投入、高消耗的粗放型高速增长之后,新时代我国农业发展面临的资源环境约束日趋严峻。一是随着农村劳动力不断流出,农村空心化、农业兼业化、农民老龄化问题十分突出,农村劳动力资源瓶颈问题凸显;二是在城镇化进程中耕地减少不可避免,人地矛盾将更加突出,再加上长期以来忽视对土地的保护和合理利用,水土流失、土地荒漠化等比较严重,耕地资源约束凸显;三是随着我国经济社会发展和工业化、城镇化水平的不断提高,加上人口的不断增长,我国社会用水需求日益增加,农业用水占总用水量的比例一直呈下降的趋势。当前及未来很长一段时间,我国农业发展将面临严重的水资源短缺问题;四是长期以来我国农业发展以追求农产品数量增长为主,大量使用化肥、农药等农业投入品,包括化肥污染、农药污染、农膜污染以及畜禽养殖污染在内的农业环境污染问题凸显,也成为制约农业发展的重要因素。在今后相当长的时期内,农业发展面临的劳动力、土地、水等资源约束和生态环境压力将十分突出。面对新的形势，依靠继续消耗农业水土资源来发展农业已基本没有余地，依靠继续增加化肥、农药使用来提高产量也难以为继。只有通过农业科技创新和成果转化突破资源与环境的双重约束，才能破解比较效益下降和农业劳动力减少的双重困扰，更好应对农产品需求既要多、又要好的双重挑战。

第三，推动农业科技成果转化是加快现代农业建设的决定力量。从全球发达国家的发展经验来看，随着工业化进程加快和服务业发展日益受到重视，农业产值占GDP比重下降是个必然趋势。一般认为，农业产值占整个GDP的10%是国民经济的转折点，将迎来现代农业的加速发展期。自改革开放以来，我国农业占GDP比重每年下降2～3个百分点，1978年农业占GDP比重为28.2%，2013年首次降到10%以下，标志着我国已进入加快改造传统农业、走中国特色农业现代化道路的关键阶段。与此同时，世界范围也正在孕育着一场新的农业科技革命，现代生物技术、信息技术、人工智能等高新技术迅猛发展并向农业领域不断渗透，正在引领和支撑世界农业格局和发展方式发生深刻而深远的变革，农业科技的支撑与引领作用将更加突出。现代农业日益依赖不断发展的新技术投入，新技术是现代农业的先导和发展动力，科技变革和进步始终是现代农业发展的决定性力量和根本途径。我国农业发展面临的人多地少的基本国情，资源与环境双重约束的基本现实，更加决定了在传统农业向现代农业转变的过程中，农业科技成果转化是根本性、决定性的力量。

近年来，国内各个研究机构聚焦农业科技成果转化的研究，引入价值共创理论等多种新的理论与研究方法，在促进农业科技创新、推动农业科技成果更有效地转化、构建运作稳定的成果转化模式、建立科学合理的利益分配机制等方面取得了很多研究成果。其中，价值共创是近年来管理学界提出的一个新理念，其理论认为随着社会竞争力的加剧，单个主体的核心竞争力将逐渐转变成以多主体协同参与为核心，由企业、消费者、其他利益相关群体共同创造价值的局面。在农业科技创新与成果转化领域，涉及政府、科研单位、农业企业、农业服务商、合作社、家庭农场、农户等不同主体，通过各利益相关主体合作提供创新产品和技术服务，实现信息、资源的整合和配置效率的提升，不仅可以提高用户对产品的黏性，还有助于降低不同主体之间的交易成本以及创新过程中高成本投入带来的市场风险，但由于不同主体都是理性的独立经营个体，各自追求利润最大化，只有各主体得到公平合理的利益分配，构建良性运作模式，合作各方实现共赢，才能形成稳固的合作创新关系。因此，开展基于价值共创的农业科技成果转化模式与利益分配机制研究，对促进农业科技成果有效转化具有重要的现实意义。

基于以上背景，本研究引进价值共创理论，以推动农业科技成果转化为出发点，通过探讨农业科技成果转化现状、特点及制约因素，剖析现有的农业科研机构/高校主导型、企业主导型和农民合作组织主导型的农业科技成果转化模式的优势和劣势，基于价值共创理念探索性地构建由政府、专家、企业、农业服务商、专业大户/家庭农场主5个成果转化主体要素集成的协同转化的"复合三螺旋模式"。采用风险承担能力、技术创新能力和合作程度3个因素构建修正Shapley值法的利益分配模型，探索解决多主体合作模式下各主体利益分配问题，实现各方的利益共享，并基于理论与实证研究结果，提出基于价值共创的农业科技成果转化的相关对策建议。本研究对于促进形成多方信息互动、价值共创、利益共享机制，有效提升农业科技成果转化水平，具有较好的理论和实践价值。

1.2 国内外研究动态

与本项目相关的文献主要包括三类：第一类是关于农业技术创新和技术扩散的研究；第二类是关于农业科技成果转化的研究；第三类则是针对农业科技成果转化利益分配机制的研究。

1.2.1 关于农业技术创新和技术扩散的研究

技术进步是推动传统农业向现代农业转变的一个必要条件，长期以来农业技术创新和扩散都是学者们关注的重点问题。针对农业技术创新的内在动因，学者们提出两种假说：一是要素稀缺性诱致的技术创新（Binswanger，1974），强调要素的相对稀缺性会诱致节约更加稀缺要素的技术创新，例如美国在节约劳动力（机械化）和日本在节约土地（良种、化肥）方面的农业技术创新；二是市场需求诱致的技术创新（Schmookler，1966），认为农业技术开发和推广取决于相关商品的价格和市场规模。两种假说互为补充，具有广泛的适用性。学者们还从宏观层面对农业技术扩散过程、模型及相关影响因素展开了研究。以Rogers为代表的农业社会学家在研究杂交玉米新品种的传播中，总结出S形的技术扩散曲线。学者们针对S形扩散曲线的模型结构、参数估计以及影响技术扩散的供给、制度、结构、市场、社会网络等因素做了大量的实证研究（Rogers 等，1971；Feder 等，1985；Zilberman 等，2012；Todo 等，2015）。

除了宏观层面的农业技术创新和技术扩散研究，学者们还从微观层面对农业技术采纳展开了大量研究。Rogers（1995）、Doss（2006）研究了农户采纳新技术的行为规律，将农户决策分为三个阶段，即知道这种技术、决定采用这种技术和确定采纳强度。另有一些学者通过建立经济模型，分析影响农户采用农业新技术的主要因素，这些因素大致包括农户受教育水平（Knowler 等，2007；Devi 等，2014）、耕地规模（Zilberman 等，1984；Bonabana-Wabbi，2002）、不确定性和风险考虑（Hardaker 等，1997；Barham 等，2014）、信贷和资金制约（Zeller 等，1998）、信息获取（Feder 等，2004）和政策因素（Huttunen 等，2016）。

农业技术创新和技术扩散也是国内学者研究的一个重要领域（胡瑞法 等，2004；黄季焜 等，2009），研究视角大致包括四个方面：一是制度变迁视角，如吕荣杰等（1999）从微观层面分析了计划经济的集体农作制度向市场经济的家庭农作制度过渡中的技术创新扩散过程；何振波（2003）从宏观层面的政治经济制度变迁研究中发现，政治经济制度的变迁会显著改变农民的种植行为，制度变革能够为农业技术创新和技术扩散创造合适的政策环境。二是区域空间视角，如刘笑明等（2011）研究发现，从扩散的空间方式看，农业创新技术从创新源头向周边地区的辐射符合先等级扩散再扩展扩散的特征，近邻效应和轴向效应均比较明显；张淑云等（2010）通过实证研究表明，空间距离是农业技术扩散源和采用者之间的关系障碍因素之一，其对农业技术扩散造成阻碍。三是社会网络视角，相关研究表明社会网络是农户获取农业技术信息和技术支持的重要渠道（胡海华，2016），对农业技术扩散有着重要的正面影响（杨志海 等，2018；贺志武 等，2018），社会网络通过技术获知机制（旷浩源，2014）、风险分担机制（王格玲 等，2016）、学习机制（高贵现 等，2014；李航飞 等，2019）和互惠互助机制（张家欢 等，2017）缓解农户信息和风险的约束，加快技术扩散的速度。四是农户行为视角，学者们指出农户受教育水平（储成兵，2015）、风险态度（刘岩峰 等，2013）、认知程度（邓正华 等，2012）、心理因素（李紫娟 等，2018）等农户自身因素，技术自身特征（吕杰 等，2016）以及政策环境（李佳怡 等，2010）、经济环境（耿宇宁 等，2017）和社会环境（段巍巍 等，2013）等外部因素，均会对农户技术采纳行为产生影响。

1.2.2 关于农业科技成果转化的研究

农业科技成果转化是我国科技管理工作专用的名词（贺德方，2011；杨善林等，2013），国外由于市场体系更为完善、科技成果转化渠道建设已较为成熟，且研发活动往往以市场导向为目标，其农业科技成果往往是"不转而化"，因此国外多用技术转移来表述，并主要从技术转移的影响因素和技术转移效率等方面展开研究。

从技术转移的影响因素来看，Rogers（1995）认为农业科技成果在生产中的实用性和创新性是决定成果顺利实现技术转移的关键因素；Bennett（2002）认为技术转移是一个交易过程，表现出明显的经济特征，其转移效果很大程度上取决于技术接受者的经济与文化因素（Metz，2000）；Curi 等（2012）和 May（2013）的研究均表明，资金保障对实现农业技术转移具有重要影响；Kari 等（2015）强调高校和科研机构应以开放的姿态和企业共同进行科学研究，只有科研成果满足企业需求才容易顺利转移；Proskuryakova 等（2017）也认为农业科研成果的研发应以市场需求为导向，并需要建立可供政府机构、农业院所、农业企业和农户进行信息交换的信息平台。

从技术转移效率的研究来看，Anderson 等（2007）运用 DEA 方法对美国大学的技术转移效率进行研究，发现名牌大学的技术转移效率较高，并且大学的商业化活动比增加投入更有利于技术转移效率的提高（Kim，2013）；Siegel 等（2008）采用随机距离函数的方法，比较分析英美两国大学的技术转移效率，发现两国大学的技术转移效率呈现规模报酬递减的规律；Cardozo 等（2011）基于组织群体生态学的视角，分析大学的技术转移和技术商业化，发现行业增长越缓慢，技术转移也变得更没有效率；Macho-Stadler 等（2010）分析了大学进行技术转移的过程和激励机制，认为在技术转移过程中技术许可协议更加有效，并且保护科研专利能够提高科技人员的积极性，有利于促进技术转移效率；Curi 等（2012）研究了法国的大学技术转移效率及其影响因素，发现法国的大学技术转移效率较低，大学的规模和 R&D 投入强度均对技术转移效率有正向的影响；Kim（2013）利用 DEA 方法研究了美国的大学技术转移效率情况，发现大学技术转移效率的提高主要是由于大学商业化产出，大学商业化活动比增加投入更有利于技术转移效率的提高。

农业科技成果转化具有高风险性、长周期性的特点（屈晓娟 等，2013），为促进我国农业科技成果转化率，国内学者围绕农业科技成果转化模式、机制、绩效评价、影响因素、问题及对策等方面展开了大量研究。

针对农业科技成果转化模式的研究，张学军（2007）提出农业科技成果转化模式是指研究成果从中间试验、适应性试验开始，经过应用、推广到形成生产能力，发挥效益，成为现实生产力的运作方式，学者们从不同视角分析农业科技成果转化模式。

第一，基于农业科技成果分类视角的研究。陈希平（2001）将农业科技成果分为物化型、操作型和知识型三类，并提出了"终极企业+政府创新协调中心+科研部门+中介公司+农户""中介组织+农户+政府+市场""优势产业创新""企业+农户""市场+农户""科研部门+农户"6种转化模式；熊桉（2019）将农业科技成果按技术属性和专利保护程度分为经营性、公益性、准公益性三类，提出经营性科技成果采用"科研机构+新型经营主体+农户"转化模式，公益性科技成果采用"科研机构+政府技术推广部门+农户"转化模式，准公益性科技成果采用"科研机构+转化推广基地+农户"转化模式；王小勇等（2014）将公益性科技成果分为纯公益性和准公益性两类，提出纯公益性科技成果转化应以政府主导为主，而准公益性科技成果应以政府主导、市场推动相结合为主。

第二，基于农业科技成果转化主体、客体视角的研究。李惠芬等（2009）提出，农业科技成果转化模式有以政府为主导的转化模式、以农业科研单位和高等院校为核心的联合型转化模式和以企业自主应用研发模式三类；徐士铁等（2011）进一步将我国农业科技成果转化模式细分为政府主导的科技开发区模式、企业主导的经济共同体模式、专业协会主导的合作社模式、农户主导的家庭农场模式和科研单位主导的示范基地模式；岳福菊（2012）在对农业科技成果转化案例分析的基础上，提出"科技+基地（试验区、示范区、辐射区）""科、教、推三结合""科技+企业结合"的政府主导型转化模式，以及"企业+基地+农户三结合""企业科技一体化""中外农业企业合作"的市场机制主导的企业转化模式；邵永发等（2016）探讨了农业新常态的科技成果转化新模式，提出构建政府推动的"农业科技园区"建设模式、科研院所主导的"院县共建专家大院"模式和新型经营主体组建的科技"合作联盟"模式。目前我国农业科技成果转化仍以政府农业科技推广机构为主（王晓莉 等，2021），虽然政府主导的转化模式能够引导科技成果转化，但不适应市场化需求，因此需发挥市场中其他主体的作用，充分调动企业、高校、科研院所、民间科技中介组织的积极性以适应不同的市场化需求（李栋亮 等，2013），并且具体模式的选择既要考虑所要转化的技术的性质，也要充分结合当地的经济发展水平和社会条件（刘忠强 等，2011）。

第三，基于农业科技成果交易界面的研究。交易界面是指农业科技成果生产方和需求方之间关于成果的产权交接、转移发生的时机，交易界面可能存在于农业科技成果从基础研究经技术研究到后续试验、开发、应用、推广直至形成新产品、新材料、发展新产业等活动的任何一个位置，交易界面所处的不同位置决定了不同的农业科技成果转化模式。张学军（2007）根据交易界面位置的不同，将农业科技成果转化模式划分为研究机构自行研究转化、企业提前介入研究、成果转让、研究机构后续开发和企业自行研究转化等模式。

针对农业科技成果转化机制的研究，主要从三个方面展开。

第一，农业科技成果供求机制的研究。顾焕章（1997）从分析我国农业科技成果有效供给短缺和农业生产对科技成果的有效需求不足出发，提出完善农业科技成果转化的供求机制；张梅申等（2011）指出双向互动型转化机制满足了技术供求双方利益共享的诉求，是农业科技成果转化的长效机制；叶良均（2008）认为以农民组织为纽带的联结机制不仅可以转变以往农技推广难度大的问题，而且有助于双轨制农业科技转化机制的落地。

第二，农业科技成果转化机制的研究。陈世昌等（2000）指出，农业科技成果转化，既是技术经济活动，又是社会系统工程，应通过协调联进机制、增强动力机制、消除转化障碍机制和改善调控机制，建立健全农业科技成果转化机制；尹利军（2001）从制约我国农业科技成果转化的主要因素出发，提出建立开放的农业科研机制、信息传递机制、利益驱动机制和农业风险投资机制；张雨（2007）提出应从宏观调控机制、引导机制、动力机制、利益机制、风险投资机制和信息传递机制着手，构建更加有效、合理、可行的农业科技成果转化机制；张水玲（2014）、刘兴斌等（2014）、王生林等（2015）针对农业企业、政府部门、技术推广部门、农户等农业科技成果转化主体，提出构建外源推动与内源驱动相协调的农业科技成果转化机制；吴悦等（2014）、张萌等（2021）分别以我国农业产学研联盟和农业重大技术协同推广计划试点为例，从动力机制、学习机制、利益分配机制、风险机制、组织实施机制、信息贯通机制等方面提出构建有效、合理、可行的农业科技成果转化机制；另有部分学者从金融机构介入机制（杨柳 等，2016）、中介服务机制（潘冬梅 等，2010）、人才驱动机制（葛兆建 等，2014）等方面，对农业科技成果转化的协作与共享机制进行了探讨。

第三，农业科技成果转化创新管理机制的研究。主要从加强政府对农业科技成果转化管理制度的建立和落实（张铁石，2007）、健全农业科技成果转化领域的法律法规建设（林洲钰 等，2013）、推动以技术链带动产业链和价值链延伸的农业科技成果转化体系和转化机制创新（王敬华 等，2012）、建立灵活的科研评价机制（孟洪 等，2016）等方面展开论述。

针对农业科技成果转化绩效评价的研究，主要从以下方面展开。

第一，农业科技成果转化绩效评价的研究。贾敬敦等（2015）对农业科技成果转化评价指标体系进行分类，如应用性成果、基础性成果，软科学成果等，并对各指标进行了详细地分析；张琳（2014）采用层次分析法、熵值法、模糊综合评价法等多种评价方法，从不同的角度对"十一五"期间我国农业科技成果转化项目进行绩效分析与评价；万国超等（2019）采用熵权法与灰色综合评价法相结合的方法，建立农业科技成果转化创新绩效评价体系，并以四川省"十二五"期间的重大农业科技成果转化项目为样本进行实证检验；肖娴等（2015）运用主成分分析法和DEA方法测度中国农业科技成果转化效率，结果表明现阶段中国农业科技成果转化效率整体水平偏低且年际增长趋势较弱；相对于其他类型转化主体，事业型研究单位农业科技成果转化效率最高且呈现出稳步增长的态势；模仿创新类型的农业科技成果转化效率最高，但呈现逐渐降低的趋势；华绪庚等（2019）基于AHP-FCE方法，以福建省为例对农业科技成果转化效率进行评价分析，结果表明农业科技市场供需矛盾是影响农业科技成果转化效率的首要因素，其次为技术接纳者意愿、政府行为和农技推广机制；此外，史勇强等（2016）、郑阳阳等（2017）、林青宁等（2019）、林青宁等（2020）分别针对科研院所、合作社、农业企业构建农业科技成果转化绩效评价体系并进行实证分析，揭示影响不同主体农业科技成果转化效率的主要因素。

第二，农业科技成果转化资金绩效的研究。王敬华等（2013）认为加强农业科研资金使用效率和管理监督对于促进农业科技成果从实验室落地到农田具有重要意义；吴飞鸣等（2013）在构建农业科技成果转化资金绩效评价指标体系的基础上，运用综合评价方法，对"十一五"期间我国农业科技成果转化资金所涉及的不同技术领域进行绩效评价和比较研究；张琳等（2014）运用指标分解法、层次分析法、极值法和综合评价法，构建适合我国农业科技成果转化的绩效评价体系，并对2006—2010年全国农业科技成果转化资金项目的绩效状况进行了评价和分析；刘笑冰等（2015）运用综合评价方法，对我国不同技术领域、不同区域以及不同性质单位的农业技术成果转化资金绩效进行了综合评价；张荣庆等（2021）构建基于改进层次分析法的农业科技成果转化资金绩效评价模型，并对农业科技成果转化绩效以及不同技术领域农业科技成果转化绩效进行评价，结果表明我国农业科技成果在转化过程中遇到了瓶颈，种植业技术的成果转化效率最高；此外，骆婷（2013）、钟慧等（2015）、王希（2016）、张莉侠等（2018）分别针对南京、湖南、新疆、上海等地区，评价农业科技成果转化资金绩效，对资金使用效率和使用效果做出分析。

第三，农业科技成果转化影响因素的研究。韩晓丹等（2014）从农业科技成果自身、农业科技成果的采用者、农业科技成果的推广、政府的影响等方面分析农业科技成果转化的影响因素；陈华等（2014）指出政策支持、技术服务、农业科技成果推广、资金投入、农民的技术选择行为、农民自身技术吸收能力等方面均对我国农业科技成果转化造成影响；刘英辉（2014）指出资源禀赋、政府作为、科研教育水平、市场机制及配套的服务体系是影响农业科技成果转化的主要因素；陈明珍等（2014）利用内容分析方法，将影响农业科技成果转化的因素分为5个维度，分别是产权保护制度、激励机制、利益分配机制、供需对接机制、评价机制；吴磊（2016）认为科研与需求错位、投资结构不合理、基层推广能力不足、农业品牌建设滞后是阻碍农业科技成果转化的主要因素；张抗抗等（2017）将影响农业科技成果转化的因素归结为：缺乏具有市场竞争力的科技成果、科技成果转化的供需双方信息不对称、科技成果转化资金投入不足、投入方式有待创新、政府部门缺乏有力的政策支持和引导；此外，戚迪明等（2016）、申强等（2017）、宁云等（2021）分别对农业科研人员、农业企业及相关农业科技成果转化项目进行调研，发现科研人员收益水平低、成果针对性差、协作水平低以及约束管理机制不完善是影响农业科技成果转化的主要因素。

第四，农业科技成果转化问题及对策的研究。学者们围绕农业科技成果供需失衡和影响转化的体制机制障碍展开了不少研究。对于农业科技成果有效需求不足的问题，主要原因是农业科技成果实施主体文化素质偏低，对科技成果应用能力较弱（钱华 等，2021）、农业科技成果效益低（尉伟杰 等，2016）、对成果有效需求的强度受到农业生产经营规模的制约、农业企业作为农业科技创新主体对农业科技成果的有效需求疲软（张淑辉 等，2014）；对于农业科技成果有效供给不足的问题，主要原因是科研选题和立项与农业生产实际结合不够紧密（贾树英，2008；夏海勇 等，2015）、农业科技成果价值低（尉伟杰 等，2016）、农业科技成果转化资金投入不足（郑丽 等，2016）、农业科技成果转化技术市场发育不完善（张淑辉 等，2014）等。农业科技成果转化的引导机制、动力机制和规避风险机制不健全（郑丽 等，2016；阳蓉，2020）、农业科技成果推广体系不完善（陆建珍 等，2021）、农业推广队伍不稳定（夏海勇 等，2015）、农业教育、科研、推广三者之间未能形成良好的协作机制（陈伟民 等，2011）、农业科技成果评价机制不适应生产力发展（蔡彦虹 等，2014）、农业科技成果知识产权保护难度大（周振亚 等，2015）、农业科技成果转化收益分配机制不合理（柏宗春 等，2019）等体制机制问题也是阻碍农业科技成果转化的重要原因。针对我国农业科技成果转化中存在的问题，学者们提出需求问题为导向（彭义杰 等，2013），制度创新为起点，通过改善农业科技成果转化供需结构（周振亚 等，2015），引入多元化的社会资本投入（赵岩，2011），激励科技中介参与转化以及合理配置科技资源等方式来消除制约农业科技成果转化的障碍性因素，并且加快建立"政府有为，市场有效"的农业创新体制，构建农业科技创新联盟，优化农业科技资源配置，创新成果转化体制机制，建立转化平台以促进农业科技成果的转化。此外，完善科技成果奖励制度也是促进农业科技成果转化的重要举措（蔡彦虹 等，2014）。

1.2.3 农业科技成果转化利益分配机制的研究

通过技术转移驱动农业经济发展已成为各国政府的共识，但国外专门针对农业科技成果转化利益分配机制的研究较少。现有关于利益分配问题的研究包括理论研究和应用研究。理论研究的成果具有普适性，适用于一般的利益分配问题。利益分配问题的理论研究主要是由国外学者开创并发展的。例如 Nash（1953）提出的

Nash 协商模型用纯公理化的方法从理论上研究利益分配问题。Shapley（1953）从多人合作博弈的角度，研究多人合作中的剩余利益的分配问题。Radzik（2012）、Lange 等（2011）、Chen 等（2010）学者对 Shapley 值法进行了拓展和一般化。在利益分配的应用研究方面，国外的农业技术转移是市场化行为，较少专门针对农业科技成果转化的利益分配机制展开研究，部分研究也仅是从博弈论的角度进行分析，例如 Gerichhausen 等（2009）基于 Shapley 值法对农民加入合作组织的利益分配问题进行探讨。

国内对于农业科技成果转化利益分配机制的直接研究也较少，相关研究包括：李专（2014）基于沈阳市农业企业的调查数据，对产学研合作利益分配情况进行探讨；丁家云等（2015）分析了农业产业链延伸中的利益分配机制；熊桉（2019）针对农业科技成果转化体系中技术要素的收益分享与风险共担机制进行了分析；部分研究采用博弈论和 Shapley 值法，对农业科技创新主体间的利益分配方式和分配策略进行了理论研究（陈湘东 等，2015；曹晨 等，2019）。

1.2.4 国内外研究评述

针对农业科技成果转化的研究已是国内外学者关注的重点问题，学者们围绕农业技术创新与技术扩散、农业科技成果转化模式、机制、效率、影响因素、问题及对策、利益分配机制等方面已展开了不少研究，但现有文献研究中，仍存在以下三个方面的问题和不足。

第一，国外相关研究由于区域环境和制度条件不同，这些研究在我国的应用中存在一定局限性，因此研究我国农业科技成果转化问题不能照搬国外已有的理论和模型，需要结合我国国情开展有针对性地研究。

第二，国内针对农业科技成果转化的研究尚缺乏系统规范的理论框架，尤其是缺乏对农业科技成果转化模式的机理分析，并构建更为完善且符合实际的农业科技成果转化模式；同时，现有对于农业科技成果转化利益分配的研究仍以定性分析为主，缺乏针对合作主体间的利益分配问题展开定量研究。

第三，少量研究采用 Shapley 值法的理论分析为解决农业科技成果转化中各参与主体的利益分配问题提供了科学思路，但该方法隐含对参与主体的风险承担能力、科技创新能力和合作程度都是均等的假设，而这些因素都会对利益分配产生影响，因此需要综合考虑参与主体风险承担能力、科技创新能力、合作程度等因素，对传统 Shapley 值法进行修正，建立科学合理的农业科技成果转化利益分配模型。

1.3 研究目标与研究内容

1.3.1 研究目标

农业科技成果转化是农业科技创新转变为实际生产力的必要过程，是由研发、推广、应用等多主体构成的协同互动复杂系统。现有农业科技成果转化模式缺乏活力，主要表现为用户参与度低、研发成果脱离实际、成果信息更新缓慢，其根本原因在于，需求主体在以成果为导向的成果转化单向价值链中处于被动参与地位，参与各方难以形成有效协同。

为此，本研究基于价值共创理论，引入农业科技价值链理论、演化博弈论以及文献计量法、问卷调研法、案例分析法、层次分析法、Shapley 算法与灰色关联分析等实证研究方法，形成理论与实证相结合的研究框架，通过调研案例、总结典型的农业科技成果转化模式及其利益分配机制，分析农业科技成果转化关键主体在价值链、产业链上的作用、需求、连接点、制约点，辨识现有模式与利益联结机制的优劣势，分析农业科技成果转化的影响因素和供给主体、平台中介、需求主体之间的动态演化机制，探索构建由政府、专家、企业、农业服务商、专业大户/家庭农场主 5 个成果转化主体要素集成、协同转化的"复合三螺旋模式"，开展农业科技创新与成果转化利益分配机制研究的实证研究与模型构建，解决多主体合作模式下各主体利益分配问题，实现各方利益共享。基于理论与实证研究结果，提出促进价值共创的农业科技成果转化策略。

1.3.2 研究内容

全书共分为 11 章，各章内容简述如下。

第 1 章，导论。本章介绍了研究的选题背景及其依据，梳理了国内外研究现状，提出研究的选题背景及依据、目标、内容、研究方法、技术路线、研究特色及创新之处，本章是全文的导论，起到提纲挈领的作用。

第 2 章，农业科技成果转化的概念与理论。本章对农业科技成果转化相关概念进行了界定，探讨了价值共创理论、技术创新扩散理论、博弈论、交易成本理论和灰色关联理论等相关理论，为本研究后续的理论分析和实证分析奠定了理论基础。

第 3 章，国外农业科技成果转化模式研究。本章以美国、日本、荷兰、法国、英国、澳大利亚、以色列为例，总结了国外农业科技成果转化的主要模式，并从政府支持、产学研合作、市场主体助力、科技和教育支撑等维度提炼了可供我国借鉴的完善农业科技成果转化体系的经验启示。

第4章，我国农业科技成果转化现状分析。本章通过研究国内农业科技成果转化主体与转化受体，农业科技成果转化率，农业科技成果转化投入、国内农业科技成果转化的主要模式等农业科技成果转化的现状，提出了本研究的科技成果转化主体分为企业、科研院所、合作社、家庭农场等供需主体，分析了农业科技成果转化主体的各自力量、相关关系以及对农业科技成果转化的共同影响，指出国内农业科技成果需求具有地域差异性与多样化类型、转化兼具公益性和盈利性、转化具有周期长、风险高的特点，并分析归纳了政府主导型、农业科研机构/高校主导型、涉农企业主导型、农民合作组织主导型等模式，总结和提炼出了国内推进农业科技成果转化的相关经验。

第5章，农业科技成果转化调研问卷分析。本章调研分析了科技成果转化主体的基本情况、科技创新和转化模式、科技成果需求等，采取线上线下相结合、实地座谈和问卷调研相结合的方式，深入四川省宜宾市屏山县、成都市金堂县、广安市武胜县、成都市崇州市、自贡市自流井区、成都市双流区、雅安市名山区与绵阳市涪城区等20余个县（市、区），调研对象涉及种植业、畜牧业、林业、农产品加工、农化产品、生物技术产品等行业的科研院所、企业、合作社、家庭农场、村集体经济组织等。

第6章，农业科技成果转化典型案例分析。本章针对四川农业科学院、四川农业大学、种业企业、农化企业、加工企业、合作社、农业协会、技术服务队等科技成果转化参与主体进行了调研和典型案例分析，总结出了各类成果转化主体的特点、优势和不足，为进一步研究成果转化利益分配机制与完善利益联结机制奠定了基础。

第7章，农业科技成果转化影响因素分析与多主体行为决策研究。本章以灰色关联理论为支撑，基于大量的四川农业科技成果转化案例问卷调研和实证研究，构建了计量模型，分析了农业科技成果转化单主体和多主体视角下的影响因素、关联关系及关键主体，重点研究了农业科技成果转化主体要素中制约农业科技成果转化的现实因素。基于农业科技成果转化背景，本章还以建立供给主体、平台中介、需求主体三者收益矩阵为依托，采用博弈论方法，构建了三方共同参与农业科技成果转化的演化博弈模型，并利用 MATLAB 进行数值仿真分析研究了影响供给主体、平台中介、需求主体等策略演化因素与多主体行为决策。本章通过剖析制约农业科技成果转化影响因素的现实困境，提出了构建需求导向立项模式、优化农业科技成果市场转化路径、充分发挥多元推广主体作用、创新构建农业科技成果转化立体模式等对策建议，以期提升农业科技成果转化的效率。

第 8 章，基于信息共享、价值共创的农业科技成果转化新模式研究。本章先以金颖农科孵化器为实证研究案例，剖析基于信息共享的农业科技成果转化的"2+N"模式与线上线下模式；再以三螺旋理论为支撑，研究了基于价值共创的"政府—专家团队—企业"农业科技成果转化三螺旋模式，阐述该模式下的运行机制、特点及局限性，针对四川农业龙头企业典型案例予以实证研究。实证研究表明："政府—专家团队—企业"三螺旋模式反映了四川农业科技成果转化的现实需求，符合中国农情特点，在一定程度上有助于带动区域产业发展，但传统三螺旋农业科技成果转化模式存在政府干预过多影响成果转化、农业中介机构与新型经营主体缺失与螺旋主体对接不精准等短板问题。为弥补传统农业科技成果转化三螺旋模式的不足，本章提出并构建由"创新双三螺旋"和"推广双三螺旋"构成的"复合三螺旋"农业科技成果转化模式，设计了复合双三螺旋的推广、转化模式下的动力和协同机理。复合双三螺旋农业科技成果转化模式可弥补传统三螺旋模式短板，促进行政链、生产链、创新链的协同转化，同时完善了信息链，延伸了价值链的内涵，促进了农业科技信息与成果转化的发展与完善。但在利益分配机制、风险分担机制上还有待完善。本章还基于共生理论，探讨了网络平台的农业科技成果转化模式，研究了平台共生单元、共生环境、共生界面、共生模式与共生条件，为农业科技成果转化提供了一个新的可借鉴的模式。

第 9 章，基于修正 Shapley 值法的农业科技成果转化利益分配机制研究。本章通过实地调研四川省以种植业、养殖业、种业、农化行业为代表的农业科技成果转化涉及的相关主体，总结典型的转化模式，并基于上述研究，采用风险承担、技术创新和合作程度 3 个因素构建修正 Shapley 值法的利益分配模型，对农业科技成果转化中各主体的利益分配机制进行理论与实证分析。结果表明：政府、科研单位、农业企业、村集体经济组织、合作社/家庭农场/农户等农业科技成果转化主体形成了公益性科技成果转化模式、经营性科技成果转化模式和具有扶贫性质的农业科技成果转化模式，不同模式下各合作主体之间资源共享、优势互补、协同发展，有利于降低交易成本、提高专业分工效率、实现规模经济和范围经济，创造出更高的整体收益，各参与主体也获得更多的个体收益；农业企业在技术和市场衔接中居于关键主体地位，构建以农业企业为主导的农业科技成果转化模式，可以形成更高的科技资源配置效率和市场供求效率，有利于推进农业科技成果转化；修正后的利益分配方法纳入参与主体风险承担、技术创新和合作程度的影响，体现按贡献分配利益的原则，更符合实际，有利于合作的长期稳定。

第10章，农业科技成果转化策略研究。农业科技成果转化涉及研发、资本、组织、管理、市场、政策等各种要素的相互协调和配合。为促进创新主体、需求主体、中介机构、政府等多方协同创新、价值共创共享。基于前面各章节的研究，本章从农业科技成果转化耦合互动机制、农业科技成果转化增值机制、农业科技成果转化共享机制等几个方面分别阐述了基于信息共享、价值共创的农业科技成果转化机制，从优化多元主体参与转化机制、完善产学研一体的区域协同和组织联动机制、完善科技成果产出和转化的内生长效激励机制等几个方面分别阐述了农业科技成果转化的推进思路，并从纳入国家农业科技创新体系、建立统筹发展协调领导机制、改革农业科研选题立项机制、加大对院所科技企业的扶持、扶持农业科技成果产业化重点项目、加快建设技术交流转移平台、构建农业科技产业中试基地、完善农业科技产业融资渠道、制定农业科技产业优惠政策、加强农业科技产业法治建设等几个方面提出了推进农业科技成果转化与实现科技成果产业化的主要措施。

第11章，总结与展望。围绕基于价值共创的农业科技成果转化模式与利益分配机制的理论与实证研究，归纳主要结论，提出主要创新，展望未来研究。

1.4 研究方法与技术路线

1.4.1 研究方法

主要采用了规范研究和实证研究相结合，资料信息收集和综合分析相结合，经验分析和计量模型分析相结合；比较研究和对策研究相结合，归纳和演绎的逻辑分析的研究方法。按照提出问题，评述现有资料，选择经济学理论解释，建立假设，用事实验证，得出结论，指出解决问题的路径和应采取的成果转化策略。

1.4.2 技术路线

根据本研究内容，对应的技术路线见图1-1。

图1-1 技术路线

1.5 主要创新

围绕农业科技成果转化模式与利益分配机制开展研究，旨在通过加强现代农业科技推广应用，保障国家粮食安全、促进重要农产品稳产保供、全面推进乡村振兴的科技支撑，是基于价值共创理论对农业科技成果转化模式与利益分配机制的开创性研究，为农业科技成果转化研究作出了理论和实践探索。研究的主要创新点有以下内容。

（1）采用演化博弈模型，创新性地从供给主体、平台中介、需求主体三者收益矩阵角度深入解析农业科技成果转化不同主体之间的动态演化机制

农业科技成果转化涉及多方主体，其合作需要进行长时间多次博弈，本研究不局限于以往主要针对农业科技成果转化中不同主体行为的静态分析方式，而是基于不同主体的初始意愿、成本、收益分配、潜在损失等多因素，建立三方演化博弈模型，解析博弈三方的演化稳定策略，定量仿真分析各因素对博弈三方策略选择的影响，为优化新型农业科技转化机制提供了理论支撑。

（2）基于价值共创的理论视角，创新性地构建"复合三螺旋"农业科技成果转化模式

"三螺旋"模型对促进成果转化的重要性已得到普遍认同，被广泛应用于世界各国的创新转化实践中，但我国关于三螺旋模型在农业科技成果转化模式中的应用研究还不足，特别是我国农业科技成果转化的复合转化模式或多元化情境下的农业科技成果转化模式的协同机制及动力机制，尚未得到有效揭示。为此，本研究借鉴三螺旋模型，基于价值共创理论，构建"复合三螺旋"农业科技成果转化模式并剖析该模式的协同机制与动力机制，进一步完善了"三螺旋"模型现有的理论基础，同时在三螺旋模式演进过程中探寻新的"复合三螺旋"农业科技成果转化模式，为农业科技成果的具体落地应用提供了借鉴模式。

（3）通过对传统 Shaley 值法的修正，创新性地提出综合考虑风险承担、技术创新和合作程度等因素的农业科技成果转化利益共享策略

虽然现有少量研究涉及对农业科技成果转化利益分配机制的分析，但现有研究中主要是采用博弈论方法的理论分析，缺乏针对不同农业科技成果转化模式的定量化利益分配分析。本研究借助传统 Shapley 值法，并纳入参与主体的风险承担能力、

技术创新能力、合作程度等因素，进一步修正传统 Shapley 值法，建立科学合理的农业科技成果转化利益分配机制，为增强各参与主体之间的稳定合作、促进农业科技成果的有效转化提供科学依据和决策参考。

第 2 章　农业科技成果转化的概念与理论

研究农业科技成果转化模式和机制，首先应对农业科技成果转化相关概念进行界定，探讨价值共创理论、技术创新扩散理论、博弈论、交易成本理论和灰色关联理论等在农业科技成果模式中的应用，为后续的研究分析和实证分析奠定理论基础。

2.1　农业科技成果转化的相关概念

2.1.1　农业科技成果

技术与科技创新。技术泛指人类在科学实验和生产活动过程中认识和发现自然所积累起来的知识、经验和技能的总和（傅家骥，1998）。包含自然技术、社会技术及思维技术。波普尔认为科学是解释性的知识，可理解的知识，即理论性活动的结果，科技是科学和技术的统称，是社会文化的核心部分。科学重在认识客观世界，技术重在改造客观世界（李喜先，2005）。

科技成果。依照《促进科技成果转化法》，科技成果是指通过科学研究与技术开发所产生的具有实用价值的成果（专利、版权、集成电路布图设计等）。科技成果即科学技术所取得的成果，科学技术是对科技成果这一类事物的一般性称谓；而科技成果通常指的是某一个具体的事物，两者之间是一般与特殊、整体与个体的关系，科学技术是对各种各样、形形色色科技成果的统称。关于科技成果目前界定众多，如"科技成果是指在科学技术等领域中经由复杂的智力劳动所得出的具有某种被公认的学术或经济价值的知识产品""科技成果是指由法定机关认可，在一定范围内经实践证明先进、成熟、适用，能取得良好经济、社会或生态环境效益的科学技术成果""科技成果是指某科学技术研究项目课题通过观察、试验、验证、辩证、总结等活动取得并经由考验具有学术价值、实用价值的结果"等。这些定义都是科技管理部门从科技管理的角度给出的定义，都强调了新颖性与先进性、实用性和重复性、独立性和完整性。需要有新的创见、新的技术特点或已有的同类科技成果相比较为先进之处；实用性包括符合科学规律、具有实施条件、满足社会需要。重复性是可以被他人重复使用或进行验证；具有独立、完整的内容和存在形式，如新产品、新工艺、新材料以及科技报告等。科技成果一般会通过一定形式予以确认：通过专利审查、专家鉴定、检测、评估或市场以及其他形式的社会确认等。

农业科技成果。是指在农业领域形成的科技成果，但是这种科技成果主要应用于农业领域。农业科技成果是科技成果的一种具体产业类型，农业科技成果也是农业科学技术的一种具体产业类型，从范畴上，其包括农业科学成果和农业技术成果两个方面。按照学科分类，可划分为硬科学成果和软科学成果。硬科学成果是指自然科学研究成果，软科学成果主要指社会科学研究成果。按照成果的性质，可以划分为基础研究成果和应用研究成果。基础研究成果主要探究自然界和人类社会演变的客观运行规律，揭示自然界和人类社会本质，应用研究成果又称为技术研究成果，是能够直接改造自然界的新手段、新材料、新方法、新品种、新设备。按照成果的形态，可以划分为有形成果和无形成果。有物质载体的成果为有形成果，如动植物新品种或新农药、新肥料、新的农机具等；无物质载体的成果为无形成果，如农作物的高效栽培技术、病虫害的综合防控技术等。

2.1.2 农业科技成果转化

农业科技成果转化的概念来源于科技成果转化领域。《中华人民共和国促进科技成果转化法》将科技成果界定为"为提高某领域生产效率水平对科学研究及技术研发所创造的具有一定实用价值的成果进行后续开发、试验、运用、推广直到产生新工艺、新产品、新材料，甚至发展出新产业业态的活动"。这一定义揭示了科技成果转化的本质：即科技成果转化是科学技术由潜在生产力向现实生产力转化的过程，使之服务于生产力的发展。广义上讲农业科技成果转化包括农业技术成果转化和农业科学成果转化，狭义上而言农业科技成果转化仅仅指农业技术成果转化。农业科技成果属于科技成果，具有其基本特征，但它在诸多方面又具有区别于一般科技成果的独特之处，其中，成果转化的特殊性就是一个重要方面。同一般科技成果一样，农业科技成果的产生与使用通常也是分离的，由不同的主体承担，农业科技成果的产生通常是在农业科研院所或农业高校，而农业科技成果的应用则是农业企业或农户，这种主体上的分离、目标的差异，加上技术水平、主体认识能力、经济制度、社会发展阶段等其他方面的制约因素，导致农业科技成果转化通常存在一定困难，其解决的难度比一般科技成果转化更大。

2.1.3 农业科技成果转化主体

农业科技成果转化涉及农业科研院所、各类中介机构、农业企业、农户等多类主体，基础研究、应用研究、开发研究、中试、组装、推广等诸多环节，各主体和环节之间的关系比较复杂，农业科技成果的顺利转化依赖于各个主体的互动配合、有效衔接（黄家章，2009）。传统上习惯将农业科技成果分为供给方和需求方。农业科技成果供给方主要通过相关农业科技资源的投入完成农业科技成果的研制。凡是具有一定农业科技资源、具有一定农业科技研发能力、能够通过有效组织农业科研活动提供一定农业科研成果的组织和个体都可以成为农业科技成果供给方，主要有农业科研院所、农业大专院校、农业企业等。农业科技成果需求方即农业科技成果的应用方，是系统转化客体农业科技成果的终结点，是将农业科技成果应用于具体的农业生产，将其功用发挥出来，推动农业产业发展，其现实主体形式主要是农业企业、合作社、家庭农场主体、农户等具体从事农业生产的组织和个体。

根据营销学理论，提出了基于农业科技成果转化模型的农业科技成果转化条件（王蹇，孙建，2012）：一是农业科技用户对某项成果存在需求是该农业科技成果能够顺利转化的先决条件；二是农业科技成果的供给条件包括技术功能、技术效果、技术稳定性达到农业科技用户的需求，农业科技成果才能顺利转化，要加强对农业科技需求的内容、结构、特征等分析研究；三是农业科技成果转化的中介条件，农业科技成果属于生产中间品，他的对象不是普通的消费者，而是从事农业活动的生产组织，在生产与消费的中间环节上存在的需求内容更多，例如科技成果的熟化服务支持，成果转化的市场潜力预测与价值评估服务支持，金融与法律服务支持、有效信息沟通支持等必备条件。

2.1.4 农业科技成果转化模式

农业科技成果转化是一个涉及多要素、多主体、多环节的系统工程，要推动农业科技成果转化。一方面，要加强对农业科技成果单要素、单环节深入研究；另一方面，也要加强对农业科技成果转化问题的系统性研究，讨论其中各环节、各要素的相互衔接与配合问题。只有系统内各环节、各要素直接能够相互配合和衔接，才能使农业科技成果转化更有效率。农业科技成果转化模式性研究结束为起点，进行中间环节的试验和小规模示范，再扩大范围应用、推广到形成产品竞争优势、为生产者带来收益，实现成为生产力或者促进生产力的运作方式。参考徐士铁 2011 年的划分方法，我国农业科技成果转化模式大致可以划分为以下几种类型。

第一，以科研单位、农业院校等成果研发单位为主导的成果转化模式。这是以科研人员为中心的转化模式，在这种模式下农业科研单位的科技人员直接面对成果需求方进行科技创新转化，加强研究成果从前端创新过程的交流，能够有效避免沟通过程中出现信息误导和疏漏。但是，在实际生产中，部分农业科研教学单位服务覆盖面较为狭窄，服务项目单一且不可持续，难以有序推进转化的进程。

第二，以各级农业技术推广部门为主导的转化模式。这是我国农业科技成果转化的主要模式，各级政府在农业技术推广领域发挥主导作用，也是当前形势下最广泛且最有效的农业科技成果转化模式，具有较大的实践优势。需要注意的是，在转化农业科技成果的过程中，政府的引导支撑作用与各方的创新动力并不矛盾，更有利于实现"官、产、学、研"的四方联动。

第三，以企业为主导的转化模式。以企业为主导指的是涉农企业基于自身发展的需求，通过科研院所引进适合的科技成果，在企业生产、加工、销售各个环节中实现科技成果的产业化，在成果转化过程中则以农民为合作对象，传播农业技术，加速技术的转移与应用。在此模式中，企业逐利的基本属性不可忽视。由于企业与农民之间缺乏紧密的联系，要想借助这一模式建立共享利益的经济共同体，对企业的要求相对较高，近期内在我国建立以企业为中心的农村科技推广体系与技术成果转化模式还不成熟。

第四，以农业生产者为主导的转化模式。农民是成果产出的直接利益相关者，在转化中扮演的角色非常关键。作为农业的实践者、土地的主人，农民的发展需求与农业科技成果关系直接相关。专业大户、职业农民与专业合作社成为农业科技成果转化过程的核心角色，自然会调动其传播与践行的积极性，自觉参与成果转化，实现快速扩散实用农业技术成果的目标。但实践中，由于信息不对称，农民直接获得与接触农业科技成果的机会不多，导致这种效率最高的成果直接转化模式并不多见。

2.2 农业科技成果转化分析研究的相关理论

2.2.1 价值共创理论对构建农业科技成果转化利益共同体的分析研究

价值是营销学的核心概念,价值创造是指企业生产、供应满足目标客户需要的产品或服务的一系列业务活动及其成本结构（Woodruff,1997）。Norman 和 Ramirez 在 1993 年提出,价值创造建立在供应商和消费者之间,企业和顾客在价值创造中独立扮演着不同的角色,企业创造价值并在价值链上线性传递给顾客,顾客是价值使用者。Becker（1965）提出了消费者生产理论,利用生产者提供的产品、服务等和消费者自己的时间、精力共同创造满足消费者需求的价值。生产者在这一过程中帮助消费者完成生产过程,生产者在其中的作用和独特性决定了其竞争优势和利润；消费者生产过程建立在生产者提供的基础上。消费者与生产者之间存在互动,价值由生产者与消费者共同创造。在此之前普遍认为消费者是仅为价值的使用者,企业是价值的独立创造者。Ramirez（1999）提出价值共同生产的理论,认为价值是由消费者和企业共同创造的,价值共创的关键在于企业与消费者之间的交互,强调消费者参与企业生产过程并与企业一同实现创造价值,突出消费者在价值创造中的重要性,同时强调该生产过程以企业为主导。因此,共同生产理论作为传统价值创造理论与价值共创理论的过渡,初步具备价值共创思想的一些特征。

价值共创理论是由价值创造理论延伸而来,指由多个利益相关者共同创造价值,最初由 Prahalad 和 Ramaswamy（2000）从战略和营销管理的角度提出。营销学主要从两方面分析价值共创：狭义的价值共创在企业与消费者互动间产生的使用价值（Christian,2013）；广义的价值共创不仅体现在直接的互动中,也包括双方在研发、设计、生产、消费等全过程中直接或间接互动合作的创造。目前价值共创理论主要分支为消费者体验主导逻辑和服务主导逻辑两种（Sheth,2007）,服务主导逻辑关注整个价值共创系统的价值实现,消费者体验主导逻辑强调参与价值共创各方的价值实现。

2.2.1.1 服务主导逻辑价值共创

Vargo 和 Lusch（2004）总结了营销理论的发展,提出了基于核心竞争理论和资源优势理论的服务主导逻辑（Service-Dominant Logic）。服务主导逻辑价值共创研究体系中重点研究价值创造主体通过交流互动和整合资源实现共同创造价值的动态过程（简兆权，2016）。在服务主导逻辑下，经济交换的根本应该是服务，拥有操作性资源重要性高于对象性资源，是企业的核心能力。对象性资源指包括原材料在内的有形、静态的资源，操作性资源包括人力资源、组织资源、信息资源和关系资源等无形、动态可恢复的资源。服务主导逻辑认为，价值创造是一个连续的过程，不同的行动主体自发提出各自的价值主张，通过技术和语言等方式互动达到共同生产和价值的共同创造的目的（Vargo，2010）。服务主导逻辑提出消费者拥有大量操作性资源，是价值创造的主体之一，他们把自己拥有的操作性资源投入价值创造过程，完成价值的获取，满足自身需求，并影响企业实现其价值，企业与消费者利用各方资源共同完成价值创造（Vargo，2011）。企业、消费者、供应商等都是资源整合者、服务提供者和价值创造者，都是社会和经济活动的行为者。在价值共创过程中，消费者具有不可或缺的重要地位，消费者提出价值主张，企业协助消费者进行价值创造，消费者在获得服务和体验的同时，运用自身的知识和能力整合其他资源，创造独特价值。此时消费者已成为企业资源的一部分不再只是企业的营销对象。因此，强调企业要以消费者为中心、以市场为导向，通过关系管理与消费者合作，向消费者学习，将消费者自身的需求与意愿纳入价值共创的过程中并反映出其价值期望，通过价值共创整合完成大规模定制和关系营销（Mustak，2013）。在价值共创的过程中，由于脱离了企业独自设计价值创造体系和消费者被动参与的因素，消费者成为了积极的参与者，与企业成为对等的关系。Gronroos（2008）通过分析价值共创过程中消费者的使用价值，提出在价值共创过程中企业通过与消费者互动价值共创的促进者。Gronroos 和 Voima（2013）提出价值创造存在于供应商、联合和消费者三个区域，在供应商区域围内，供应商和消费者间接互动创造潜在价值，在消费者区域内，消费者和供应商间接互动创造使用价值，在联合区域内供应商和消费者可以实现直接互动创造使用价值，指出价值共创的关键是互动，价值本质上是由消费者创造的，而企业仅担任价值的共同创造者。

2.2.1.2 消费者体验主导逻辑价值共创

基于消费者逻辑的价值共创过程是一种投入至产出过程（Etgar，2008）。消费者作为价值共创者，把自己的时间、精力、信息、知识和技能等资源投入价值共创系统，并与企业的资源进行整合，通过互动把消费者价值创造过程与企业的价值创造过程连接起来、相互渗透融合。消费者与企业在持续的资源交换、互动、对话和合作中完成价值共创。企业在价值共创系统中扮演提出价值主张、通过与消费者互动共同创造价值、提供价值共创支持系统等三种角色（Vargo，2004）。具体而言，企业根据消费者的需求提出价值主张，在消费者接受其提出的主张以后，与消费者形成共同的价值创造目标，并通过资源交换和互动与消费者实现价值共创。为保证价值共创能够顺利进行，企业还必须提供价值共创支持系统，包括基础设施等硬件以及组织结构、规章制度、文化、氛围等软件（Kelley，1992），以帮助和支持消费者实现价值共创。在基于消费者逻辑的价值共创系统中，企业提出价值主张与价值共创核心系统之间、价值共创核心系统与企业提供的价值共创支持系统之间存在双向影响关系，消费者与企业的价值共创信息及时向企业价值主张和企业价值共创支持系统做出反馈；同时，企业与消费者价值共创也受限于企业提出的价值主张和提供的价值共创支持系统。通过价值共创，消费者在合作和互动过程中获得各种不同的体验、多维的顾客价值以及由此而形成的顾客满意和顾客忠诚等价值产出（Auh，2007）。

  进入21世纪，顾客有了更多选择，满意度却降低，企业有了更多战略选择，却产生了更少的价值。这个矛盾的现实使得价值创造迎来新的框架，即企业需要与顾客进行价值共创，为顾客创造独特的价值，才能在实现顾客价值的基础上实现企业价值。根据消费者体验主导逻辑，顾客参与了价值的定义与创造过程，顾客的共创体验是价值的基础。因此，企业必须专注共创体验的质量，而质量来源于企业与顾客的互动情况。另外，由于个体的独特性会影响共创过程和共创体验，所以企业需要通过有效创新体验环境，借助企业与顾客互动、为每位顾客创造独特体验。Prahalad和Ramaswamy（2004）还提出了促使顾客个性化共创体验的关键因素"DART"模型，"D（对话）"意味双方要共享知识和加强沟通交流，要创造和维持一个忠诚的社区；"A（获取）"始于信息和工具，要确保消费者能获得正确实时的相关信息；"R（风险评估）"表明企业要通过数据和合适的方法，评估产品和服务可能带来的风险，并要完全告知消费者；"T（透明）"指出企业与顾客之间的信息不对称已逐渐消失，企业要使顾客能够轻松获得产品、技术、商业系统等信息。企业管理者可以对这四个因素进行不同的组合以更好地吸引消费者，使其成为企业的合作者，如组合"获取"和"风险评估"能形成新的商业模式，进而产生令人信服的共创体验。

2.2.1.3 农业价值共创

农业价值共创以农产品区域品牌研究为主。农产品区域品牌指在特定的地理环境中，经过长期积淀，以独特的自然资源及长期的种养、采伐与加工等生产的农产品为基础，由农业经销主体经营管理通过法律授权使用的标志和符号（曹爱兵，2017）。农产品区域公用品牌的特性主要有：一是地域性。农产品区域公用品牌有其专属的农产品，有一定的区域范围，不同区域的农产品体现了当地特色地理优势和比较优势（魏春丽，2014）；二是共有性。农产品区域公用品牌属于区域内相关机构、企业、个人等共同所有，无排他性（崔瑜琴，2015）。三是外部性。区域成员使用区域品牌的成本与后果不完全由其承担，同时其行为后果会对他人和品牌造成非市场化的影响（许莹，2016）。在农业供给侧结构性改革的背景下，为适应消费者对高质量农产品的需求，实现农业标准化和产业化的运营，应大力推动农产品区域公用品牌建设。实施农产品区域公用品牌战略既是中国农业产业发展的必然趋势，也是提高农业生产能力、增强农业竞争力的现实需要，对于提升农民增收、农业产业化发展都具有重要意义（孙艺榛，2018）。我国农产品区域品牌基于价值共创有：张月莉（2018）以茶叶产业里的龙头企业及其利益相关者为研究对象，安吉白茶为案例，探讨茶叶区域公共品牌价值共创的产生缘由、发生过程以及结果，研究其服务平台、公共品牌价值共创活动以及品牌绩效等相关内涵以及它们之间的相互作用机制；许程晨（2019）以"丽水山耕"作为研究对象，研究农产品区域品牌价值实现机制，从产业链人员与品牌互动、消费者与品牌互动、政府与品牌互动形成农产品区域品牌价值共创的三个维度，构建出"农产品区域品牌价值共创—利益相关者品牌感知价值—农产品区域品牌价值"这一基于价值共创的农产品区域品牌价值实现机制模型；张德海等（2020）从新会陈皮产业入手，结合社会动员和资源编排理论研究现代农业价值共创的过程机理，通过成功案例的分析，探寻产业可持续发展的有效路径，为现代农业发展提供新思路；张甜甜（2018）以浙江蓝美科技股份有限公司作为案例，研究农业龙头企业品牌价值共创策略，分析农业龙头企业发展现状和品牌建设。

乡村旅游休闲农业是农业价值共创的另一个研究热点。休闲农业可以有效整合农业资源，重构农业产业链，休闲农业作为农业新的经济增长点，通过价值共创可实现农业资源最优组合，使乡村振兴真正实现（花昭红，2022）。乡村旅游价值链具有需求导向、开放互动、系统整合等三大特征。依托平台思维、共享思维和创新思维进行建设基于价值共创的乡村旅游价值链和以消费者需求为导向的价值链,对于实现乡村旅游供给侧结构性改革具有重大意义(吴琳,2019)。焦爱英等(2020)通过对乡村旅游系统与复杂适应系统的特性比较分析,界定乡村旅游复杂适应系统,在研究服务主导的逻辑下,形成了乡村旅游系统价值共创的内在动力机制解释模型,最终构建出由吸引物系统、基础保障系统、促进提升系统共同作用而形成的乡村旅游价值共创推动系统。郑辽吉(2021)认为旅游者参与乡村提供的生产、生活、生态及社会等方面服务的价值创造过程,乡村旅游价值共创是供给侧与需求侧的联动行为。施琳霞(2020)通过对杭州市各区县研究,构建基于顾客价值共创理论旅游者和旅游地的价值共创互动模型,总结出提升乡村全域旅游高层次发展、丰富乡村旅游产品体验性设计、挖掘乡村旅游多业态融合发展和探索多元化主体协同发展模式四个典型乡村旅游价值共创路径。

2.2.1.4 农业价值链

迈克尔·波特在《竞争优势》中提出企业的每项生产活动都可以创造价值,这些生产活动相互联系、相互作用,构成了一个特有的链条,即价值链。对农业产业链中各种中间需求进行整合,分析农产品产前供应体系价值集成、产中生产体系价值集成、产后加工销售与服务体系价值集成,以此来分析农产品产业链上的价值集成。

随着价值链研究不断地深入发展,其研究范围也越来越广泛。对于价值链的研究目前已不仅仅局限于企业内部,正在向多领域延伸,甚至出现了对全球价值链的界定,说明价值链的研究逐渐向宏观层面发展。在农业经济方面,学者对农林牧渔行业的价值链都曾有所研究,其价值链的分析主要侧重产品从生产、流转、加工再到销售一系列过程中的形成方式与结构状况。

黄祖辉等(2009)对梨果价值链进行研究,表明梨果价值链的起点农户获益较少,中间环节参与主体获益较大,农户处于高成本、低收益的状态。同时有研究表明,价值链的优化程度受参与主体质量与流通过程中效率的影响。张欣等(2013)使用DEA数据包络分析法,对苹果价值链中苹果生产阶段和销售阶段的技术效率进行有效测算,实证分析价值链的最优选择,认为价值链中果农获益不多,中间环节参与者获取了大部分增值收益,合作社对促进价值链优化发展有较大空间，果农的文化知识程度对果农选择交易对象有显著影响。价值链的发展在摸索中不断进步，其运用逐渐延伸到产业整体为研究对象。黄卫红（2007）引出了共生型价值链的概念，对此新型价值链，从实现价值增值和价值分享的运作机理、构建模式角度进行了详细描述。此外，通过比较分析光明乳业、伊利乳业、燕塘乳业的运作模式，强调专业化与社会化在共生型价值链构建过程中的重要性。

农业价值链是一条较为全面的链条，涉及多个环节，如生产、收获、物流、加工、销售等，每个环节紧密相扣，并且也需要土地、资金、人工、技术等基本要素支撑。整个链条中的农产品利益分配主体甚多，最终分配到农民手中的收入寥寥无几，严重影响了价值链的前端即农民对生产的积极性。目前我国农业领域的价值链，正在慢慢向着科学化与合理化的方向发展，有着较为光明的发展前景，但在实际应用环节存在诸多不足。机械化程度低，费工费时；种田成本上升，农户种田积极性不高；人均耕地数量少、利用效率低，且耕地生态遭到破坏；农产品过剩，造成浪费；农业价值链各环节规模小、无章程、碎片化问题，导致农产品价低利薄等问题。对此，应该加强现代农业物质技术装备建设，加快生产体系现代化；重视生物与化学技术的应用，坚持绿色可持续发展；推进体制创新；优质品牌化；深入贯彻落实，构建新型理念；扶持农业产业化龙头企业（王军亮，2021）。

目前研究较多的还有农产品价值链与农业科技价值链。

农产品价值链的构建分为三种不同的构建形式，即二元式价值链、三元式价值链、五元式价值链：①"二元式价值链"主要是"农户或专业化组织+消费者"形式，这是最简单、最单一的农产品价值链，农产品生产出来没有经过高附加值的加工就直接转移到消费者手中，这种形式的价值链一般是自发形成的，只有需求推动。农产品的价值仅仅是初级农产品价值的集成，没有中间过程的价值增值。②"三元式价值链"主要是"农户或专业化组织+中间商贩+消费者"形式，其中中间商贩包含了中间加工企业和中间销售企业。这种价值链的构建不仅仅是一种供需的推动，而且加入了资本驱动的因素。中间加工企业和销售企业受利益驱动，对农产品进行一定程度的加工和包装，提高了农产品的附加值，从而提高整个价值链的价值集成。③"五元式价值链"主要是"农户或专业化组织+初加工企业+精加工企业+中间商贩+消费者"形式，这种形式拓展了加工企业的形式，农产品的加工业提升到深加工阶段，对农产品的价值进一步提取，制造出更高附加值的农副产品（杨婷，2018）。

农业科技价值链则涉及政府、高校科研机构、中介组织、农业企业与基层专合组织等多个主体，各主体间存在利益关系，保障各主体都有利益增长点。通过加强"政用产学研"的多方联动，让农业科技价值链上的所有主体，在参与过程中都需要获得价值提升。各参与主体基于"价值共创"理念，在以技术链支撑和产业链延伸的基础上，由政府进行指导，科研工作者进行验证，企业家进行价值提升，三个主体共同完成，实现整体价值链的提升。以技术为主导，做到"四赢"：政府赢、生产者赢、消费者赢、科研工作者赢。农业价值链包括整个产前、产中与产后全产业链：如种子、农药、农资、技术等。

2.2.1.5 利益相关者理论

利益相关者理论产生于20世纪60年代的英美等西方国家，最开始主要用来解决公司的治理模式问题。1984年，弗里曼在《战略管理：利益相关者管理的分析方法》一书，明确提出了利益相关者的管理理论。利益相关者理论要求企业的经营管理者在进行管理活动时，综合考虑各个利益相关者的利益诉求。与传统的股东至上主义相比，该理论认为任何一个公司都是利益相关者的联结体，企业关注的是整体利益的最大化，而不是某些主体的利益最优化（汪星星，2018）。"利益相关者理论"得到社会公众与学术界的广泛关注，基于社会学、伦理学、法学、旅游等学科的相关研究纷纷涌现。直至20世纪90年代，利益相关者的范畴已从最初的企业主体开始延伸到政府、城市、社会团体、社区及其相关政治经济环境领域（王波，2008）。

目前，国内对农业与利益相关者的研究以乡村旅游为主。张静等（2018）从社区居民、旅游者、地方政府及旅游企业四个层面结合利益相关者理论，深入分析了其不同的价值利益诉求，从完善利益协调机制、搭建利益博弈平台、社区居民参与扶贫积极性等三个方面构建了乡村旅游精准扶贫的利益协调与分享机制。梁鑫（2016）通过利益相关者理论，选取政府、公司、社区、农户、旅行社、旅游协会、股东与个体投资商7个核心利益相关者，通过他们不同的组合构成乡村旅游的6种开发模式，分析泉州市乡村旅游开发模式。苏玉卿等（2014）以漳州龙佳森林人家为作为案例，分析了当地居民、旅游企业、政府及旅游者这4个涉及经营的利益主体的特征以及经营过程中出现的问题，指出了从利益表达、利益分配、利益补偿、利益激励、利益保障等五个方面进行完善,从而实现其经营中的利益均衡。在利益相关者与专合社方面,芮翔(2014)分析研究影响农民专业合作社发展的利益相关者,包括合作社社员、领办人、供应商和客户、政府、被带动的农户、农村社区、债权人、供销社、信用社与环保组织,厘清农民专业合作社与利益相关者之间的利益关系,挖掘主要利益相关者如何影响农民专业合作社发展的真正原因,有助于创新和完善农民专业合作社治理结构。宝斯琴塔娜(2015)以利益相关者理论与"六力模型"为基础,从报酬力、强制力、参照力、合法权利、知识力和信息力六个方面,构建了农民专业合作经济组织渠道力评价指标体系,农民专业合作经济组织的渠道力取决于利益相关者利益诉求的满足情况,利益诉求满足率高,其合作意愿越强,即农民专业合作经济组织渠道力越强,"六力"对于农民专业合作经济组织渠道力的提升具有重要意义。在农产品方面。王水清(2017)从利益相关者视角提出农资品牌成长的概念,在此基础上进一步解析农资品牌成长的机理,有助于指导中国农资企业实施品牌成长战略;孙梅(2013)结合利益相关者理论研究猪肉安全可追溯系统存在的问题,提出相应的解决对策;裘光倩(2018)以阜宁县为列,研究猪肉供应链体系中利益相关者的责任认知,研究主体包括饲料生产与供应商、生猪散养户和规模养殖场、猪肉加工作坊与猪肉加工企业、屠宰场、超市、农贸市场、生猪运输、消费者。

2.2.2 交易成本理论对成果转化利益共同体的转化效率分析研究

制度经济学之父科斯认为完成市场交易需要付出成本,组织的形成就是为了通过制度安排来支配资源而节约通过市场交易所产生成本(科斯,1937)。交易成本最初是指价格机制在市场经济交换过程中产生的一切不直接发生在物质生产过程中的成本,即发现价格的成本、谈判成本、签订契约的成本与契约的履行成本(科斯,1990)。威廉姆森(Williamson,1975)以科斯的研究为基础,指出不同的交易往往会产生不同的交易成本,因此可简单地将交易成本分为搜寻成本(搜集商品信息和交易对象信息的成本)、信息成本(取得交易对象信息以及与交易对象进行信息交换所需的成本)、议价成本(针对契约、价格、品质讨价还价的成本)、决策成本(进行相关决策与签订契约所需的内部成本)、监督成本(监督交易对象是否依照契约内容进行交易的成本)和违约成本(违约时所需付出的事后成本)。按照发生的时间,交易成本又可分为事前与事后两大类。事前的交易成本包括签约、谈判、保障契约等成本；而事后的交易成本则包括契约不能适应所导致的成本、双方调整适应不良的谈判成本、建构及营运的成本、为解决双方的纠纷与争执而必须设置的相关成本、约束成本等（Williamson，1985）。弗鲁伯顿（2002）认为交易成本包括使用市场所发生的成本（也被称为市场型交易成本，主要包括为能签订契约的准备成本、签约过程中发生的各种成本、履行契约和监督契约顺利执行的成本）和企业内部维持企业运行所发生的成本（也被称为管理型交易成本，是为保障企业高效率运转而制定和实施各种制度安排的成本）。张五常（1992）将交易成本的内涵扩大为包括信息收集与处理成本、契约签订的谈判成本、契约拟定和实施中的各种成本、维护产权的成本、监督管理的成本和制度结构变化的成本在内的一系列制度成本。在以上提到的成本中，那些可以被观察和测量，并能体现在会计账目中的成本，如差旅、劳动力、费用等，被称为显性交易成本。而那些不可测度和观察、隐蔽性大，无法避免且不易量化的成本，如权威失灵成本、信息失真成本、影响力成本，机会主义行为和不完全契约等，则在经济学上被称为隐性交易成本。

交易成本具有三大特征：交易不确定性、资产的专用性和交易频率（Williamson，1985）。交易不确定性指交易过程中各种风险的发生机率。由于人类有限理性的限制使得人们无法完全事先预测未来的情况，加上交易过程中交易信息的不对称，交易双方只得通过契约来保障自身的利益。因此，交易不确定性的升高会导致监督成本、议价成本的提高，使交易成本增加。资产的专用性是指交易所投资的资产本身不具市场流通性，或者契约一旦终止，投资于资产上的成本难以回收或转换使用用途。交易的频率越高，相对的管理成本与议价成本也会升高，此时宜将该交易的经济活动内部化以节省交易成本。人性因素与交易环境因素交互影响所产生的市场失灵和交易困难是产生交易成本的根本原因，这些因素包括：①有限理性，交易参与者的有限能力和情绪等因素导致在追求效益最大化面临约束；②投机主义，参与交易各方为寻求自我利益而采取欺诈手法，增加彼此不信任，导致交易过程监督成本的增加而降低经济效率；③不确定性与复杂性，环境因素中的不可预期性和各种变化增加了订契约时的议价成本，交易困难度上升；④专用性投资，某些交易过程的专属性减少了交易对象，造成市场被少数人把持，使得市场运作失灵；⑤信息不对称，环境的不确定性和自利行为产生的机会主义，使交易双方掌握了不同程度的信息；⑥气氛，交易双方的互不信任与对立，使交易过程过于重视形式，增加不必要的交易困难及成本。

在技术发展日新月异的今天，竞争日趋激烈、产品和技术生命周期不断缩短，对创新主体来说，面对创新的复杂性和高风险，创新成本上升压力，因而创新变成一种创新主体无法独自承担的压力，那么理性的选择就是寻求与外部组织的技术合作。农业科技成果属于技术商品，与一般商品不同，其具有以下特点。质量评测较难，效益不确定性较高；技术专用，其供求者的数量也有限；包括显性知识和隐性知识在内的技术无形，人的"有限理性"在约束交易双方，难以对技术本身和交易伙伴的技术能力做出准确评价；专利保护有限，而技术投入大且具有溢出效应，因此严重的机会主义行为（道德风险）存在于技术交易。上述特点决定了农业科技成果的交易成本高，市场交易的优势下降。因此，交易成本理论有助于解释形成农业科技协同创新和成果转化合作关系的动因和保持这种关系稳定的治理机制——降低交易成本，涉及农业科技成果创新和转化的各主体通过利益联结形成了创新链、产业链和价值链融合发展，将原来大量的市场交易转移到合作组织内部进行，降低了交易费用，优化了资源配置，提高了交易速度和生产效率。

2.2.3 协同创新理论对成果转化利益共同体互补增效的分析研究

作为系统理论的重要分支，协同理论（Synergetics）的核心是研究系统内各个子系统之间的合作关系。20 世纪 70 年代，联邦德国物理学家哈肯首次提出协同的概念，他分别在 1971 年 Vsmchau 杂志上与他的学生合作发表《协同学：一门合作的学说》一文、1976 年出版了专著《协同学引论》、1983 年出版了专著《高等协同学》。哈肯的主要学术观点包括：①自然界的各个系统在时间、空间上千差万别，看起来毫无关联，但实际上自然界的运行是各系统彼此之间相关影响的结果，它们在相互影响、相互作用的过程中，存在稳定与不稳定状态的动态转换；②自然界庞大的系统由各个属性相异、功能相异、非孤立的子系统交织而成，子系统之间相互交换信息和能量；③子系统是系统运行的重要组成，子系统与系统之间相辅相成，没有子系统，系统无法实现协同效应，子系统脱离系统整体，也无法产生协同效应（Haken，1989）。

协同理论主要包含三方面的内容：一是协同效应。协同效应是指系统内各要素通过协同作用而产生一种综合效应，是促使系统形成自组织的有序结构的内在驱动力。任何复杂系统，当内外要素所形成的能量或物质在聚集态达到某种临界后,子系统便开始自发形成协同,系统在协同作用的驱使下在临界点促发协同效应,使系统从无序变为有序;二是支配原理,是快变量服从慢变量,序参量作为"无形的手"支配系统的运行,调控子系统之间的有序合作,使子系统产生协同效应,而后,再从系统角度出发支配各子系统行为。支配原理的本质是在复杂系统的自组织过程中,当复杂系统达到有序临界点或其附近时,系统内大量变量服从少数序参量的支配,从而少数的序参量支配系统行为。用数学来描述,就是在临界点上,快变量呈指数衰减,而慢变量呈指数增长;三是自组织原理。相较于非自组织,自组织不需要外部指令来调控组织运作,系统运行,而是在没有外在指令的条件下,组织内部各子系统可以自发地按照某种规则调整成某种结构以实现既定功能。自组织不是屏蔽外在信息流、物质流、能量流的输入,而是在此基础上,系统通过子系统的协同作用,内在地、自生地形成外在需求的结构和功能(杜栋,2013)。

协同理论的出现,为研究协同效应提供了新思路、新方法。在管理学领域中,协同效应是指中小企业由于竞争实力的限制,需要同其他企业在资源、信息、资金、技术等方面进行有效共享,从而实现风险分担,利益共享,促使多方整体绩效大于各企业独立运营所带来的绩效的简单相加,达到"1+1＞2"的协同效果。协同学是协同创新的理论基础,协同创新是协同理论与技术创新理论的结合(易雅鑫,2012)。协同理论的创立和发展,为认识和理解复杂系统自组织规律和内部子系统的相互作用提供了系统方法。

农业科技创新和转化系统作为特定的产业链主体群结构,具有系统性、复杂性的特征,对于农业科技成果转化利益和转化模式的研究,不可避免地会涉及不同主体之间的行为协同以及由此产生的协同效应。因此,协同创新理论有助于分析农业科技成果转化过程中,无论参与主体是纵向关联还是横向关联,其相互关系往往体现为基于利益最大化前提下的合作关系协调。

2.2.4 三螺旋理论对成果转化主体之间互动共享的分析研究

三螺旋理论(triple helix theory)属创新研究的一种。三螺旋最先是由美国遗传学家理查·列万廷用来模式化基因、组织和环境之间的关系。1995年,美国学者亨利·埃茨科维兹(Henry Erzkowit)在深入研究"斯坦福大学—硅谷科技园"和"麻省理工学院—波士顿128号公路高新技术园区"案例中政府、产业、大学之间的关系时，提出了三螺旋模型来描述政府、企业（产业）和大学之间的关系，并用以解释政府、企业和大学在知识经济时代的新关系。而后，雷德斯道夫（Leydesdorff）发展了这一概念，Etzkowitz 和 Leydesdorff 认为大学和产业的职能领域不断扩长到彼此相关活动已开始扩展到彼此，政府传统职能也逐渐变得特殊转向大学和产业，并提出了该模型的理论基础：三螺旋模型由三个部门组成：知识部门由大学以及其他的一些知识生产机构（科研院所）组成；产业部门包括高科技创业公司、大型企业集团和跨国公司；政府部门包括地方性的、区域性的、国家层面以及跨国层面等不同层次。这三个部门在履行传统的知识生产、财富创造和政策协调的职能外，各部门之间的互动也衍生出一系列新职能，最终孕育出以知识为基础的创新型社会（图 2-1）。

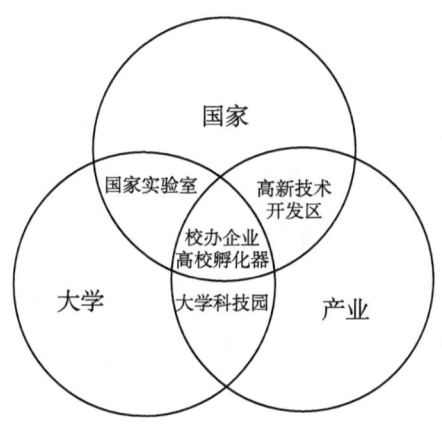

图 2-1　三螺旋模型

三螺旋模型具体结构是大学、政府、产业在保持各自独立身份的同时，又都表现出另外两个机构的一些能力，即大学、政府、产业三机构除了完成自身传统功能外，还表现出另外两机构的作用（Etzkowitz，2011）。该理论认为，政府、产业和大学的互动才是创新系统的核心单元，其三方联系是推动知识生产和传播的重要因素，三方都可以是创新主体、组织者和发动者（Etzkowitz，2011）。三者之间建立起策略性的螺旋互动机制，形成了行政链、生产链和科技链同步发展，交叉发展，协同互促发展（陈伟斌，2019），从而促进共生合作，创新价值的实现（图 2-2）。在知识成果转化为生产力的过程中，各参与者互相作用，从而推动创新螺旋上升。

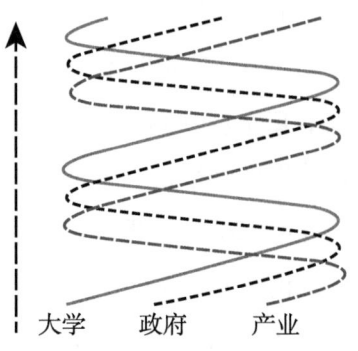

图 2-2 三方融合螺旋上升

该理论还认为，在创新系统中，知识主要在三大范畴内流动：第一种是各参与者内部的交流和变化；第二种是一方对另一方施加的影响，即两两产生地互动；第三种是三方的功能重叠形成的混合型组织，以满足技术创新和知识传播的要求。该理论着重探讨了以大学为代表的学术界、产业部门与政府等创新主体，是如何借助市场需求这个纽带、围绕知识生产与转化，相互联结在一起，形成三种力量相互影响、包成一团又螺旋上升的三重螺旋关系的，其核心观点在于：在知识经济背景下"高校—产业—政府"三方应当相互协调，以推动知识的生产、转化、应用、产业化以及产业升级，促进系统在三者相互作用的动态过程中不断提升（周晓光，2016）。它强调产业、学术界和政府的合作关系，强调这些群体的共同利益是给他们所处的社会创造价值。

随着科学技术的不断演进发展，为了更好地反映现实中的创新过程和技术转移过程，三螺旋理论也随之不断丰富和发展，现有研究围绕着三螺旋的主体结构、运行机制、接口组织、角色定位等方面展开研究，一些新的因素也不断地增添到传统上的三螺旋体系之中，重新构造出了多重螺旋创新模式。Marcovich 等（2011）在三螺旋基础上增加"社会"因素构建四重螺旋模型；雷德斯多夫（2011）等采用定量方法对三螺旋进行探索；埃茨科维兹和周春彦（2011）提出除创新三螺旋外还有个有可持续发展三螺旋，作为创新三螺旋的补充；周春彦（2011）提出政府拉动式三螺旋模型；庄涛等（2017）建立了包括以大学、产业、政府和国际合作为主体的四维合作模式模型；Elias 等增加了"公民社会"和"环境因素"等提出多重螺旋系统；任锦鸾、陆剑南（2003）提出的"复合三链螺旋创新系统模型；Elias 等加入自然环境因素，构建了五螺旋模型；边伟军（2009）创立包含大学、政府、产业、高新孵化企业等一系列主体的多边混成组织,多边混成组织(接口组织)的出现推动了三螺旋创新机制的发展。目前,基于创业型大学和政府视角的研究比较多见,其理论基础和方法论仍然是研究重点,测度指标体系的建立和完善,以及在后疫情(post pandemic)时代背景下的三螺旋理论的创新研究。

三螺旋理论被学界认为是科技创新研究的新领域、新模式。一经提出便成为了风靡欧美国家的创新模式。我国从21世纪初引进三螺旋的概念及理论,当前应用研究主要集中在产学研合作、创业型大学建设和区域创新发展三个方面。

第一,产学研合作与三螺旋创新理论。产学研合作是三螺旋创新理论的重要组织模式,主要聚焦于分析研究哪种产学研合作模式能适应我国区域创新发展实践的需要。马永斌等(2008)认为大学、政府、企业都有自身的相对独立性,应当以平等的身份相互依赖和渗透,在互利互惠中促进共生共长目标的实现;张金波(2009)认为应加强大学、产业、政府的积极合作与协作,通过组织结构变换、运行机制变动、信息资源共享等安排,最终形成螺旋上升的整体关系;陈红喜(2009)研究分析了大学、产业和政府之间的互动关系,提出应重点发展"组建研发实体"等高级模式,政府应积极参与、协同和投入,以适应政产学研合作创新模式的需求;边伟军(2009)指出,三螺旋创新模为官产学建立长期的合作创新机制提供理论依据,政府、产业、大学的角色分工明确,各机构不仅完成自身的传统使命,还表现出其他机构的作用,三方之间形成一种交叉、重叠的关系。

第二,创业型大学建设与三螺旋创新理论。三螺旋创新理论与创业型大学建设研究则侧重于内涵阐释、实践作用分析、构建方式探讨等方面,为我国创业型大学的建设提供经验和启示。李雪芹(2010)等专家研究分析了我国创业型大学的建设与发展模式,指出基于三螺旋理论的创业型大学是与社会有着密切联系的机构组织,在重视教学与科研的同时还应注重服务社会,推动地方和地区的发展;刘元芳等(2007)等学者论述了创业型大学在三螺旋模型中的推进器作用,分析认为创业型大学在国家和区域经济社会发展中发挥着愈加突出的创新辐射作用,承担着驱动和引领区域创新的辅助者和合作者的角色,能将高技术研究成果及时、高效地转化为现实生产力,在政府教育主管部门的领导下帮助现有产业实现高质量、高速度的发展,从而提高国家的核心竞争力;张海滨等(2012)构建了高校支撑区域创新的评价指标体系,运用熵权法和主成分分析法对东部7省市高校支撑区域创新贡献度进行测算与分析，指出高校在科技人力支撑、知识产出支撑、技术转移支撑及科技平台支撑等四个方面发挥的作用；陈静等（2008）通过对中美高校技术转移比较，从大学、政府、产业各主体的角度，认为建立创业型大学将能完善三螺旋的互动机制和促进三方之间技术转移平台的搭建和运作；南佐民（2004）提出了我国创业型大学建设的实践方式，应重视大学在企业衍生方面的作用，将能促进大学和企业之间的人才流动和技术转移转化；刘元芳等（2007）提出要从组织建设、学科与研究中心建设、技术转移建设与知识产权保护、科技园及高校衍生企业建设以及创新文化建设五个方面构建三螺旋创新理论下的创业型大学。

第三，区域创新发展与三螺旋创新理论。三螺旋创新理论下区域创新发展相关的研究主要以高新技术产业开发区、城市等层面为焦点，在区域创新发展中需要明确大学、政府、产业之间的关系，加以把握三螺旋各主体在实然和应然层面的角色形象定位和作用。吴敏（2006）研究分析了"微观""中观"和"宏观"三个层面中区域创新系统的参与主体及其参与的内容和过程，同时指出基于三螺旋模型的大学、企业和政府在区域创新系统中承担起越来越重要的作用；李海波（2011）等认为三螺旋创新理论更加适合探索中宏观层面的区域创新发展实践，同时指出大学、产业、政府三螺旋各主体都是区域创新的发动者、组织者和管理者，在保持相对独立的前提下相互作用，推动区域的可持续创新发展；王如东（2008）以苏州工业园区为例，指出三螺旋创新主体在创意城市的发展过程中起到了不可或缺的作用，大学是创意城市的智力源泉、产业是创意城市的实践基地、政府是创意城市的规划者和推动者。这一研究将三螺旋创新理论与区域创新发展的实践关系分析延伸至城市层面，在一定程度上扩展和丰富了以三螺旋理论为基础的区域创新发展研究，对于进一步深入研究三螺旋各创新主体与城市的互动提供了理论依据与指导意义；佟林杰（2014）等提出了应当从政府、产业、大学三个方面探索三者之间的协同创新机制，从而推动构建和形成区域人才共享的实践创新模式。该研究是区域创新发展相关研究的又一新的视角，将研究聚焦于区域创新过程中区域人才的培养和发展；卢晓中（2019，2020）重点探索了我国粤港澳大湾区高等教育集群的发展路径，通过粤港澳大湾区和旧金山湾区比较研究，提出了粤港澳大湾区应当以多中心的发展定位实现区域、人才培养、社会服务、机制体制等要素的融合创新与协同发展，同时指出，区域中的大学要为城市和产业的发展提供主要的人才支撑作用，要协调和平衡好政府、市场、大学三者之间的关系，构建多方主体融合发展的实践创新模式。该系列研究是区域创新的深化，依据中国发展的实情，探索提出具有中国特色的区域创新三螺旋互动与融合发展模式。

除了以上三种常见的研究，三螺旋理论也在农业科技成果转化方面有所应用：杨阳等（2019）讨论了基于三螺旋理论的中国农业政产学研合作创新网络及其影响因素，袁宇（2013）以三螺旋模型为基础进行农业科技创新体系研究；程华东等（2017）以华中农业大学精准扶贫建始县为例，用三螺旋视角探讨高校教育精准扶贫模式。

2.2.5 博弈论对选择最佳成果转化机制与模式的分析研究

2.2.5.1 博弈论

博弈论又被称为对策论（Game Theory），既是现代数学的一个新分支，研究具有斗争或竞争性质现象的数学理论和方法，也是运筹学的一个重要学科，研究公式化了的激励结构间的相互作用，博弈论考虑游戏中个体的预测行为和实际行为，并研究它们的优化策略。博弈论在生物学、经济学、国际关系、计算机科学、政治学、军事战略和其他很多学科都有广泛的应用。基本概念中包括局中人、信息、收益、策略、行动、均衡和结果等要素：局中人指在博弈中每一个有决策权的参与者。只有两个局中人的博弈称为"两人博弈"，多于两个人的博弈称为"多人博弈"。策略是指在一局博弈中，一个局中人可以选择的可行的自始至终全局筹划的一个行动方案，称为这个局中人的一个策略。如果在一个博弈中局中人都总共有有限个策略，则称为"有限博弈"，否则称为"无限博弈"。一局博弈结局时的结果称为得失。每个局中人在一局博弈结束时的得失，不仅与该局中人自身所选择的策略有关，而且与全局中人所取定的一组策略有关。所以，一局博弈结束时每个局中人的"得失"是全体局中人所取定的一组策略的函数，通常称为支付（payoff）函数。博弈涉及均衡：均衡意即相关量处于稳定值。

2.2.5.2 博弈论理论历史

博弈论最初主要研究象棋、桥牌、赌博中的胜负问题，人们对博弈局势的把握只停留在经验上，没有向理论化发展。但实际上博弈论思想在我国古代就已经萌芽，其中具有代表性的著作《孙子兵法》就不仅是一部军事著作，而且是最早的一部博弈论著作。近代对于博弈论的研究，开始于策梅洛、波莱尔和冯·诺依曼。

1928年，冯·诺依曼证明了博弈论的基本原理，从而宣告了博弈论的正式诞生。1944年，冯·诺依曼和摩根斯坦共著的划时代巨著《博弈论与经济行为》将2人博弈推广到n人博弈结构并将博弈论系统地应用于经济领域，从而奠定了这一学科的基础和理论体系。经济学家们发现一切社会关系和管理活动背后的人类行为包含了丰富的博弈关系，分析利益主体间博弈关系可以揭示人类相互作用行为规律和生物群体间的行为规律（王先甲，2011），很多学者将博弈论作为一种类似于计量的分析工具应用于经济学领域。其中，以纳什为代表的博弈论称为经典博弈论。建立在以下假设下，①参与人是完全理性，追求自身利益最大化和有无限的信息处理能力；②参与人是理性的是共同知识；③博弈结构和博弈环境在博弈发生前事先给定，即分析博弈的纳什均衡。由于博弈论的上述诸多限制，基于有限理性的演化博弈论被提出，例如人类在面临复杂问题时会由直觉引发行为并模仿成功者的行为，这与其他生物的行为很一致，人们的竞争合作行为与动物的竞争合作也很相似。部分学者认为，博弈论是探究和分析人类社会、规避风险的一种最为恰当的工具，是一种为马克思主义作分析的工具。我国著名学者张维迎曾说："正是因为可以为众多的社会行为提供一种科学的分析框架，博弈论才开始逐渐成为社会科学研究的一种方法"。事实上，几乎所有的社会科学分析都揭示了人的行为规律的特点和相互影响，即博弈论犹如哲学一样是一门研究人行为的学科。1950—1951年，约翰·福布斯·纳什（John Forbes Nash Jr）利用不动点定理证明了均衡点的存在，纳什的开创性论文《n人博弈的均衡点》（1950）《非合作博弈》（1951）等，给出了纳什均衡的概念和均衡存在定理。此外，莱因哈德·泽尔腾、约翰·海萨尼的研究也对博弈论发展起到推动作用。经过许多经济学家的推导验证，证实演化博弈相对于传统的博弈更加复杂。1973年Smith等将生物进化论与博弈论联系在一起，提出演化稳定策略（ESS）的概念。Maynard将生物理论中的进化思想引入到博弈论，发表了《动物冲突逻辑》，这种蕴含了演化博弈的思想和演化稳定策略的分析方法被称作演化博弈论。演化稳定策略认为群体中绝大多数个体选择某一策略时，少数个体不会影响整体趋势，要么改变自身选择，要么将被淘汰。演化稳定策略的概念的出现意味着演化博弈正式出现。

2.2.5.3 博弈论类型

从合作的角度看，博弈主要可以分为合作博弈和非合作博弈。合作博弈和非合作博弈的区别在于相互发生作用的当事人之间有没有一个具有约束力的协议，有即合作博弈，没有即非合作博弈。经济学家们所谈的博弈论一般是指非合作博弈，由于合作博弈论比非合作博弈论复杂，在理论上的成熟度远远不如非合作博弈论。非合作博弈又分为：完全信息静态博弈，完全信息动态博弈，不完全信息静态博弈，不完全信息动态博弈。与上述四种博弈相对应的均衡概念为：纳什均衡、子博弈精炼纳什均衡、贝叶斯纳什均衡、精炼贝叶斯纳什均衡。

从行为的时间序列看，博弈论分为静态博弈和动态博弈两类。静态博弈是指在博弈中，参与人同时选择或虽非同时选择但后行动者并不知道先行动者采取了什么具体行动；动态博弈是指在博弈中，参与人的行动有先后顺序，且后行动者能够观察到先行动者所选择的行动。通俗地理解："囚徒困境"属于静态博弈；而棋牌类游戏等决策或行动属于动态博弈。

按照参与人对其他参与人的了解程度，分为完全信息博弈和不完全信息博弈。完全博弈是指在博弈过程中，每一位参与人对其他参与人的特征、策略空间及收益函数有准确的信息。不完全信息博弈是指如果参与人对其他参与人的特征、策略空间及收益函数信息了解得不够准确、或者不是对所有参与人的特征、策略空间及收益函数都有准确的信息，在这种情况下进行的博弈就是不完全信息博弈。

此外，博弈论还有有限博弈和无限博弈、一般型和战略型、传统博弈和演化博弈很多其他分类。

2.2.5.4 演化博弈论在科技协同创新与成果转化领域的应用

当前，许多研究者将博弈论引入科技成果协同创新与转化研究领域，李佳等（2018）基于对区域创新服务平台科技资源共享行为构建演化博弈模型，探究博弈均衡策略及平台间科技资源共享行为的动态演化过程与影响因素，提出科技资源互补性程度越大、平台配置水平越高、运用信息技术能力越强、共享资源成本越低，越有利于促进区域创新服务平台选择科技资源共享策略。李林等（2018）分析了政府干预下协同创新主体采取合作策略的演化博弈规律，构建了系统动力学模型和仿真分析，并得出政府提高惩罚力度并采取动态惩罚机制能促使协同创新主体更快采取合作策略进行协同创新。谢科范等（2006）研究产学研双方共建实体研发的模式，通过构建博弈模型，证实企业的研发津贴对科研结构总研发成本的影响；王道平等（2009）从利益分配和成本共担的视角构建博弈模型研究影响协同创新主体合作的因素；王永平（2004）运用演化博弈的方法，建立了供应链企业合作竞争机制演化博弈的数理模型，分析了供应链企业合作竞争机制演变的动态过程，发现该系统的演化方向与双方博弈的支付矩阵有关，也收到系统初始状态影响，并得出合作收益、合作初始成本及博弈双方的贴现因子是影响供应链企业合作竞争机制的关键因素。相对来说，演化博弈在农业科技协同创新与成果转化方面的应用相对较少，一些学者曾经用博弈论的视角去解释传统模式中科研院所、企业、合作社等科技成果转化主体的合作机制，刘兴斌等（2014）通过构建三方主体动态博弈模型，寻求农业科技成果转化的动态均衡；陈湘东等（2015）将农业科技成果转化过程中涉及的3类主体转化为3个不同的双方博弈模型，尽管降低了推理计算难度，但无法在一个完整系统中观测三主体的博弈过程。考虑到农业科技创新与成果转化涉主体属于非完全理性人，其合作需要进行长时间多次博弈，因此本文拟围绕科技协同创新与成果转化需求主体、供给主体、平台中介，基于不同主体的初始意愿、成本、收益分配、潜在损失等多因素，建立三方演化博弈模型，求解博弈三方的演化稳定策略，通过 Matlab 数值仿真深入分析各因素对博弈三方策略选择的影响，为优化新型农业科技创新与转化机制提供理论支撑。

2.2.6 灰色关联理论对农业科技成果转化效率与趋势的分析研究

灰色关联分析是灰色系统理论的一部分，该理论是郑聚龙教授于20世纪80年代创立的。灰色系统理论把"部分信息已知部分信息未知"的不确定性系统称为灰色系统，并把一般的系统论、信息论和控制论的观点和方法应用到自然科学和社会科学的各个方面，并结合数学方法，创建了一套解决信息不完全问题的理论与方法。灰色系统理论问世以来，多应用于社会、经济等系统，如社会经济各部门的投资收益、区域经济分析和产业结构整合等方面，都有很可观的应用效果。

关联度分析就是系统地对事物进行分析，定量地描述事物或参数之间的相互关系或变化趋势，通过样本数据列和几个比较数据列的曲线几何形状相似程度来判断各个数据序列间联系的紧密性，以此反应数据序列间的关联程度。灰色关联度能够分析和度量一个系统发展变化态势，非常适合分析动态过程。灰色关联度就是灰色关联分析的衡量工具，用于度量事物之间的关联程度。其主要研究对象是离散的数据状态变量，比如时序数据。首先，求出各个数据序列与由最佳指标组成的理想数据序列的关联系数，由关联系数计算得到关联度，再根据关联度的大小进行比较分析，得到结论。这种方法优于经典的精确数学方法，通过把目标、想法和要求模型化，这样就可以使要研究的灰色系统从结构和关系上逐渐由模糊变清晰，使不明确的因素逐渐明确。这种方法打破了传统数学绝不能模棱两可的约束条件，也与传统的相关性不同，具有原理简单、计算简便、易于掌握、排序明确、对数据分布特征无明显要求等特点，因此具有非常大的研究和应用价值，尤其是在计算机技术发展的支撑下，这种分析方法的应用范围也越来越大。

自邓聚龙教授创立灰色系统理论以来，灰色关联分析已成功应用于聚类、预测、决策、评估、模式识别、系统指标权重确定、建模精度检验及诊断等方面。有人研究连续过程的关联度以及基于灰色关联度新的聚类分析方法（李万绪，1990；1991），有人对数据的灰色关联聚类进行了研究（Chang K.C、Yeh M.F，2005），有人应用灰色关联法和灰色聚类法对考试质量进行了评价（Li Mancheng，1997），也有人利用灰色聚类进行投资项目的灰色综合评估（Li Yongping，2000）；陈华友等人分析了基于灰色关联度的组合预测模型的性质，并提出了新的优化组合预测、预测方法优超、冗余度等概念（陈华友，2002；2004）；也有学者针对多目标的复杂性，应用灰色系统分析方法与物元分析方法，以决策方案的灰色关联度作为评判原则，提出了多目标灰色关联度决策模型分析（张玉青，2003），有的对灰色关联分析在多属性决策问题中的应用进行了研究（Wu Hsin-Hun，2002）；有的学者通过综合关联度与最优化方法建立了地下水质量的综合评判模型（Ma Shusheng，1997），有的基于灰色关联度建立了层次分析的灰色关联模型（Zhu Hugen，1993）；有的则将灰色关联分析的理论模型与模糊集理论结合起来，提出一种模糊灰关联模式识别方法（赵艳林，1999）；灰色关联分析法在评价产品质量系统上也有应用研究（罗均，2000）。这些新模型与新方法的提出更加完善了灰色关联分析理论，进一步拓宽了灰色关联分析的应用范围。

从数学的角度看，灰色关联分析应用主要体现在以下三个方面：因素分析、方案决策、优势分析。

第一，因素分析。一般的抽象系统，如社会系统、经济系统、农业系统、生态系统与教育系统等都包含有许多种因素，多种因素共同作用的结果决定了该系统的发展态势。要进行系统分析，首要的工作是分清这些因素间的关系，这样才能抓住影响系统的主要矛盾、主要特征和主要关系。作为因素分析的一种新方法，灰色关联分析正可解决这方面的问题。利用该方法可以作：农作物生育期气候因素与产量的关联分析，农业经济发展与供给侧结构性改革研究（尚能飞，2022），区域经济系统的分析（王彬，2011），农村居民收入动态分析（张淑华，2021），城乡结构与三农问题的动态联系（岳德军，2007）等。

第二，方案决策。灰色关联分析还能应用在工程技术的设计或者复杂系统的评价中，以对备选的方案进行优次排序或选择出最优的对象。应用该方法关键有两点，一是要对非量化的技术经济指标作白化函数的量化处理。二是确定参考序列。参考序列通常确定为系统的理想方案，得到理想方案后，再计算各方案与理想方案间的灰色关联度，关联度越大，则该方案与理想方案越接近，也就最优。利用该方法可以作：芝麻品种单株产量相关性状分析并筛选适宜该地区种植的芝麻研究（刘美茹，2021），选股投资策略（王赟，2018），农村公共产品农民需求优先序研究（高萍，2012），高校内共享单车停靠点选址研究（李振辉，2019），职业学校智慧校园的评价研究（王静，2021）等。

第三，优势分析。优势分析是指参考序列和比较序列都不止一个的关联分析。此时所有的系统特征行为序列和相关因素行为序列之间的关联度可以构造出一个灰色关联矩阵，该矩阵隐含着大量的信息：每一行表示的是同一个系统特征行为序列对不同的因素行为序列的影响，每一列表示的是不同系统特征行为序列对同一个因素行为序列的关联度的影响。如果某行的各个元素均大于其他各行的对应元素，则该行的系统特征行为序列称为最优特征。如果某列的各个元素均大于其他各列的对应元素，则该列的因素序列称为最优因素。进行优势分析，对于研究社会经济发展战略，合理地分配和使用人力、物力、财力资源，统筹安排各部门、各项生产的发展，提高社会经济和生态效益，有着十分重要的意义。利用优势分析可以作：粮食产业安全评价与比较（李冬梅，2012），绿洲农业现代化研究（白杨，2008），经济落后的原因探析（刘彦花，2007），科技创新能力的评价（祝新，2016）等。

综上所述，灰色关联分析几乎涉及国民经济的各个领域，它被广泛应用于经济、社会、农业、矿业、交通、教育、医学、生态、环境、水利、水文、石油、地质与航空航天等众多领域，解决了许多实际问题。

第3章 国外农业科技成果转化模式分析

世界各国在农业科技成果转化方面已作出不少探索，尤其是发达国家特别重视农业科技成果转化和技术推广，逐步形成不同的发展模式，在发展历程、实施方式、组织机构等方面各有特色，美国、日本、荷兰、法国、英国等农业科技强国的农业科技成果转化模式尤其具有代表性。通过对美国以教育科研推广三位一体的转化模式、日本以农民合作协会为主导的转化模式、荷兰以政府部门机构为主导的转化模式、法国公私合作的三级金字塔状的转化模式、英国由政府引导的转化模式、澳大利亚分级农业技术推广转化模式、以色列以政府为主导的转化模式等农业发达国家农业科技成果转化模式产生的历史背景、组织机构、运行方式和推广内容等进行分析，总结这些模式特点、经验，为完善我国农业科技成果转化体系提供参考借鉴。

3.1 国外农业科技成果转化主要模式

3.1.1 美国以教育、科研、推广"三位一体"为特点的转化模式

作为农业技术先进大国，美国农业发展有着强大的研发实力与完善的科研体系，自1945年起农业生产量年均增长2%，长期保持着农业高生产率，高技术化率和高出口率的"三高"状态。美国农业的高效快速发展受益于农业科技研发和以州立大学（农业大学）为基础，教育、科研、推广"三位一体"的农业科技成果转化及推广模式。这一模式在美国已存续上百年，它的突出特征是依靠高等院校，在全国范围内构建了三级推广层次，涵盖联邦农业科学技术推广局、州农业科技推广站、地方农业科技推广站，每一层次都有清晰的职责边界和治理结构，其中，州农业科技推广站具有至关重要的作用。具体地，联邦农业科技推广局属于农业部管辖，其主要作用是对全国的农业科技推广工作进行统筹协调与管理，从政策和宏观层面统领国家农业科技发展方向，同时承担监督农业法律法规的实施的责任。州农

业科技推广站设置在州立大学（农业大学），由农业大学校长或副校长担任站长，农业大学负责农业教育、科研和推广方面工作，推广人员由学校相关教授构成，这些教授依托自己的专业成立相应科研团队，参与科研项目的实施，并制订具体的农业技术推广计划，有效地把教学、科研和推广相结合。此外，教授必须完成相应的农业科技研究及推广任务，这是其晋升、考核的重要指标。州农业科技推广站成立各县的地方性农业科技推广站，承担访问基层农场、农户，为其提供信息服务与农业技术，判断生产中遇到的问题并探索最适合的解决方案，州农业科技推广站聘用地方性农业科技推广站工作人员，他们的待遇与公务员一致，农业科技推广经费由联邦、州和地方共同承担，分担比例分别为 20%~25%、50%、25%~30%。

从单个农民的角度来看，美国农民获取农业科技信息的渠道主要有以下几个：第一，联邦政府及州政府资助的农业推广系统。在此系统里，研究农学等领域的大学起到了主要作用，大学中有专门承担农技推广的研究人员，推广农业生产技术、防范病虫害技术、农业机械技术到农户手中是他们的主要职责。但大学里的研究人员并非总是直接与农民接触，聘用的专职农业推广员则开展与农民面对面的交流推广。第二，美国的种子公司及农机公司等，承担了大量培训农民的工作。与我国相比，美国的农机公司和农户数量均相对较少，公司与农户之间都是彼此较为熟悉，双方联系较为密切，为最新农业机械的推广、普及带来了很大益处。第三，美国有较多农业种子、技术与机械方面的展销会，展销会可以称作农业知识和农业技术的"推广站"，农户能够通过在会上的直观体验充分了解最新农业科技动态[①]。

美国教育、科研、推广"三位一体"的农业科技推广模式，不仅推动了教育、科研、推广工作正常开展，又充分发挥了高等院校的科研优势，更有利于有效解决农业生产实际中遭遇的诸多困难。

3.1.2 日本以农民合作协会为主导的转化模式

日本是一个人地矛盾突出、自然资源匮乏的国家，属于典型的小农制生产经营模式，为推动农业科技成果迅速转化为农业生产力，日本探索形成了完善的农业协调组织与推广组织，并发展形成了以农民合作协会为主导的农业科技推广服务模式。该模式是指农民合作协会与农户基于自愿互利的原则，协会向农户宣传推广农

---

① 人民日报. 美国农业科技推广很及时 [EB/OL]. http://world.people.com.cn/n/2014/0314/c1002-24631446.html, 2014-03-14

业生产经营的改进办法及新技术的实际应用，最终实现农业生产效率的提升。

日本农协的发源可追溯到 1900 年，包括综合农协、专业农协，日本农协现已成为日本农业技术推广服务的重要力量，农协有着良好的运行机制、严密的内部组织，规模日益扩大，日本农村所有农民都加入了农协，它的服务基本涵盖了日本农村的各个方面，已经成长为日本农业经营主体与市场连接时不可缺少的中介组织，远远超过了政府的农业技术推广机构的作用。与日本政府行政部门的中央、县级、基层行政机构呼应，农协内包含 3 个层级，分别是中央农协、农协联合会和基层农协，每一层级的农协都是独立的法人组织，各级间没有行政隶属关系。日本农协为农户提供农业生产产前、产中和产后的全过程服务，除此之外，还提供信贷、商品购买、政策咨询、交通运输等服务，甚至提供婚丧嫁娶等生活服务。日本农协在基层中都配置营农普及员，他们是农协雇用的正式员工，是农业生产第一线的技术普及人员。营农普及员给予农户以技术指导，同时在技术服务过程中收集农民面临的生产技术难题和相关需求，并经过专业技术人员反映给研究机构，科学技术经研究改进后再重新反馈给基层农民，通过此模式，有效将农业科研成果转化为现实生产力。日本农协的经费来源包括入会会员缴纳的会费、农业生产中的服务收入提成及工商企业的投资和捐赠。

日本各级农协为农民提供了从出生到死亡的全面服务，已成为日本农民日常生产生活不可分割的组成部分。日本是世界上农业现代化、集约化程度较高的国家之一，多项农业技术指标位于世界前列。这些成绩的取得离不开日本行之有效的农业科技推广，以农民合作协会为主导的农业科技推广为日本农业发展、农村生活改善，乃至日本经济发展和社会稳定做出了重要贡献。

3.1.3　荷兰以政府部门和机构为主导的转化模式

荷兰国土面积不大，农业自然条件相对较差。但自 20 世纪五六十年代起，荷兰逐步成为全球农业强国，以优质、高产而著称。其花卉生产和出口位居世界第一，马铃薯和奶制品等出口在世界上也具有重要地位，这离不开其发达的农业科研和科技成果转化推广体系。

荷兰有着相当发达的农业科研、教育和推广系统，科研、教育和推广是荷兰农业发展和一体化经营的三个支柱，政府对此非常重视，将其作为政府的重要职责。荷兰农业科技推广中充分发挥政府各级部门的农业科技推广与转化功能，突出表现在推广速度快，普及覆盖面广，推广力度强。荷兰农业科技推广服务主体有政府公共推广机构、从事社会经济推广的私营服务组织及农民合作社等，其中，政府部门占主导地位。在中央，荷兰政府在国家农渔部之下设置了养殖业技术推广处和种植业技术推广处，宏观管理协调国家的农业技术推广工作，确保农业政策的高效贯彻。在全国的12个省级地区，荷兰根据不同地区的特点设立了技术推广中心，包括12个种植业推广中心和17个养殖业推广中心。在每个技术推广中心成立包括技术普及员、推广员、指导员的推广组织，负责为所在区域的农户提供技术培训和指导，从而有效推动荷兰现代农业的发展。此外，荷兰政府也特别重视农民合作组织的发展，积极引导农民由分散经营向联合经营模式转变。同时，私人机构也发挥着重要的农业技术推广作用，部分私人企业通过直接聘请农业技术推广人员的方式为农民提供服务。

荷兰的农业技术创新以农户和企业的实际需求为出发点，在政府的政策协调和支持下，专业研究机构承担有针对性地进行技术开发的任务。政府、企业和研究机构之间的合作关系保持稳定、顺畅，这在很大程度上缩短了技术从研发向实际生产力转化的周期。如瓦赫宁根大学每年会和企业、农户及政府官员开展多次信息交流会，保证第一时间掌握农户需求，并在政府的支持下提供最好的解决方案[①]。

3.1.4 法国公私合作的三级金字塔状的转化模式

法国农业经营主体以中小农场为主，中小型农场是法国农业生产经营的主体，也是农村经济结构的重要基础，为了有效推动农业产业集群发展，法国政府将农业产前、产中和产后环节结合起来，建立了国家、地方、农场公私合作的三级农业科技推广服务模式，其农业科技推广主体主要由政府、农业发展协会、企业和科研单位等组成。

在农业科技成果推广过程中，负责农业基础研究的组织分为公共科研机构与私立机构，公共研究机构主要由政府领导的高等农业科学研究院、农业技术研发中心、农业技术推广中站等组成，由他们开展对中小农场主的产品宣传、知识培训、科普教育和技术推广。私立机构主要有农业合作组织、农机公司、农药公司、肥料生产企业、食品和饲料公司等，直接为向农户提供技术指导、优良品种培育、农产

---

① 人民日报. 温室技术助力荷兰做强农业（他山之石）[EB/OL]. https：//baijiahao.baidu.com/s？id=1634718852068342716&wfr=spider&for=pc，2019-05-28

品储藏、产品销售等方面的服务。公立机构与私立机构各自保持独立，他们的工作范围和研究领域在一定程度有交叉，但研究重点有所侧重，相对来说，私立机构更看重经济效益突出的应用型技术成果推广。在公立机构与私立机构进行农业基础性技术研究后，则开启应用研究技术的阶段，这一阶段任务由技术研究所和技术中心等技术研究机构来完成，研究机构依据农业生产的实际情况开展具体的研究，并经由各省级农业协会的技术顾问、农场主等技术推广力量将农业科研成果推广到各地，此举将中央、地方的产、学、研环节牢牢地绑定在一起。在整个推广体系中，分布在全国各地的农业合作社承担着最基础的作用，它们不仅为基层农户推广良种，开展技术指导和培训，还提供包括农产品加工、储藏及产品销售等在内的服务，涵盖了法国农业发展的各个环节，发挥了至关重要的作用。虽然法国政府是农业科技推广体系的牵头主体，但政府一般不直接影响、干涉合作社的农业科技推广工作，合作社在农业科技推广方面具有较大的自主权。因此，法国农业合作社很快发展成了对外实现效益最大化，对内实现利益均等化的合作组织，成为法国农户乐于接受的农业科技研发和推广工作的中介。

法国公私合作三级农业科技推广体系的形成推动了现代科技在农业生产中进行实际应用，提升了农户农业生产技能，且完善了农业产业链结构，在法国农业现代化、规模化及产业化的发展进程发挥了非常重要的功能。

3.1.5 英国由政府引导的转化模式

英国实现了农业技术创新与转化应用的双轮并进。通过建立技术创新中心、农业科技孵化器、国内外产学研合作等方式，打通农业科技创新的闭环。如政府投资建立以"农业信息技术和可持续发展指标中心"为基础的系列农业创新中心，中心囊括了英国信息和农业技术的顶尖机构和企业，推动大数据服务农业发展。此外，政府投入资金打造"农业科技孵化器"，推动农业科技成果转化，孵化器不仅致力于促进农业公共科研部门和企业的深入合作，鼓励技术的转移；更积极推进农业公共科研部门和农场建立更密切的关系，通过加强农户、技术人员和科研单位之间的交流，促进农业技术的推广[①]。

英国政府建立了完善的农业科技质量保障体系，明确了以下几点。第一，英国

---

① 澎湃新闻.守护中振兴，英国乡村振兴思路[EB/OL]. https://m.thepaper.cn/baijiahao_15893654, 2021-12-17

农业科研投入以公开透明为原则，社会各界人士可行使监督和检查的权力；第二，农业科研成果的评价由同行开展，既需要国内相关学术咨询人员进行评价，又需要其他国家农业专家的评价；第三，英国农业科研成果需要进行明确的应用，研究成果中能进行实际应用的内容要求农业科研人员推广到农户和农企，切实发挥农业科技创新对农业发展的带动作用。

英国政府对农业科研与推广给予了大力支持，每年将大量的科研费用投入农业科技的创新与研发中，包括投入农业科研成果的推广应用工作。具体而言，英国农业推广应用着重从以下几个方面切入。第一，研发具有针对性的农业科技。在选择研发项目时，要求科研机构从市场需求和农业发展的实际需要出发，必须要有针对性。第二，健全科研推广体系，主要由农业科技推广机构、农业行业协会、农业服务咨询公司以及各类农业科研机构协作企业等组成的农业中介机构，它们高效地开展科技成果的推广应用。第三，提升农业科技成果的市场转化率。增强多级联动，形成科研机构、农业产业、农户及政府管理部门等主体的紧密合作，多措并举，提高科技成果的市场转化率，推动科技成果在生产一线的应用。对那些应用新科技成果的农户，英国政府给与农业资金补贴，加强对农户的鼓励和支持。在政府部门与农户均自愿的基础上，双方签订农业科技成果应用合同，规定农户应该达到的农业指标，将补贴直接发放给完成相应指标的农户。同时，农户按照农业科技成果合同，结合生产实际需求，运用最新的农业生产技术、生产设备和生产工艺，实现农业生产效率的提高。

3.1.6 澳大利亚分级农业技术推广的转化模式

澳大利亚是农业畜牧业生产大国，盛产羊、牛、小麦和蔗糖，在农业科技转化推广方面，澳大利亚采用分级农业技术推广的模式，其组织机构设置为：在农业部设置总的推广机构，各州（领地）设置"推广领导办公室"，各层级推广机构依据各自农业发展的不同阶段和不同地域挑选不同的专业人员组成，下设9个分支推广机构，各州（领地）下属县域再分设4个次级推广机构，层级之间采用垂直管理方式，在各层级机构中行政隶属关系明确且相对独立，由主任直接负责，不受各级地方政府行政干预。在人员选拔方面，要求农业技术推广人员具有大学以上学历，并强化在职培训，提升农技推广人员沟通技巧与交流能力。联邦政府特别关注对关系国计民生的环境保护、农业生产和疾病防控及管理等重大技术的扶持。在机构运行中，联邦政府提供经费给农业部，按各层级需求和计划，逐级拨付到各州（领地）、分支和次级推广机构。在澳大利亚科研机构中一般设有从事农业技术推广的专、兼职人员，这些人员的职责为对生产中出现的问题展开研究，研究成果再应用于生产，科技成果推广人员将推广过程中发现的问题又反馈给科研人员，形成科学研究、成果推广、农业生产，再反馈到科学研究的良性循环。

3.1.7 以色列以政府为主导的转化模式

以色列国土面积狭小，自然条件差，水资源尤其匮乏，但以色列农业却创造了世界瞩目的奇迹，以4%的农业劳动力创造了10%的GDP。在自然环境恶劣和农业劳动力数量较少的条件下，以色列农业的成功与其高度发达的农业科技水平息息相关。以色列在节水灌溉、农业生物技术、温室大棚、农产品产后加工、农业肥料、农业植保、育种等方面具有很强的实力。以色列十分重视农业技术推广，建立起由政府主导，研究人员、农技推广人员，农业生产者和企业紧密结合的科研、教育和推广有机结合的农业科技体系，结构完善、覆盖面广、高效的农业科技体系是其农业发展的重要基础。

在以色列农业科技的发展中，政府始终起着主导作用，在科研组织方面，参与农业科技研发的机构有政府的科研机构和高等院校、企业、社会组织，政府组建的科研机构和高等院校起着主要作用。在推广组织方面，政府把农业科技推广视为重要的公益事业，承担农业技术推广的主要实施者角色，并负责提供农业科技推广主要资金来源。除政府部门外，以色列也有大量私营农业技术推广企业、技术协会和农业技术教育培训机构在农业生产的各个环节提供相应市场化服务。以色列已形成政府主导，多方参与的一主多元的农技推广组织体系，在政府的农业技术推广组织体系层面，最重要的是农业与农村发展部农业技术推广局下设国家农技推广中心和9个地方农技推广中心，构建了国家和地方2个层次的双层组织架构。以色列农业技术推广模式的显著特点体现在政府层面支持、鼓励科研人员和推广人员投入农业科技转化全过程，立足于自身专业特长，通过开办自营示范农场、推广型培训基地等，与农户一起运用、推广新技术，推动新成果、新技术的普及和应用。

3.2 国外农业科技成果转化模式的启示

美国、日本、荷兰、法国、英国、澳大利亚、以色列等农业科技强国的农业科技成果转化模式各具特色，其存在的一些共同特点，可为完善我国农业科技成果转化机制、模式和体系提供经验借鉴。

3.2.1 政府强有力的政策支持

纵观各国农业科技成果转化模式，政府部门都扮演了十分重要的角色，提供了强有力的政策、资金和运行支持。第一，在政策导向方面，政府制定相应政策法规，引导本国农业科技体系健康发展。比如美国、法国、荷兰、日本等都通过法律法规的形式明确农业发展方向，建立农业科技成果转化体系。第二，政府大力支持农业科研机构研究，整合农民农业技术需求反馈给科研单位，并将农业科技成果及时向农民传播、推广，促进了农业科技转化体系的高效运行。如美国政府强调落实高等农业院校为农民服务的战略方针；日本政府对各级农业专业合作社或农民协会给予了大量的财力、物力支持，大大提高了农业科技的推广效率。我国政府对农业发展也非常重视，但国家对于农业科研项目的经费支持还有较大不足，仍需加大农业科研投资强度。

3.2.2 产学研紧密合作的模式支持

农业科技成果转化是一项系统工程，提升转化成效，需要政府、高校和科研院所、农业企业等不同主体协同发力，产学研紧密结合对农业科技成果转化体系具有至关重要的作用。如美国的"三位一体"模式，堪称产学研结合的典型代表，有效地将教育、科研、推广融为一体。法国、荷兰、日本和以色列等国也将农业科技研发、教育和推广结合起来，形成适应本国的农业科技成果转化模式。我国农业科技成果转化模式的发展也需要遵循这一原则，加强产学研结合，从市场的实际需求出发，开展创新研究，推广农业技术教育，将农业科技成果推向生产，形成高校、科研院所、企业等创新主体良性互动、紧密协作的格局。

3.2.3 市场主体力量的参与支持

农业科技成果的转化离不开高度发达的市场经济体系，需要依托农业企业、农业技术服务组织、农民合作组织等主体的力量。农业科技推广服务中的企业在扩展市场的同时，为农户提供了农业科技服务，提升了科技服务的效率。农民合作组织与农民的生产生活紧密联系，在促进农业技术普及、推广新品种等方面相较于政府、科研单位和企业有着天然的优势。在美国、法国、日本等国的农业科技推广体系建设和农业科技推广过程中，政府充分发挥了农业企业的主体作用，合理引导多种类型的农业技术服务组织,吸引合作组织等力量主动参与到农业科技推广体系中,形成农业科技推广的多元化发展。如法国的农业科技推广工作主要由农业合作社和农民协会组织完成,日本农协的服务范围涵盖农业生产经营的各环节和各领域。在我国农业科技成果的推广中,也需要支持农业企业、农民合作社等主体的发展,并充分发挥它们在农业科技成果转化中的积极作用。

3.2.4 科技与教育的技术和人才支持

一是重视科研机构的发展。发达国家十分重视高等院校等科研机构的发展,在农业科技推广中通过技术专家的引领,满足农户对农业技术的需求,提升农业生产效率。如美国高等院校整合各州的农业教育、科研、技术推广工作,法国国家农业科学研究院致力于先进农业技术、农业新品种培育及农具改进等方面的研究,荷兰的高等院校设置了较多农业相关专业,包括农业环境保护、农业机械、生物技术等,有力地推动了本国农业科技的进步。二是重视农业人才的教育。发达国家建立起实用高效的农业科技人才培养机制,重视农业科技人才的职业教育,鼓励农业科技人员将专业知识与实际农业生产技术相结合。如美国创设了"产学研"三位一体的农业科技人才培养机制;日本构建了分层次培养机制,形成了学历教育、职业教育、技术培训等多层次的办学模式;荷兰在中央和地方推广培训教育,为农民提供全方位的优质服务。农业发达国家农民的受教育程度相当高,美国从事农业生产的劳动者中具有高中及以上学历的达到80%,以色列拥有大学学历的农业从业人员达24%。而我国农民的平均受教育程度较低,因此加强对农业科技人才的培训教育,并提高我国农业从业人员的受教育程度,是提高我国农业技术发展水平、完善农业科技成果转化体系的重要举措。

第4章 我国农业科技成果转化现状和主要模式研究

通过研究我国农业科技成果转化主体与转化受体、农业科技成果转化率，农业科技成果转化投入及我国农业科技成果转化的主要模式等农业科技成果转化的现状，提出了本研究的科技成果转化主体主要包括企业、科研院所、合作社、家庭农场等供需主体，分析了农业科技成果转化主体的各自力量、相关关系以及对农业科技成果转化的共同影响，指出我国农业科技成果需求具有地域差异性与多样化类型、转化兼具公益性和盈利性、转化具有周期长、风险高的特点，并分析归纳了政府主导型、农业科研机构/高校主导型、涉农企业主导型、农民合作组织主导型等模式，总结和提炼出了我国推进农业科技成果转化的相关经验与成就。

4.1 我国农业科技成果转化现状

4.1.1 农业科技成果转化主体

农业科技成果转化主体是指构成农业科技成果转化的各个相关机构和个人，农业科技成果转化的主体繁多，可以分为政府、研发、推广和需求四大转化主体。农业科技成果转化主体的各自力量和相关关系，共同影响农业科技成果的转化效果。

首先，转化主体的"为我"特性是各个主体在农业科技成果转化过程中表现出来的一定程度的自私性，他们对技术的选取都是对自身最有利的，而不会关注是否有利于其他主体的发展，如推广主体，他们会根据自身情况选择简单、经济效益高的技术，而不会考虑到这些技术是否符合需求主体的需求，是否具有高风险等。

其次，利益驱动特点受市场经济条件的影响，利益是驱动农业科技成果转化和推广的核心要素，农业科技成果转化过程的参与主体有各自的利益诉求，如政府部门希望用最少的推广经费达到最大的推广效果，研发主体希望获得成果推广的回报从而支撑持续的研究，推广主体希望成果推广工作简单易行，而农户等需求主体希望费省效宏、能显著增产增收且成本支出不大。他们在时间活动的选择过程中会潜在地倾向于自身的利益，由于存在各种不同的转化目的，可能会忽视成果转化的真正价值。

最后，由于各转化主体之间缺乏沟通渠道，这使得他们在成果转化过程中成了相互独立的个体。理想的农业科技成果转化应该是在尊重客观规律前提下，各类主体间形成有效联合，主体之间相互沟通合作，促使形成公平、合理、可行的共同利益机制。成果转化过程中，符合需求的农业科技成果可以在各个主体间实现信息交流和资金流动，从而促进各个参与主体实际利益的实现，有效调动参与主体的积极性。因此，在实际转化过程中需要准确处理各个转化主体之间的利益关系。

4.1.2 农业科技成果转化受体

农业生产经营者是农业科技成果的需求主体，是农业科技成果的接受者、应用者和在最终采用者，同时也扮演着农业科技成果的反馈角色，他们占有部分生产资料，从事农业生产，农业科技成果的转化程度受到需求主体自身知识水平和需求主体对新技术的选择、吸收能力和参与程度的影响。需求主体是农业科技成果转化的内因，在农业科技成果中占据重要作用。农民在农业推广中占据主导地位，农民的行为方式很大程度上决定了农业推广是否成功。

4.1.3 农业科技成果转化率

农业科技成果转化广义上是指农业科技成果在科技部门内部、部门之间，从科技领域到生产领域的一个运动过程。狭义上是指对有价值的农业科技成果进行后续开发应用，最终取得社会经济效益的运作过程，即把农业科技成果转化成现实生产力，实现生产使用价值的过程。农业科技成果转化是将新型科学技术转变为实际农业生产的过程，最终目的是提升农业生产效率、增加农业产值。在一般情况下，高校和科研院所是农业科技成果的重要产出地，但是从发展实际情况来看，高校科技成果转化操作具有学院派的特点，在发展的过程中更注重科学体系研究，会出现实践性不够强、无法和市场发展需求适应的情况。

农业科技成果转化率是指一定时期内，已经在农业生产经营中被农民与农业企业应用的农业技术研究成果数量占总的农业技术成果数量的百分比率。衡量农业科技成果是否转化的依据是某项成果是否被需求者采用并实现其增产增收的价值。一项农业科技成果只要与其他生产要素结合并被应用于农业生产，该成果就实现了应用价值、实现了向生产力的转化。由于不同成果的特征、应用领域与应用范围都存在很大的差别,因此,应采取纵向比较的办法,将某项农业科技成果被需求者采用后与采用前的效果进行比较,只要为其带来了更多的利益,就证明该成果已经得到转化,一个地区在一段时间内转化的农业科技成果数量越多,农业科技成果转化率也就越高。

过去的半个世纪里,我国农业科技成果转化取得了前所未有的进步,但与发达国家相比差距还很大,科技成果转化率仍然很低。我国60%以上的成果得不到转化,其中获奖农业科技成果的转化率也仅为50%左右,而一些发达国家的科技成果转化率在60%以上,其中日本达到70%,美国则达到80%。由于科技成果转化率低,直接导致农业资源利用率较低,如化肥和农药的有效利用率在发达国家达到了60%,我国仅有30%,且因施药技术和方法落后,农药残留污染严重,食品安全威胁人民健康,中毒现象常有发生。与此同时,我国农药、化肥、农膜等农资材料仍以大量进口,加上利用率较低。一方面造成资源浪费,另一方面生产成本明显提高,缺乏市场竞争力。因此,我国必须加强农业科技成果的转化工作,充分发挥农业科技的生产动力,有效解决农业科研成果与农业生产脱节的问题,真正发挥农业科学技术对农业产业发展的支撑作用。

4.1.4 农业科技成果转化投入

科研创新阶段、成果转化中试阶段与产业化阶段的资金投入比大约为1:10:100。因此,只有这样才能保证农业科技成果得以顺利转化。但是我国在现阶段的发展过程中,各类科技计划在投入资金的过程中对于科技成果的研发阶段的资金投入有着足够的重视,相反对于科技成果进入市场的中间环节、中间试验等方面资金投入缺乏足够的重视。最终导致我国在进行成果转化的过程中,缺乏相应的机制创新和科技金融条件平台支撑,难以引导社会资金进入,影响了我国农业科技成果转化工作的有效开展。我国农业科技成果转化率低,投入低、融资难仍是首要制约因素。

研发投入结构不合理、农业科技成果转化资金不足已成为制约我国农业科技成果转化的"瓶颈"。长期以来,我国研发经费在国内生产总值中所占比例始终低于2%,而发达国家此比例远远高于我国。研发资金不足,尤其是基础研究与成果转化两端的经费不足,已严重影响农业科技成果的形成与转化,导致农业科研低水平重复,制约了农业科技的发展。

基层科研人员短缺也成了限制农业科技成果转化的"最后一公里"。基层农业技术推广人员是农业科技成果转化的关键，发达国家农业技术推广人员与农业人口之比为1∶100，而我国农业技术推广专业人员严重短缺，这一比例仅为1∶1 200，平均1万亩耕地不到1名农业技术人员。另外，我国基层农业推广人员中专以下学历占66%，拥有高级技术职称的人员仅占4%，知识老化现象严重，人才断层现象突出。

4.2 农业科技成果转化特征分析

4.2.1 农业科技成果需求具有地域差异性

我国幅员辽阔，地理跨越三个温度带，各地区的地理环境以及气候条件都存在很大的差异，农业的耕种模式及种植作物各不相同，农业生产规律更是各有千秋，相比工业或者是第三产业，农业科技成果转化的地域性特征十分明显，导致农业科技成果转化率低以及市场交易活跃性高（翟金良，2015）。即使是同一个省，各地差异也很明显，以四川省为例，四川既有沃野千里的成都平原，也有甘孜、阿坝、凉山等地的高原峡谷地形地貌，对农业机械、农业品种、农业技术的需求有明显的差异。高原藏区以牦牛、青稞、中藏药和特色水果为主导产业，对技术需求以高原水果产业关键技术、草莓、蓝莓、石榴、甜樱桃等特色水果标准化栽培技术、马铃薯、青稞、荞麦等病虫害绿色防控技术等为主；而成都平原及周边地区的科技需求主要是水稻高效栽培技术、都市农业配套技术、林竹综合开发技术等领域。这种差异孕育出了富有地域性差异的农业科技成果，但同时对科技创新转化工作带来挑战，每个农业科技成果的适用范围有限，需要研究多元化的科技成果，需要因地制宜地推广技术成果。

4.2.2 农业科技成果需求类型具有多样化

当前，中国从事农业生产和经营的主体，既有新型生产经营主体如专业大户、家庭农场、专业合作社、农业产业化龙头企业等，也有从事分散劳作和家庭承包经营的传统农民。这些多元化的农业生产经营主体，构成了类型多样的农业科技成果转化的受体，形成了"企业（公司）+农户""企业（公司）+基地+农户""企业（公司）+协会+基地+农户"等多种组合模式。尤其是不断壮大的新型经营主体逐步成为农业生产领域重要的力量，已经从传统以小农户为主转变为多元化经营。截至 2020 年，全国家庭承包经营的耕地面积为 156 166.24 万亩，家庭承包经营的农户数为 22 040.98 万户。农村大量流转出来的土地被专业大户、家庭农场、专业合作社、农业龙头企业等新型生产经营主体从事规模化生产和经营。这些新型生产经营主体的力量将会越来越壮大，并可能产生出新的其他生产经营主体及多种组合类型。农业科技成果转化的受体也将进一步呈现出多样性。

4.2.3 农业科技成果转化兼具公益性与盈利性

近年来，我国不断强调"三农"问题以提高农业生产的基础性地位，连续 19 年中央"一号文件"都聚焦"三农"问题，并出台了多项农业扶持政策。但农业不同于工业发展，由于周期长、影响因素多等原因，目前我国经济社会是以工业反哺农业，以确保农业生产的社会效益，所以近年来对农业的支持大多具有基础性及公益性特点，也因此不少农业科技成果转化也具有基础性和公益性服务的特点（翟金良，2015）。笔者在绵阳市调研发现，部分马铃薯农业专业合作社使用的栽培种多是四川省农业科学院免费赠送的研发产品，合作社在降低生产成本的同时也给科研院所品种的中试熟化提供了场地和平台，类似的公益性服务在我国现行的科技成果体制机制下较为普遍。此外，一部分农业科技成果转化也具有盈利性，主要集中于杂交农作物品种与农资类新产品的成果转化，例如，科研单位与企业研发的杂交水稻、杂交玉米杂交油菜等新品种、新型农药、化肥等可能会通过种子公司、农资公司以产品的形式销售给农户，科技成果从而得到有偿转化。

4.2.4 农业科技成果转化具有周期长、风险高的特征

农业生产是自然再生产和经济再生产相叠加的统一体，生物生产需要遵循生物生长发育规律，受自然生态环境和社会因素的双层制约，与其他科技成果相比，农业科技成果研究产出和推广应用周期均较长。自然生产条件下，农业生产时间周期长，从播种种植到收获期要跨越几个季节甚至跨年度，作物自然生长规律仍然从根本上决定着农业生产的长周期性。虽然设施农业的发展，可局部性地改善农业生产尤其是像蔬菜种植等的环境条件，但从大的空间范围乃至全国范围看，农作物生产尤其是粮食作物等的生产，从根本上来说，仍然对气候等自然因素条件具有极强的依赖性。极端降水的旱、涝和极端气温的高、低等都会对大面积作物生长具有负面影响和破坏作用，造成产量和品质的风险。此外，市场经济中流通体系的不健全也使农产品具有一定的市场风险和价格风险。农业科技成果转化过程是成果应用到农

业生产中的过程，不可避免地也具有长周期性。以新品种的选育和推广为例，从种质资源收集、评价、整理进行基础材料创新和种质创制工作，再到田间选择、加代扩繁、材料测配、筛选试验、品比试验，形成具有稳定性状、可推广的组合或品系就需要5~6年甚至更长的时间，如果再按照现行的品种审定制度开展区域试验、生产试验，又需要2~3年时间才能予以审定，之后才能予以大面积推广，转化周期达7年甚至10年以上，由此，也带来更多不确定性和高风险性。一方面，是由于农业科技研发需要更多的时间步骤；另一方面，是农业科技项目的研发周期一般比其他项目要长的多，导致了农业科研投资具有很高的风险，加大了农业科技成果转化的难度。农业科学研究和农业生产的特殊性导致对农业科技成果的知识产权实施保护也十分困难。首先，农业科技成果一般在正式投入使用前需要经过放大试验、区域试验等环节，导致农业科技成果通常在取得成果之前已经被其他科技人员、农业或农业企业广泛接触；其次，农业生产过程是开放性的，很难避免他人对农业生产过程的观摩和学习，从而就很难杜绝他人对农业生产技术的模仿和窃取。

4.3 我国农业科技成果转化主要模式

4.3.1 政府主导型转化模式

政府在农业科技信息与成果转化过程中提供资金和政策，搭建平台，起到引导、支持、保障作用，提供公益服务。包括：①财税支持：公益性、社会性、基础性、战略性强以及缺少物质载体的农业科技成果推广需要适度的政府支持；政府主导农业科研机构收入和内部支出来源，农业R&D经费主要来源于政府；政府提供财税优惠、政府采购、农业补贴以及提高农产品收购价格。②政策保障：政府提供长期稳定支持的法律体系、制度安排及体制保障；提供农业公共服务，塑造公平的市场环境、宽松的投资环境，调配科技资源；开展知识产权保护。③平台及桥梁：政府搭建农业科技成果展示、交易、推广的平台，整合资本、市场、人才、推广优势资源，引导科研院所、高校与涉农企业建立良好的关系，搭建供给与需求直接对话的桥梁。政府主导下的农业科技信息与成果转化，实现政府、科技工作者、生产者、消费者共赢。政府主导型转换模式的典型模式包括政府自建平台模式、政府重大项目模式、"政府+科研院所+涉农企业+合作社+农户"模式、政府举办展会等典型模式。各模式的具体运行主要有以下四种。

第一,政府自建平台模式——以"12316"等平台为代表的服务体系。

"12316"三农综合信息服务平台是由农业农村部推出的,具备农业科技信息数据库,为广大农民和企业提供统一、规范、准确的信息服务平台。"12316"三农综合信息服务平台启用了全国农业系统公益服务统一专用号码,解决了各地农业公益服务号码不统一的问题,整合了农业信息资源,更便捷地向社会公众提供三农信息服务。

"中国农技推广"信息化服务平台是国家农业信息化工程技术研究中心等单位组建的、按照"农业科技服务资源一张网"的思路,包含 App、Web 端、公众号"三位一体"的"平台①。该平台解决了农技推广信息化工作主体协同不够、信息孤岛严重、供需不匹配等问题,建成了连通管理人员、农业专家、农技人员、农民的信息管理与服务载体,实现了数据资源向上集中,服务向下延伸。

"中国农业科技推广网"是中华全国供销合作总社科技推广中心主办,专门从事农业科技成果、科技产品、实用技术转化推广应用和农业科技信息服务的公益性专业平台。该平台提供农业全产业链的科技信息综合服务,搭建连接农科技供求双方桥梁和纽带,服务对象为涉农服务机构、公司企业、大专院校、科研院所、农业科技人员、专业合作社、农场、农户与农民经纪人等,提供自助注册、自助管理,自助发布农业科技成果、实用技术、科技产品(技术产品)、工作动态、服务信息、公司新闻、专家技术人员信息等综合服务②。

"星火科技12396"平台系由科技部联合有关部门推出,是在"农技110"基础上发展而来,平台看重农业科技信息资源的开发、整合及信息技术的引进,积极发挥政府引导功能和市场驱动作用,意在服务大范围的农村地区,搭建全国农业科技信息服务体系。

"四川科技兴村在线"(原"四川科技扶贫在线")平台是四川省科学技术厅利用互联网和大数据等现代信息服务技术,有效解决偏远地区信息孤岛问题而搭建的信息化平台。通过专家线上线下答疑服务的方式,实时为用户提供农业产业技术咨询,实现技术需求跨地域、零距离地高效对接,形成了农业先进实用技术进村入

---

① 中国农技推广信息平台. "中国农技推广"信息化服务平台 [EB/OL]. http://njtg.nercita.org.cn/push-technology/detail.shtml?id=508

② 中国农业科技推广网. 平台简介 [EB/OL]. http://www.agricoop.net/about/15.html

户的新型农村科技服务体系和服务模式①。平台自2016年9月开通，着力服务全省脱贫攻坚和乡村振兴发展。针对脱贫地区技术供给不畅、技术需求多样化等问题，平台构建"四川科技兴村在线"省—市—县—村—用户五级服务体系，建立省、市、县三级实体化运管中心135个，实现了从用户到专家精准对接，农户遇到种养殖技术等问题，通过App就能得到在线解答。同时，围绕脱贫地区技术落后、品种差、亩产低、销路难等普遍问题，平台开发了"专家服务、技术供给、产业信息、供销对接"四大服务功能。重大问题还可申请专家团队到现场会诊，直到问题解决为止。通过链接电商平台，脱贫地区30余个特色产品实现在线销售②。

在政府自建平台模式下，政府向相关机构给予资金和政策支持，搭建起各部门、各层级交流合作的平台，实现科研机构与国内外有关机构共同合作、高校和企业开展协同创新、科技和气象等政府部门充分履行职能，实现了信息的高效交流与共享，最终使得农业生产经营主体能够获得全方位、多层次的信息及服务。

第二，政府重大项目推广模式。

（1）专项资金和科技计划项目

农业科技成果转化专项资金和科技计划项目依托农业科研、农业教育及技术推广机构等主体，通过政府引导、财政支持，吸纳企业、科技开发机构和金融机构等主体投入资金，具有稳定性、持续性及公益性的特点，此模式去掉了成果转化的各种中间环节，直接面对农民等科技成果需求方。政府是农业科技成果转化计划的决策和支持方，财政保障转化资金，项目的实施与科研人员的职称直接挂钩，能够有效提升科研人员开展农业科技成果转化的主动性、积极性。

在这一模式下，政府提供资金来源，科研机构、高校等获得政府的资金和政策支持，项目实施有利于科研人员获得职称提升，可有效促进科研人员参与成果转化，企业及农户获得信息服务及科技成果转化益处。

（2）农业重大技术协同推广计划

2018年，农业农村部从中央财政支持农技推广体系改革项目中整合资金，选择

---

① 中国科技网．"四川科技兴村在线"省市县共建汉源县古路村驿站揭牌[EB/OL]．http：//stdaily.com/index/kejixinwen/202207/d9044cb2c74840758f12db8e6c38b5fa.shtml.2022-07-06

② 中国科技网．"四川科技兴村在线"入选四川省全面深化改革典型案例[EB/OL]．http：//www.stdaily.com/index/kejixinwen/202203/7daf7db03c9b450c8bc89b6ed61f1474.shtml.2022-03-09

8个省份进行农业重大技术协同推广试点。试点省份遴选3~5个农业优势特色产业，聚焦制约产业发展的重大技术需求开展协同推广。引导农技推广机构、科研教学单位等合理分工、高效协作，实现省市县多层级联动，产学研企多方协同，种养加多学科融合，形成农技推广服务的强大合力。

农业重大技术协同推广试点的重点在于做优做强农业优势特色产业，将重大技术推广作为主线，通过绩效评价形成激励约束机制，形成需求关联和利益联结机制，全方位协调人才、土地、科技成果等资源要素，有效统筹科研单位、推广机构、涉农企业等组织，推进省、市、县级各层级协同，政、产、学、研、推、用六方主体共同发展，形成国家农技推广机构、科研教学单位、新型农业经营主体、社会化服务组织等合力开展农技推广服务的组织模式。以四川为例，通过开展农业重大技术协同推广计划试点，2018年以来，四川共组建农业重大技术协同推广团队20个，在农业科研院所、涉农高校、农技推广机构遴选880名专家参与，每个团队设置技术首席、推广首席"双首席"，与基层农技人员、新型农业经营主体一道，以提高服务质量、增加农业产值为目标，推广农业优质绿色高效技术、培优培强农业特色产业[1]。

第三，"政府+科研院所+涉农企业+合作社+农户"模式。

（1）院县共建专家大院——以雅安市名山区与四川省农业科学院茶叶研究所的战略合作为例

该模式是各层级农业科研院所与县（市、区）政府签订协议进行紧密的科技合作，建立"专家大院"作为合作平台，整合科研单位及政府在农业技术推广领域的力量和资源，设置成果转化岗位，打造新成果示范基地，从而促进农业科技成果转化的模式。"专家大院"通常就近设在龙头企业、农民合作社、家庭农场等农业新型经营主体的"家门口"，方便农业技术人员能够及时为各经营主体提供全方位、全过程技术服务，有助于经营主体在农产品产量和质量提升方面有较大改进，从而实现增产增收。技术专家的定期或专门指导，以及"专家大院"组织各种技术培训班等活动，能让生产经营者更快接触到最新的科技成果，也能提升其采纳新技术的能力，不断增强其科技素养。此外，农业科研院所推广的成果和技术能在具体的生

---

[1] 四川省人民政府. 四川省农业农村厅对省政协十二届四次会议第0513号提案答复的函[EB/OL].
https://www.sc.gov.cn/10462/c102966/2021/7/28/9e757bc7b6a3405ebb369bc653aaf63c.shtml，2021-7-23

产运用中获得检验，考察研究成果是否具有现实转化价值，是否为农业所需求、农民所适用，此外，若科研成果在转化中发现异常，得以及时发觉并寻求解决方案。农业科研人员通过"专家大院"这一载体，在与生产者互动的过程中，能够发现生产过程中遇到的障碍，更快启动相应科技成果的研发，保证问题的及时解决，促进科研绩效的提高。

雅安市名山区与四川省农业科学院茶叶研究所通过签订茶产业发展战略合作协议展开合作，茶叶研究所围绕茶产业全程，提供茶学科研，茶叶新品种、新技术和新产品开发及生产技术指导服务，推动雅安茶叶产业提档升级，助力名山区乡村振兴。四川省农业科学院茶叶所在名山区建立茶叶科技创新与转化中心基地和茶树新品种（资源）繁育体系建设及示范基地，为名山区、雅安市茶产业发展以及川茶千亿工程提供强有力的科技支撑和创新驱动。同时，在政府的引导下，四川省农业科学院茶叶研究所与名山区茶叶企业、协会和大型种植户开展深入合作，推动企业和农户增收致富。

在这一模式下，政府履行其职能，推动产业发展和乡村振兴。科研院所为当地产业发展提供科技支撑，同时能及时获得反馈，提升科研成果实用价值。企业、新型经营主体及农户在该合作模式中直接获取生产经营信息和服务，提高经营效率和效益。

（2）"政府+科研院所+农业园区"模式——以越西县现代化高标准州级苹果脱贫奔康产业示范园为例

越西县现代化高标准州级苹果脱贫奔康产业示范园暨省级现代农业园区占地3 200亩，园区利用广东（佛山）对口凉山扶贫协作资金，并与四川省农业科学院园艺所开展合作，以四川省农业科学院苹果专家谢红江团队为依托推广应用"新品种、新技术、新模式"，越西县农文旅投公司等企业参与产业经营。园区集中展示现代农业的"新设施、新模式、新品种、新技术"，并具有"高效生产、科技示范、技术研发、休闲观光"四大功能，提升农业产业的综合效益，并实现"农户务工+地租+二次分红"多渠道增收。

这一模式下政府积极推动脱贫攻坚和乡村振兴，科研院所在脱贫攻坚与乡村振兴中发挥科技支撑作用，企业参与经营，实现园区及企业同步发展，农户实现多渠道增收。

（3）科技特派员模式

政府承担中介作用，在不同的科研院所、高校选一些积极主动、专业技术能力较强的科研人员，形成科技特派员队伍，对他们进行一定经费资助，从事扶贫与科技成果转化工作。相关政府部门将科技特派员的研究领域和专业方向与贫困地区的需求相结合。依托政府资助项目，按照市场主导与政府引导相结合的方式，建立利益共享与风险共担的机制，推动科技人才扎根农村基层进行科技服务，实现科技成果的快速转化，保障贫困地区农户增产增收。

在这一模式下政府发挥人才选派和项目资助职能，专业技术人员获得经费支持同步开展研究，农户获得增产增收。

第四，政府举办成果展会模式。

在政府的支持下，举办农业领域的信息交流会、产品交易会、展览会、博览会等形式的展会，将科研院所、高等院校、涉农企业等主体的农业科技成果在现场进行集中展示，让参会者获得最直观的感受，达成合作意向，从而促进科技成果转化。这一模式的主要特点是企业、农户通过现场观摩、体验，更容易理解和接受新成果、新技术，能在一定区域范围内实现巨大的宣传带动效应，促进农业科技成果快速传播、推广和转化，特别适合新产品、新技术的推广应用。比如在《农业农村部展会计划》中，详细列举了每年农业农村部计划主办（共同主办）的展会、农业农村部事业单位计划举办的展会以及计划组团参加的境外展会，可供相关从业者选择参与。

在这一模式下政府搭建起科技成果展示、交流的平台，科研机构、高校、企业宣传农业科技成果，促进了农业信息和农业科技成果精准有效的传播和推广，最终使得企业及农户获得科技信息及成果转化益处。

4.3.2 农业科研机构、农业高校主导型转化模式

农业科研院所、农业高校主导型模式充分发挥农业科研院所与农业高校在研发方面的优势，以它们作为农业科技创新的主体，实现农业科技成果转化为现实生产力的转变。这一模式中，农业科研院所及农业高校以政府的政策为导向，依托政策支持，结合自身科研需求，组建相应研究团队，形成实验室，发挥农业科技研发与对外服务作用，完成农业科技成果对涉农企业、农业园区、合作社、家庭农场等的辐射功能。农业科研机构/高校主导下的农业科技信息与成果转化能够完成相应的

科研任务、带动农业科技成果的发展，同时形成反馈作用，促进农业科研院所、高校科研能力的增强和农业科技人员绩效的提升。

农业科研机构/高校主导型转换模式的典型模式有"科研机构/高校+自办企业"模式、"科研机构/高校+涉农企业"模式、"高校+科技园"模式、"科研机构/高校+政府+涉农企业"模式等。各模式的具体运行方式如下。

第一，"科研机构/高校+自办企业"模式。

"科研机构/高校+自办企业"成果转化模式指农业科研院所、高等院校独资成立企业，开展自负盈亏的经营。在此模式下农业科研院所、高等院校是科技成果的持有者，在已有条件和政策的支持下，能较好地完成科技成果转化。科研院所、高校掌握了科技成果的研发以及应用所需的条件，由其创办的企业将研究成果转化成生产力，能够显著地提高转化效率。但企业管理具有其复杂性，科研院所或高校自办企业往往因不擅长企业经营，而难以实现理想状态下的功能和效果。

第二，"科研机构/高校+涉农企业"模式。

（1）技术转让模式

农业科研院所、高等院校的科研人员将其研究成果通过有偿转让方式，一次性交易转让或授权许可给涉农企业或者其他农业科技需求方，实现农业科技成果转化。受到利益驱动，农业科技成果的供需双方能够实现充分对接与协商，达成最优转化方案，形成农业科研院所、高等院校——转化主体（涉农企业、中介组织等）——农民的三级转化体系，具有较强的灵活性和可操作性。

（2）科技成果入股模式

科技成果入股模式主要分为两种方式，即科技成果入股企业和科技成果入股单位内部企业。农业科研院所、高等院校将自有研究成果，经评估或者协商作价入股到企业，共享科技成果带来的利润，这也是科技成果入股的基本方式。科技成果入股单位内部企业是指科研单位/高校自行出资创办企业，将科技成果折合成股份，在内部按股份分享利润。

第三，"高校+科技园"模式——以四川大学科技园为例。

"高校+科技园"模式是以高校为基础，在政府的引导和支持下，充分发挥高校在科研能力、人才力量等方面的优势，扩展延伸投资形式，引入风险投资等多元化投资，将高校等科研单位的研究成果推向市场，实现市场化和产业化转化。具体建设模式包括：合作建设模式、虚拟建设模式、"一校一园"模式以及"多校一园"模式，以四川大学科技园为例，它是四川大学社会服务功能的有机外延，是四川大学发挥创新资源集成、科技成果转化、科技创业孵化、创新人才培养、促进开放协同发展等功能的重要平台，实现了"三基地、一中心"，即技术创新基地、高新技术企业孵化基地、产学研结合示范基地和创新创业人才培育中心；构建了创新创业服务体系、行政服务体系、投融资服务体系、中介服务体系和创新创业人才培育体系；已在四川大学主校区及周边建成孵化空间3万余平方米的主园区[①]。

在这一模式中园区为创业企业孵化、高新企业研发、创新人才培育、科技成果转化提供发展空间和服务；高校开展科研，获得推广经费，实现其社会效益。

第四，"科研机构/高校+政府+涉农企业"模式——以成都都市现代农业产业技术研究院为例。

成都都市现代农业产业技术研究院有限公司由成都市科技局、温江区人民政府、四川农业大学、成都市农林科学院、四川特驱投资集团有限公司共同建设，构建起了校院地企发展的共同体，发挥着聚集各方资源的作用，探索"政产学研用投"协同创新发展路径。产研院围绕"新平台+新技术+新模式"的发展建设思路，利用互联网手段和共享理念，创新股权机制，完善利益分配机制，最大程度缩小创新系统中的科研单位、政府、企业及消费者等主体的距离，使各主体之间维持高频互动状态。在产研院内部，四川农业大学输出资金、技术和"川农牛"品牌，特驱集团输出资金、人才、技术和渠道，成都市科技局和温江区人民政府输出政策、资金，各主体的力量在项目推进中发生深度黏合。

在这一模式下，政府对相关产业功能区和园区主导产业的发展起到了较好带动和支撑作用。科研院所/高校能提升科技成果转化效率，科研工作者的智力劳动和校外兼职管理工作能够获得合理回报。企业科技创新能力提升，增强了市场竞争力。

4.3.3 涉农企业主导型转化模式

涉农企业主导型模式是以市场需求为导向，在政府的土地、金融等政策支持下，通过多种形式进行农业科技信息与成果转化，包括：涉农企业根据农户实际生

---

① 四川大学.四川大学国家大学科技园创新创业项目征集[EB/OL]. http：//spark.scu.edu.cn/detail/219.html，2020-07-09

产问题和需求，以产品为支撑，提供整体技术解决方案；涉农企业依托合作社、协会开展技术培训，由合作社、协会提出培训需求并组织农户参与；涉农企业提出在生产经营中遇到的特殊问题或需求，委托科研机构开展应用型研究，为企业提供整体解决方案，知识产权及使用权由企业和科研机构双方协商约定。涉农企业主导下的农业科技信息与成果转化能实现企业竞争力增强、政府社会效益显著、科研机构示范推广成效良好，合作社规范发展、农户增产增收等多方共赢局面。

涉农企业主导型转换模式的典型模式包括"涉农企业+合作社/协会+农户""涉农企业+科研院所/高校+合作社""企业+基地+农户"等模式。各模式的具体运行方式如下。

第一，"涉农企业+合作社/协会+农户"模式——以新希望"企业+合作社+农户"技术推广模式为例。

新希望集团六合公司重点发展规模化生猪养殖，企业根据当地养殖现状，邀请专家、合作社、养殖户召开技术研讨交流会，协助形成标准化养殖作业书。同时，新希望开展各类养殖知识讲座进行技术宣传培训，并成立咨询服务机构，定期派业务员到养殖户家中交流，回答解决技术问题并给出解决方案。在当地成立养殖合作社，建立长期战略合作伙伴关系。政府通过支持贷款、贷款贴息等政策，扶持贫困户或小农户入股养殖场。在政府与企业补贴资金的支持下，合作社建设猪圈并进行标准化管理，实行统一购买、统一养殖、统一防疫、统一销售，且合作社按照每户平均利润不低于150元/头，保底收益每年不低于入股资金的15%执行。同时，当每头生猪收益超过150元时，入股农户可以获得二次收益分配，实现合作社社员的整体增收。依托新希望集团的生猪养殖项目，农户脱贫成效显著，如新希望集团在四川省仪陇县建设的20万头生猪养殖项目，为农户带来每头生猪收益238元，实现补助和奖励金27.8万元，结算代养费达224.24万元。新希望集团在凉山喜德建成的2个年出栏千头的猪场，农户年分红猪场利润10%。

第二，"涉农企业+科研院所/高校+合作社"模式——以首汇农业的"企业+科研院所+农业合作社"模式为例。

首汇农业北京油鸡专业养殖基地是首汇农业与北京市农林科学院、大石窝镇辛庄村经济合作社共同合作的项目。在这一模式下，农户在基地进行高标准规范化养殖，北京市农林科学院的技术专家对养殖农户进行产前、产中和产后的技术指导，首汇农业对产出的油鸡开展抽检,在质检合格后直接在企业线上平台"首汇农业"小程序进行销售。各方作为林下经济的参与者,合作社和农户专注于生产,首汇农业与北京市农林科学院的技术专家合作解决提高油鸡生产效率问题和产品质量控制问题。同时,充分发挥首汇农业的强项,开发客户,拓展市场,打造品牌,实现良性发展。从而实现农民充分利用林下土地资源开展高标准种养、科研院所全程技术指导和质量控制、企业线上平台进行农产品销售以增加农民收入的产业闭环①。

第三,"企业+基地+农户"模式——以河南济源市绿茵种业公司为例。

河南济源市绿茵种业公司是一家专业从事蔬菜种子生产的企业,采取"公司+基地+农户"的产业化运营模式,建有"河南省绿茵蔬菜种子工程院士工作站""河南省企业技术中心"等研究平台,专注于蔬菜种子生产技术的研究与开发,着力开展新品种引进和技术创新,在洋葱和十字花科蔬菜制种方面表现突出。企业具有完善的从生产、加工到销售的全链条能力,依托基地这一平台,为农户提供种子和传授相应技术,提供全方位的服务,带动其开展种植,在蔬菜种子成熟后,企业进行统一收集用于销售。主要采用农技推广人员不定期开展技术讲座、定期开展培训班,也通过村里喇叭、广播及发放农业实用手册等方式为农户提供技术指导,使得农户加强病虫害的防治和田间管理,确保种苗的成活率,提高了种苗的合格率。此推广模式中,企业作为主导方,把控整个生产与交易过程,与农户通过示范基地形成紧密联系。企业从自身利益及发展角度出发,为农户传递新技术、推广新品种、传播新观念,真正将科学技术传播到广大农户手中,也紧密地将农户与市场之间联系起来,让农户以较少的投资获得较高的经济回报。随着种植技术的示范推广,农户采用越来越多的新技术,生产效率和效益得到提升,生产基地里依靠蔬菜制种的农户每季收入过万元的就占60%。

4.3.4 农民合作组织主导型转化模式

农民合作社作为农户和科研院所/高校,以及科研院所/高校与农产品市场之间的桥梁,在农业科技研发、示范、推广和应用及农业科技产业化发展等方面发挥着重要功能。合作社在发展中与农户及科研院所/高校进行紧密的联系,及时将科研成果进行推广,为农户的农业生产创造了极大的便利,也拓宽了农业科技推广渠

---

① 中国经济新闻网. 首汇农业北京油鸡专业养殖基地合作签约仪式在北京房山区大石窝镇辛庄村顺利举行[EB/OL]. https://www.cet.com.cn/xwsd/2753357.shtml, 2021-01-09

道。合作社在农业科研成果转化体系中最重要的功能是推动新的农业技术运用到农业生产中并转化为实际的农业生产力，也就是实现了科研成果的转化。合作社带动新技术运用，使得科技成果产生的作用深刻影响农业农村经济发展。合作社主导型转换模式的典型模式包括"科研院校+合作社+基地+农户"模式、"合作社+农户"模式等。各模式的具体运行方式如下。

（1）"科研院校+合作社+基地+农户"模式——以丰都县八池塘农业开发股份合作社为例

丰都县八池塘农业开发股份合作社以蕉芋种植为主要业务，与长江师范学院合作建立了长江师范学院生物工程专业教学实践基地，由高等院校提供技术支撑，合作社从事课题研究，培育新品种，推广新技术，带动农户共同发展。合作社建成以蕉芋、红高粱、竹笋及无公害蔬菜基地 2 000 余亩，与农户签订了产品购销协议，极大地带动了农户种植的积极性。同时，合作社研发出以蕉芋粉为酿酒原料的纯天然、原生态、无任何添加剂的蕉芋酒。合作社依托产业，辐射带动农户，实现脱贫增收。基地利用当地丰富的自然资源，与务工村民建立起利益联结机制，通过贫困户务工，直接带动 74 户贫困户脱贫增收，贫困户年均务工增收 12 000 元；基地通过土地入股辐射带动农户 700 余人，人均年收入 2 000 元。

在"科研院校+合作社+基地+农户"模式中，合作社与科研单位保持了密切的合作关系，合作社可以在与科研人员的交流互动中了解最新的研究成果，部分技术专家也开展对合作社工作人员的培训和生产指导。科研单位在成果的推广、传播、培训、转化过程中提高科研成果的生产力转化水平和农业科技的覆盖度。这一模式的主要特点是，合作社在科研成果转换为生产力的过程中承担了媒介功能，科研单位的新技术、新成果通过合作社快速传播到农户手中；合作社同时将农户运用新技术时遇到的问题和困难第一时间传递给科研单位；科研人员通过对农业技术人员开展技术培训，通过面对面的沟通使得新技术推广更加精准高效；科研单位得以更快速掌握农户对技术的实际需要，进而研发出更符合市场需要的产品，实现市场占有率和竞争力的提升；科研单位凭借科技能力优势，借助合作社带动农户实现科研成果的高效转化，推动现代农业的发展。

（2）"合作社+农户"模式——以杨凌示范区农夫果业合作社为例

杨凌示范区农夫果业专业合作社于 2008 年由村主任牵头成立，注册资金 200

万元，主营果品种植、销售和加工及果蔬基地建设和技术指导等业务，合作社配套有果品保鲜气调库、仓储仓库和培训基地。合作社以村为单位，以村里的种植能手为核心，广泛带动广大农户参社。作为自愿联合的组织，合作社在农业信息和科技成果转化的链条中，扮演着农户新品种、新技术、新工艺等农业科技需求的代言人，最了解社员的需求，在为社员统一购买生产资料、提供生产技术、邀请技术专家，提供产品销售服务的过程中，承担着重要的作用，它不仅把最新最适宜的农业科技成果传播给农户，同时向涉农企业、科研机构反馈农户的实际需求，此模式既破解了单个农户因资金不足和规模太小而难以使用科技成果的局限，又有利于降低政府和涉农企业在农业技术推广和科技成果转化方面的成本和难度。

在"合作社+农户"模式中，农业科技成果有四个来源渠道，一是政府农业科技推广机构根据地方行政指令免费或者有偿提供的技术成果；二是合作社通过与科研单位合作，共同承担示范项目获取的技术成果；三是与农业企业合作获得的产品及技术服务；四是在市场上购买的新品种、新技术和生产资料等。合作社主导的成果转化模式中推广力量主要有两种，一是合作社内的力量，比如合作社内种植养殖带头人、专业大户与科技骨干。二是与合作社有项目联系的科研单位及企业的专业技术人员。技术人员通过对农户开展现场指导、技术咨询、技术交流会以及定期技术培训来实现科技成果转化。

第5章 农业科技成果转化主体调研分析

科技创新是产业发展的重要支撑力量，是推动农业农村现代化的根本动力。随着经济社会发展，我国农业已经逐步从资源依赖型转化为科技驱动型，农业发展对农业科技成果的数量和质量要求也在不断提高。加快推进农业科技成果转化，把更多创新性的农业科技成果从知识形态转化为现实生产力，对深化农业供给侧结构性改革、推进乡村全面振兴，具有重要的现实意义。

四川作为农业大省和科技大省，是新时代的"天府粮仓"，以重庆市、四川省从事农业科技成果转化各类机构为代表进行调研分析，全面摸底与实证研究，可为研究具有共同性的农业科技成果转化问题奠定基础，从而为农业科技成果转化搭建农业信息共享平台、建立价值共创机制、提高转化效率。本项目研究以四川省和重庆市从事农业科技成果转化的各类机构为调研对象，从农业企业、新型经营主体与涉农科研单位、大专院校三类主体出发，设计出与农业科技创新与转化模式相关的三类调研问卷，重点调查研究农业科技成果转化所面临的问题。

5.1 问卷样本容量确定

调研样本容量的确定采取的是

$$n = \frac{z_{\alpha/2}^2 p(1-p)}{E^2} \qquad 式（5-1）$$

其中，α 是显著性水平，$1-\alpha$ 是置信度。置信度是指当以样本估计总体时，能够正确估计的概率的大小，本调研取 5%。$z_{\alpha/2}$ 为分位点，当置信水平取 95% 时，$z_{\alpha/2} = 1.96$。p 是总体百分比，即建立了农业科技成果转化合作的涉农企业占所有涉农企业的比例。E 是允许的抽样误差，本调研将其约定为 0.05。经过计算得到的理论样本容量为 139 份。本课题一共发放 1 242 份问卷，有效问卷 1 119 份，有效回收率达 90.10%。其中，涉农企业问卷发放 152 份，有效问卷 131 份，有效回收率为

86.18%；新型经营主体问卷发放 390 份，有效回收 337 份，有效回收率为 86.41%；科研单位、大专院校、科研人员及农业科技人员问卷发放 700 份，有效回收 651 份，有效回收率达 93%。见表 5-1。

表 5-1　问卷发放与回收基本情况

问卷类别	问卷发放（份）	有效回收（份）	有效回收率（%）
整体	1 242	1 119	90.10
其中：涉农企业	152	113	86.18
新型经营主体	390	337	86.41
科研单位、大专院校、科研人员及农业科技人员	700	651	93.00

5.2　涉农企业问卷设计与分析

5.2.1　调查问卷设计

围绕四川省农业科技成果转化的企业主导型模式，为涉农企业设计的调查问卷主要涉及以下几方面内容。

明确本次调研的目的。查阅大量与农业科技、科技创新、成果转化的文献，查阅与农业相关的调查问卷，编制《农业科技创新与转化模式——企业调研问卷》。

问卷的第一部分主要为企业基本情况——企业名称、企业所在地、企业注册时间、企业资产规模、年营业额、员工人数、从事研发活动人数、企业所属领域、企业性质、是否获得过转化资金支持。

问卷的第二部分为企业科技创新和转化模式。主要从企业研发能力、获取新技术的途径、创新水平等几个维度了解企业的科技创新能力；从企业面临的风险、阻碍企业科技创新的因素、企业科技创新的需求等方面了解企业科技创新面对的困难；从科技创新为企业带来的经济效益增长、创新产品（技术）销售额占比以及自主创新产品（技术）所占比例等角度了解企业科技创新的成果；从企业参与的合作模式、各主体利益分配的比例、各自产生的经济效益等方面了解企业科技创新的分配机制。

5.2.2 调查基本信息

本次调查时间为2021年7月至2022年3月，时间跨度较长。为力求做到"深实细准效"，调研采取线上线下结合的方式进行。深入四川省屏山县、金堂县、武胜县、崇州市、自流井区、双流区、名山区与涪城区等20余个县（市、区），调研对象涉及种植业、畜牧业、林业、农产品加工、农化产品、资源高效利用、农林生态环境、农业装备、农业信息、生物技术产品等行业的企业，行业种类齐全。

5.2.3 数据的整理

问卷回收后，将被调查者选到的选项赋值为1，未选到的选项赋值为0，进行录入。最后经过几次仔细地核实与检查，确保了记录的问卷结果的正确性。运用软件进行数据分析。

对131份有效问卷中被调查企业的基本信息情况进行汇总后，得知绝大多数企业资产规模不超过10 000万元，占整体企业的91.60%；营业额最多的区间是大于10 000万元；员工人数集中在小于100人，占62.60%。详细情况如表5-2所示。

表5-2 涉农企业调研样本基本情况

涉农企业基本信息	分类	样本数目（个）
资产规模（万元）	<1 000	49
	1 000~5 000	45
	5 000~10 000	26
	>10 000	11
营业额（万元）	<100	23
	100~500	12
	500~1 000	23
	1 000~5 000	18
	5 000~10 000	21
	>10 000	34
员工人数（人）	<100	82
	100~500	38
	500~1 000	11
	1 000~5 000	0
	5 000~10 000	0
	>10 000	0

(续表)

涉农企业基本信息	分类	样本数目（个）
企业所属领域	种植业	41
	畜牧业	4
	水产业	9
	林业	5
	农产品加工	21
	植物保护	5
	资源高效利用	10
	农林生态环境	7
	农业装备	9
	农业信息	7
	生物技术与产品技术	13
企业性质	国有	8
	集体	12
	民营	106
	合资	5
是否得到过转化资金支持	是	72
	否	59

根据表 5-2 可知，本次调研的涉农企业，种植业 41 家，占 31.30%；畜牧业 4 家，占 3.05%；水产业 9 家，占 6.87%；林业 5 家，占 3.82%；农产品加工 21 家，占 16.03%；植物保护 5 家，占 3.82%；资源高效利用 10 家，占 7.63%；农林生态环境 7 家，占 5.34%；农业装备 9 家，占 6.87%；农业信息 7 家，占 5.34%；生物技术与产品技术 13 家，占 9.92%。调查的企业绝大多数为民营企业，占 80.92%。在被调查企业中，存在很大部分企业未得到过转化资金支持，占 45.04%，比例较大，说明涉农企业的科技创新资金扶持力度不大。

5.2.4 问卷的分析

（1）涉农企业从事科技创新的现状分析

在问卷中，设置了关于涉农企业从事的科技领域的问题，经统计被调查的 131 家企业中，有 21 家从事种植业的科技创新，占比为 16%；养殖业有 17 家，占比 13%；农产品加工业有 26 家，占比 20%；节水农业有 2 家，占 2%；生态环境有 11 家，占比 8%；农机装备有 6 家，占比 5%；高新科技有 4 家，占比 3%；农业资源 11 家，占比 8%；农药、饲料有 17 家，占比 13%；兽药、饲料、饲料添加剂有 16 家，占比 12%（图 5-1）。可以看到，节水农业、农机装备、高新科技领域的创新企业占比不超过 5%。出现这样的情况，不仅与经济环境的影响有关，也与相关领域行业自己所特有的困难有关。比如，用户需求疲软，由于种粮积极性低，灌溉行为、购买农机的欲望萎缩，进而使相关领域的创新很低。发展环境制约，农业相关的行业都依赖于农业生产，农业生产所遇到的问题制约着相关行业的发展。政策边际效益递减，以农机行业为例，政策的影响力尤其是购买农机的补贴的实施效果，对行业的拉动不如过去。

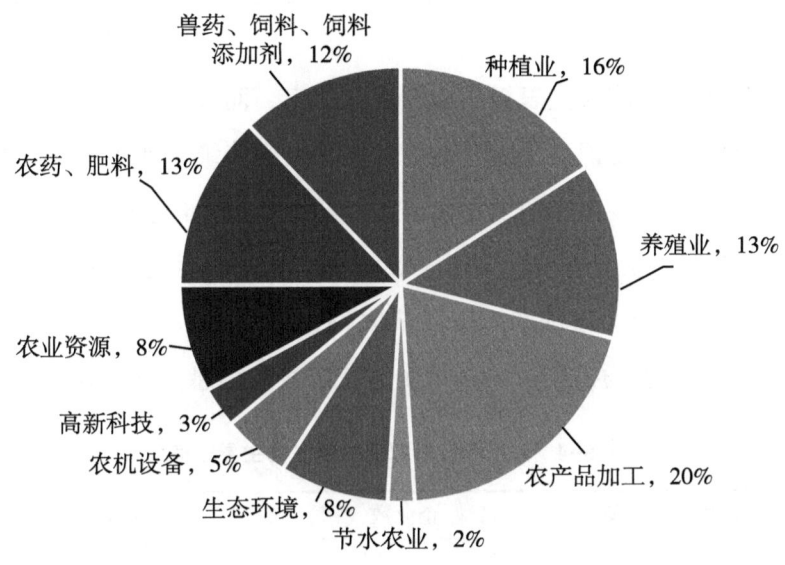

图 5-1 涉农企业从事科技领域的占比

经过统计，在 131 家企业中，采取自研发创新的企业有 52 家，占企业总数的 39.69%；采取产学研结合创新的有 79 家，占企业总数的 60.31%；采取购买国内新科技的有 56 家，占企业总数的 14.50%（表 5-3），很多企业采取多种途径获取新技术。有许多企业采取两到三种途径获取新技术，比如，有 28 家企业采取产学研结合创新与购买国内新科技的方式。2019 年全国政协副主席、全国工商联主席高云龙在中国民营企业 500 强峰会中强调，核心技术是国之重器，是要不来、买不来、讨不来的。当前民营企业（不仅限于农业企业）在关键领域被卡脖子问题依然突出，核心技术受制于人的现象还有不少。因此，涉农企业应加大技术创新，增强自身核心竞争力。在调研中，发现很多企业是通过购买国内新科技或引进国际先进科技的方式获取新技术。要想提高企业的创新能力，这部分企业既要用好引进消化吸收再创新的成功经验，更要有自主创新的骨气和志气，要下决心、下大力气攻克一些前瞻性技术、颠覆性技术,抢抓新一轮科技革命和产业变革机遇。

表 5-3　涉农企业获取新技术的主要途径

获取新技术的主要途径	企业数（家）	占企业总数比例（%）
自主研发创新	52	39.69
产学研结合创新	79	60.31
购买国内新科技	56	42.75
引进国际先进科技	19	14.50

农业信息技术不仅能够显著提高农业生产效率,而且可以改变生产者的生产理念,提高生产者的环保意识,所以利用信息技术改变传统农业生产方式显得尤为紧迫。通过对企业获得科技信息的主要渠道进行调查研究,经统计被调查的131家企业中,发现有52家企业通过大众媒体获取科技信息,79家企业通过专业信息机构获取科技信息,92家企业通过产品市场获取科技信息,39家企业通过科技市场获取科技信息,92家企业通过同行业其他企业获取科技信息。详见表5-4。

表 5-4　涉农企业获取科技信息的主要渠道

获取科技信息的主要渠道	企业数（家）	占企业总数比例（%）
大众媒体	52	39.70
专业信息机构	79	60.31
产品市场	92	70.23
科技市场	39	29.77
同行业其他企业	92	70.23

通过统计,在131家企业中,有86家企业具有自主知识产权,占调研企业总数的66%;有45家企业不具有自主知识产权,占调研企业总数34%(图5-2)。在科技不断发展的时代下,专利是企业参与市场竞争的利器。在企业所处的行业当中,如果没有核心的自主研发专利,那么就无法形成强劲的竞争力,导致的最坏结局将是企业因产品缺少创新技术含量而逐渐被市场淘汰。重要的是,自主研发的专利一般都是处于行业领先水平的创新技术或产品,并且自己研发的专利大多都是基于自身实际情况而进一步创新提升的。所以在后期实际落地到产品上时,转化贴合度会更高更好,从而高效得帮助企业有力占据市场资源。而购买别人的专利则难免

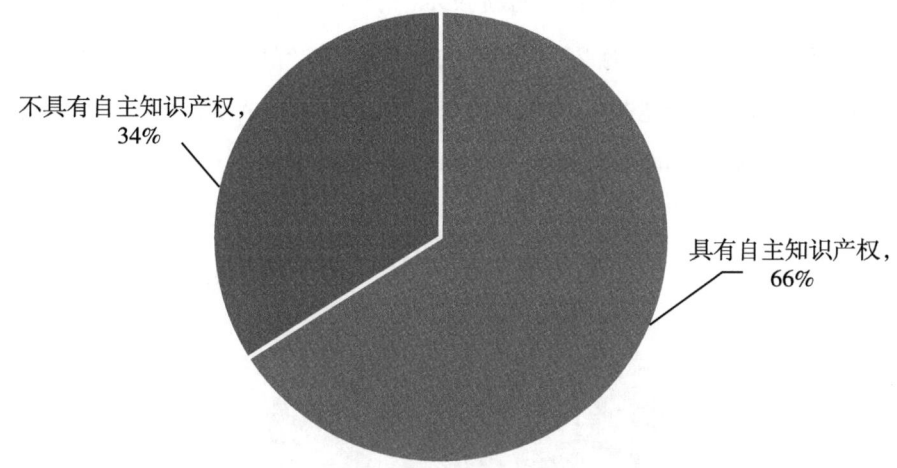

图 5-2　涉农企业拥有自主知识产权的比例

会出现技术或产品已经过时、失去新颖性等要素问题，尽管会有处于当前领先水平的专利，但价格自然也一定是非常贵的。而且购买的专利一般不能直接转化到产品上，对于打造自身的核心竞争力存有一定困难。购买专利或许在时效性上会更快一些，但对于企业发展核心竞争力，通过自主研发而获得的专利，将更加有助于提升企业的竞争实力，长足发展，以在市场中占据一席之地。因此，要鼓励农业企业进行自主研发。拥有自主研发专利的企业，应该成为当地政府的主要扶持和评奖的对象，应当更有机会得到当地政府在财政及有关政策上的大力扶持与补助。

经过统计，最近 3 年，实施了开发新产品、采用新设备、采用新的加工工艺、采用新材料的企业数分别为 118 家、79 家、78 家、66 家，占企业总数的比例分别为 90.08%、60.31%、59.54%、50.38%（见表 5-5）。

表 5-5　涉农企业实施科技创新类型

实施科技创新类型	企业数（家）	占企业总数比例（%）
开发新产品	118	90.08
采用新设备	79	60.31
采用新的加工工艺	78	59.54
采用新材料	66	50.38

经过统计，有 9 家企业的新技术（产品）水平状况达到了国际领先水平，占企业总数的 6.87%；有 13 家企业的新技术（产品）水平状况达到了国际先进水平，

占企业总数的 9.92%；有 79 家企业的新技术（产品）水平状况达到了国内领先水平，占企业总数的 60.31%；有 26 家企业的新技术（产品）水平状况达到了国内先进水平，占企业总数为 18.85%；有 52 家企业的新技术（产品）水平状况达到了国内一般水平，占企业总数的 39.69%（图 5-3）。

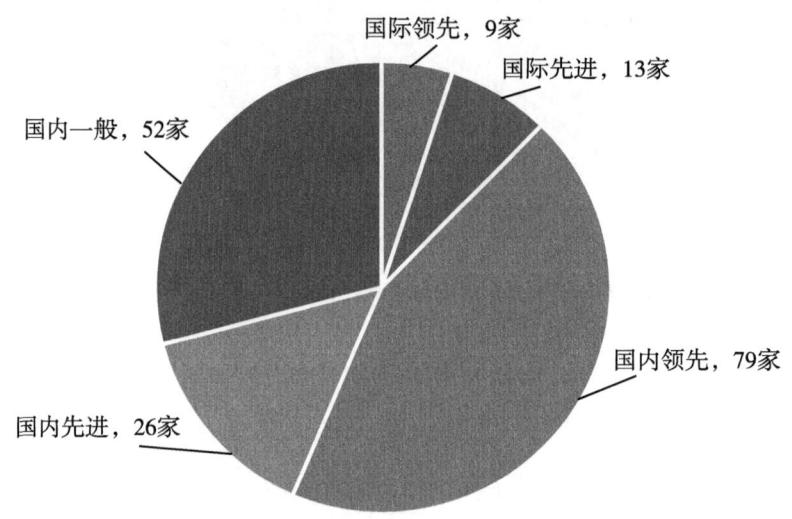

图 5-3　涉农企业新技术（产品）水平状况

投入资金占利润的比例反应了涉农企业科技创新的投资能力。经过 SPSS 统计，平均比例为 15.18%，即平均每家企业拿出利润的 15.18% 进行科技创新；投资比例的中位数为 10%；众数为 0%（表 5-6），根据频率表可知，有 35 家企业几乎未进行投资或无法估量投资比例。有 3 家企业投资比例为 1%，占企业总数的 2.3%；有 3 家企业投资比例为 2%，占企业总数的 2.3%；有 2 家企业投资比例为 3%，占企业总数的 1.5%；有 5 家企业投资比例为 5%，占企业总数的 3.8%；有 1 家企业投资比例为 8%，占企业总数的 0.8%；有 1 家企业投资比例为 9%，占企业总数的 0.8%；有 21 家企业投资比例为 10%，占企业总数的 16%；有 2 家企业投资比例为 12%，占企业总数的 1.5%；有 9 家企业投资比例为 15%，占企业总数的 6.9%；有 1 家企业投资比例为 16%，占企业总数的 0.8%；有 1 家企业投资比例为 18%，占企业总数的 0.8%；有 21 家企业投资比例为 20%，占企业总数的 16%；有 2 家企业投资比例为 25%，占企业总数的 1.5%；有 9 家企业投资比例为 30%，占企业总数的 6.9%；有 1 家企业投资比例为 35%，占企业总数的 0.8%；有 1 家企业投资比例为 38%，占企业总数的 0.8%；有 3 家企业投资比例为 40%，占企业总数的 2.3%；

有1家企业投资比例为50%，占企业总数的0.8%；有8家企业投资比例为60%，占企业总数的6.1%；有1家企业投资比例为65%，占企业总数的0.8%（表5-7）。整体来看，有73.28%的涉农企业在购买新品种（技术或农资）上投入了资金，表明大部分企业对农业科技成果转化保持支持的态度。

表5-6 涉农企业投资比例统计值

平均数（%）	中位数（%）	众数（%）	最小值（%）	最大值（%）
15.18	10.00	0	0	65.00

表5-7 涉农企业投资比例占比情况

	次数（次）	百分比（%）	有效的百分比（%）	累积百分比（%）
<1%	35	26.7	26.7	26.7
1%	3	2.3	2.3	29.0
2%	3	2.3	2.3	31.3
3%	2	1.5	1.5	32.8
5%	5	3.8	3.8	36.6
8%	1	0.8	0.8	37.4
9%	1	0.8	0.8	38.2
10%	21	16.0	16.0	54.2
12%	2	1.5	1.5	55.7
15%	9	6.9	6.9	62.6
16%	1	0.8	0.8	63.4
18%	1	0.8	0.8	64.1
20%	21	16.0	16.0	80.2
25%	2	1.5	1.5	81.7
30%	9	6.9	6.9	88.5
35%	1	0.8	0.8	89.3
38%	1	0.8	0.8	90.1
40%	3	2.3	2.3	92.4
50%	1	0.8	0.8	93.1
60%	8	6.1	6.1	99.2
65%	1	0.8	0.8	100.0

各涉农企业在科技创新的过程中，面临着不同的风险，在统计调查的131家企业中，面临自然风险的有105家企业，占企业总数的80.15%；面临技术风险的有52家企业，占企业总数的39.70%；面临市场风险的有56家企业，占企业总数的

42.79%;面临社会风险的有 13 家企业,占企业总数的 9.92%;面临专利侵权风险的有 26 家企业,占企业总数的 19.85%;面临信用风险的有 79 家企业,占企业总数的 60.31%(表 5-8)。

表 5-8 涉农企业科技创新面临风险情况

企业科技创新面临风险类型	企业数(家)	占企业总数比例(%)
自然风险	105	80.15
技术风险	52	39.70
市场风险	56	42.79
社会风险	13	9.92
专利侵权风险	26	19.85
信用风险	79	60.31

经统计,阻碍农业企业科技创新的主要因素中,在统计调查的 131 家企业中,存在资金缺乏的有 105 家企业,占企业总数的 80.15%;存在信息不足的有 52 家企业,占企业总数的 39.70%;因承担风险能力低而阻碍科技创新的有 56 家企业,占企业总数的 42.79%;选择收益不明显的有 13 家企业,占企业总数的 9.92%;选择产权不明确的有 26 家企业,占企业总数的 19.85%;选择科技开发成本高的有 79 家企业,占企业总数的 60.31%;选择缺乏科技开发人员的有 66 家企业,占企业总数的 50.38%;选择缺乏有效的激励机制的有 39 家企业,占企业总数的 29.77%;选择缺乏有效的科技市场的有 26 家企业,占企业总数的 19.85%(表 5-9)。由研究结果看出,最主要的问题是缺乏研发资金和研发人员。农业科技研发经费投入不足、农业科技研发资金配置不合理、农业科技研发缺乏政策支持、研发资金来源渠道少,都是导致研发资金缺乏的原因。因此建议要争取政策的支持,加大对农业企业科技创新的资金扶持;另一方面要充分吸引社会资本,合力解决资金缺乏的问题。高素质的农业技术人才队伍建设是农业科技创新和推广的人才保障。农业科技人才队伍的建设是一项巨大的系统工程,加强农业科技人才队伍建设,要做好以下两点:第一,应调整收入分配机制,建立健全激励机制,吸引高素质农业技术人才的加入。第二,应重视对已有农业科研人员的培训和再教育,提高其掌握和应用各种新技术的能力。

表 5-9　阻碍涉农企业科技创新的主要因素情况

阻碍企业科技创新的主要因素	企业数（家）	占企业总数比例（%）
资金缺乏	105	80.15
信息不足	52	39.70
承担风险能力低	56	42.79
收益不明显	13	9.92
产权不明确	26	19.85
科技开发成本高	79	60.31
缺乏科技开发人员	66	50.38
缺乏有效的激励机制	39	29.77
缺乏有效的科技市场	26	19.85

（2）涉农企业参与农业科技成果转化的合作模式及利益分配

通过统计，参与调研的 131 家企业中，有 67 家企业与其他的主体建立了合作模式，占 51%（图 5-4）。这说明农业科技成果转化的合作模式正在发展过程中，研究合作模式和利益分配问题正当其时。

图 5-4　涉农企业是否建立合作模式的情况

通过对建立合作模式的涉农企业进行调研，在建立合作模式的涉农企业中，采取"科研单位+农业企业"合作模式的有 10 家，占 15%；选择"农业企业+合作社/家庭农场/大户"合作模式的有 12 家，占 18%；选择"科研单位+农业企业+合作社/家庭农场/大户"合作模式的仅有 3 家，占 5%；选择"农业企业+经销商/零售商+合作社/家庭农场/大户"合作模式的有 19 家，占 28%；选择"科研单位+农业企业+经销商/零售商+合作社/家庭农场/大户"合作模式有 23 家，占 34%（图 5-5）。

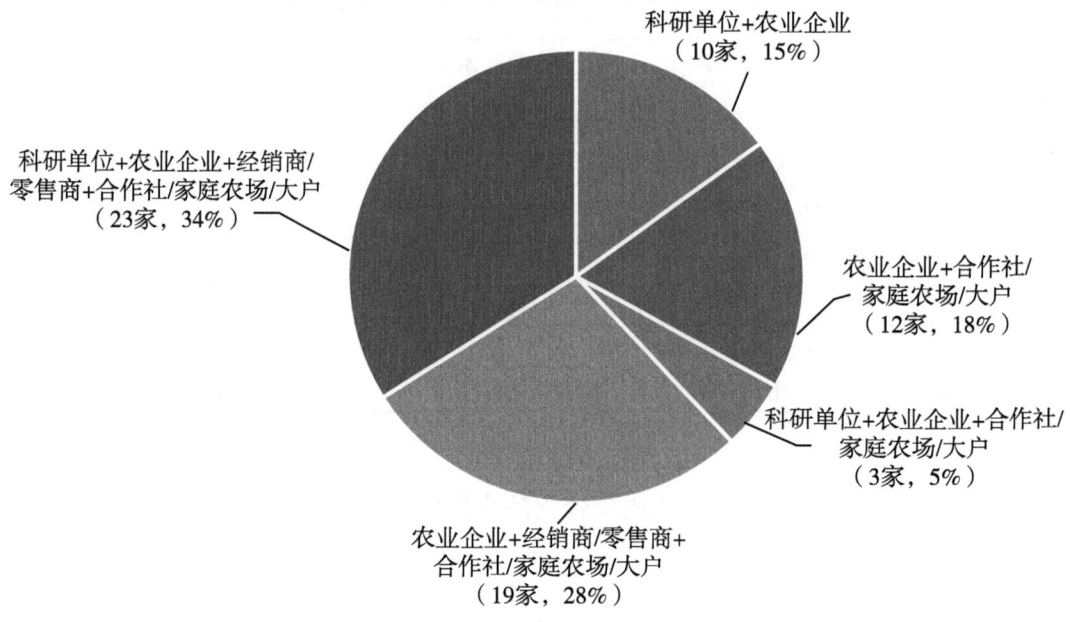

图 5-5 涉农企业建立的合作模式情况

以典型合作模式"科研单位+农业企业+经销商/零售商+合作社/家庭农场/大户"为例,该模式下各合作主体的利益分配:科研单位得到利益在 5%~10%,农业企业得到利益的 25%~40%,经销商/零售商得到利益分配的 20%~25%,合作社/家庭农场/大户得到利益分配的 30%~50%。

对建立合作的涉农企业进行分析,经过与企业主体开展农业科技成果转化合作后,涉农企业产生的经济效益增长在(0,70%]。绝大多数的增长率为10%,共22家企业。平均增长率为13.87%(表5-10),说明参与农业科技成果转化能够为企业带来利益的增长,要鼓励企业积极参与到农业科技成果转化中来。

表 5-10 建立合作模式的涉农企业经济效益增长情况

平均	中位数	众数	标准差	方差	最小值	最大值
0.138 7	0.1	0.1	0.165 2	0.027 3	0	0.7

经过统计,参与农业科技成果转化合作的涉农企业与其他主体的合作时间在 1 年以下的有 20 家,占参与合作的企业总数的 30%;合作时间在 1~3 年的有 32 家,占参与合作的企业总数的 48%;合作时间在 3 年以上的有 15 家,占参与合作的企业的 22%。见图 5-6。

第5章 农业科技成果转化主体调研分析

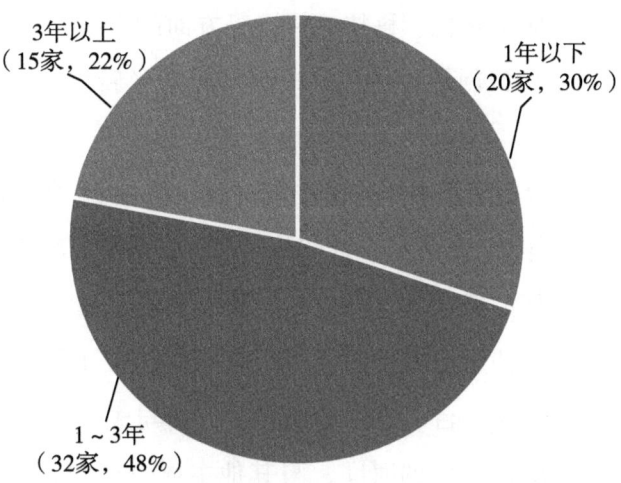

图 5-6 参与农业科技成果转化涉农企业的合作时间情况

经过调研统计，各企业认为较好的分配方式分别是，选取固定薪资的有12家，占9%；选取一次性奖励的有9家，占7%；选取科研项目承包协议的有47家，占36%；选取股权分配的有32家，占24%；选取期权分配的有13家，占10%；选取利润分成的有18家，占14%（图5-7）。

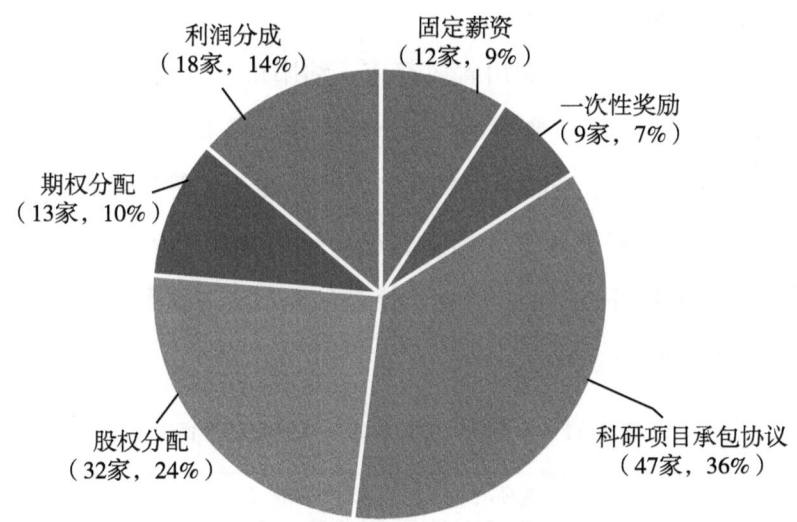

图 5-7 涉农企业认为较好的分配方式

5.3 新型经营主体问卷设计与分析

5.3.1 调查问卷设计

以调研新型经营主体参与农业科技创新与成果转化的现状、需求为目的，阅读大量与农业科技创新、成果转化、科技价值链等方面的文献，以新型经营主体为调查对象，制作了《农业科技创新与转化模式调研问卷（新型经营主体）》，问卷主要包括以下信息。

第一部分，主要为新型经营主体的基本情况。包括企业/合作社/家庭农场名称、成员人数、经营范围和类型、年产值、资产总额、负责人年龄和负责人学历。

第二部分，主要为新型经营主体科技创新和成果转化模式。主要从当前获取科技信息的途径、获取科技信息与成果的类型、对科技成果（服务）类型的需求、是否使用科技信息与成果转化平台、是否参加科技创新与成果转化合作、与其他主体合作进行农业科技成果应用推广的时间、与其他主体合作获得的经济效益增长率、经济效益是否达到预期、参加成果转化和利益联结模式类型、参与合作各主体的利益分配、在联结模式下，新型经营主体面临的风险。

访谈部分。通过与新型经营主体负责人进行现场访谈，着重调查新型经营主体使用过的科技服务平台、使用平台的感受；在科技创新应用（新品种、新技术、新农资）方面所做的尝试。

5.3.2 数据来源与样本特征

本次调研主要在重庆市，四川省成都市、绵阳市、宜宾市、达州市、广元市、广安市、眉山市、攀枝花市、雅安市、泸州市、乐山市、巴中市、凉山彝族自治州等。调研对象涉及种植业、畜牧业、林业、农产品加工业等领域的新型经营主体及负责人。问卷回收后，将被调查者选到的选项赋值为1，未选到的选项赋值为0，并录入计算机，运用软件进行汇总统计，描述分析。样本新型经营主体基本特征统计情况如表5-11所示。

表 5-11 新型经营主体样本基本特征统计情况

类型	选项	样本量（个）	百分比（%）
负责人年龄（岁）	[0, 30)	47	13.9
	[30, 40)	153	45.4
	[40, 50)	101	30
	[50, 70]	36	10.7
负责人学历	小学	11	3.3
	初中	56	16.6
	高中/中专	144	42.7
	本科/大专	126	37.4

(续表)

类型	选项	样本量（个）	百分比（%）
年产值（万元）	[0, 50)	197	58.5
	[50, 100)	36	10.7
	[100, 300)	70	20.8
	[300, 1 000)	18	5.3
	[1 000, +∞)	16	4.7
资产总额（万元）	[0, 100]	112	33.2
	(100, 300]	115	34.1
	(300, 500]	46	13.6
	(500, 1 000]	39	11.6
	(1 000, 3 000]	18	5.3
	(3 000, +∞)	7	2.1

分析显示，新型经营主体的负责人年龄集中在30~50岁，占样本总量的75.4%；负责人学历集中在高中/中专、本科/大专，分别占样本总量的42.7%、37.4%，总计占样本总量的80.1%。新型经营主体的年产值主要集中在50万元以下，占样本总量的58.5%；资产总额主要集中在300万元以下，占样本总量的67.3%。

5.3.3 问卷分析

（1）对农业科技信息与成果的需求

关于新型农业经营主体需求的科技成果（服务）类型，根据问卷结果显示，有325家新型经营主体有科技成果（服务）的需求，占总体样本的96.44%。有156家新型经营主体有输出研究报告的需求，占样本总量的46.29%；有114家新型经营主体需要授权专利，占样本总量的33.83%；有55家新型经营主体需要有软件著作权，占样本总量的16.32%；有230家新型经营主体需要农业科技信息服务，占样本总量的68.25%；有228家新型经营主体需要智慧农业技术指导，占样本总量的67.66%（图5-8）。

为了进一步探索新型经营主体是否参与农业科技成果应用推广与新型经营主体需求的科技成果（服务）类型的占比情况。利用多重响应进行验证，在参与合作且有科技成果（服务）需求的150家新型经营主体中，需要输出研究报告的有76家，占参与合作经营主体的50.70%；需要授权专利的有50家，占参与合作经营主体的33.30%；需要软件著作权的有24家，占参与合作经营主体的16%；需要农业科技信息服务的有102家，占参与合作经营主体的68%；需要智慧农业技术指导的有

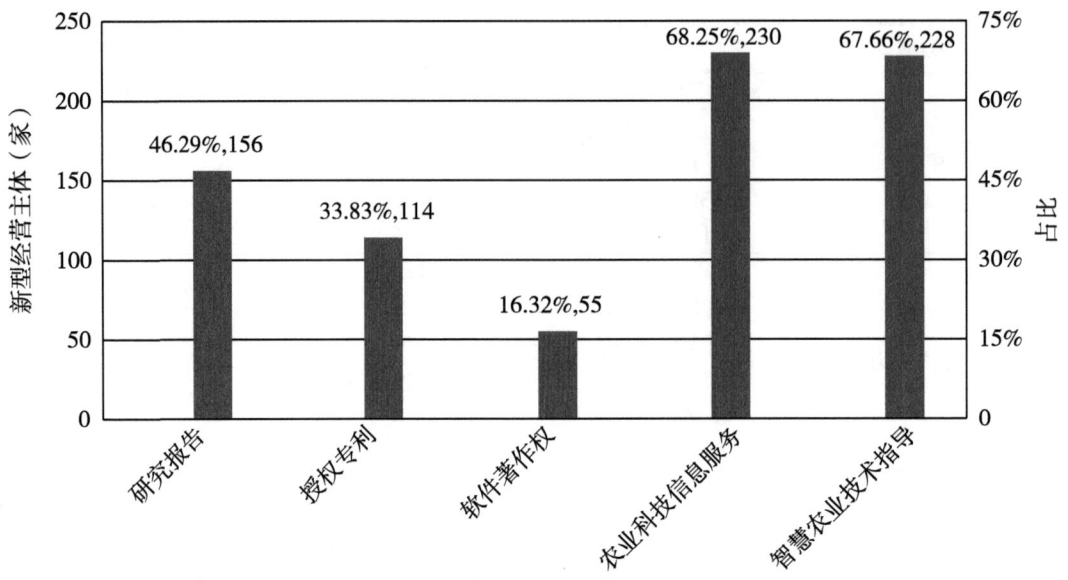

图 5-8 新型农业经营主体需求的科技成果（服务）类型

107 家，占参与合作经营主体的 71.3%（表 5-12）。

表 5-12 多重响应结果表

			参与农业科技成果应用推广		总计
			不参加	参加	
科技需求	研究报告	新型经营主体（家）	80	76	156
		占参与合作经营主体比重（%）	45.70	50.70	
	授权专利	新型经营主体（家）	64	50	114
		占参与合作经营主体比重（%）	36.60	33.30	
	软件著作权	新型经营主体（家）	31	24	55
		占参与合作经营主体比重（%）	17.70	16.00	
	农业科技信息服务	新型经营主体（家）	128	102	230
		占参与合作经营主体比重（%）	73.10	68.00	
	智慧农业技术指导	新型经营主体（家）	121	107	228
		占参与合作经营主体比重（%）	69.10	71.30	
总计		新型经营主体（家）	175	150	325

数据分析显示，购买新品种或新技术或新农资上的投入资金占利润的比例最小值为 0（即部分新型经营主体并未在新品种或新技术或新农资上投资），最大值为 100%，平均值为 18.32%。根据图 5-9 可知，投资占比＜10% 的新型经营主体有 149 家，占样本总量的 44%；投资占比在 10%~30% 的新型经营主体有 93 家，占样本总量的 28%；投资占比在 30%~50% 的新型经营主体有 52 家，占样本总量的 15%；投资占比≥50% 的有 43 家，占样本总量的 13%。

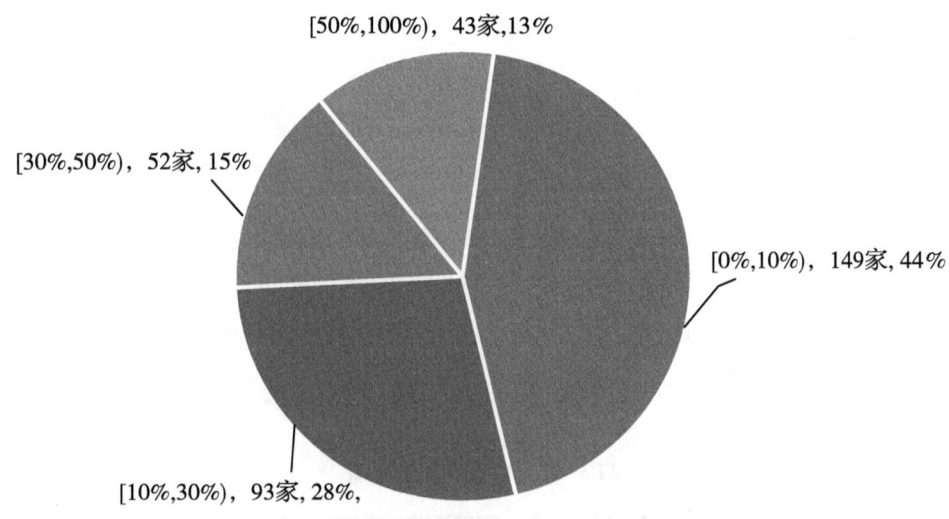

图 5-9 购买新品种或新技术或新农资上的投入资金占利润比例

（2）农业科技信息与成果的获取与应用

在问卷中，设置了新型经营主体获取科技信息与成果的类型的问题，经统计分析，有 322 家新型经营主体获得了科技信息与成果，占总体样本的 95.55%。如图 5-10 所示，被调研的新型经营主体中，获取农资产品信息的有 222 家，占样本总量的 65.88%；获取科技服务的有 192 家，占样本总量的 56.97%；获取咨询服务的有 203 家，占样本总量的 60.24%；获取冷链物流等基础设施支持的有 56 家，占样本总量的 16.62%。说明新型经营主体相对来说对农资产品、科技服务、咨询服务的需求多一些，对冷链物流等基础设施支持的需求较少。

为进一步探索新型经营主体是否参与农业科技成果应用推广与新型经营主体获取科技信息与成果类型的占比情况。利用多重响应进行验证，其中参与合作且获取科技信息与成果类型的 149 家新型经营主体中，有 99 家需要农资产品相关服务，占参与合作经营主体的 66.40%；有 98 家需要科技服务，占参与合作经营主体的

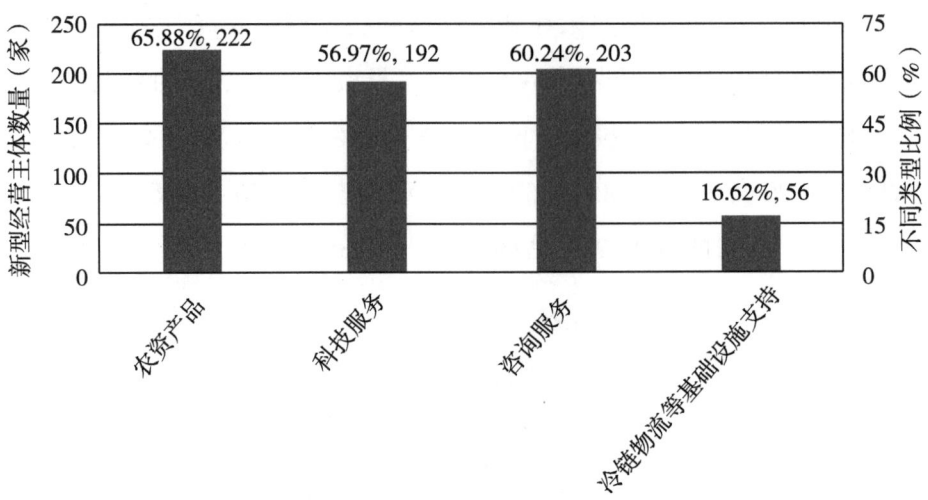

图 5-10 新型经营主体获取科技信息与成果的类型

65.8%；有 96 家需要咨询服务，占参与合作经营主体的 64.40%；有 29 家需要冷链物流等基础设施支持，占参与合作经营主体的 19.50%（表 5-13）。

表 5-13 多重响应结果表

		不参加	参加	小计
获取科技信息与成果类型	农资产品			
	新型经营主体数量（家）	123	99	222
	占参与合作经营主体比重（%）	71.10	66.40	
	科技服务			
	新型经营主体数量（家）	94	98	192
	占参与合作经营主体比重（%）	54.30	65.80	
	咨询服务			
	新型经营主体数量（家）	107	96	203
	占参与合作经营主体比重（%）	61.80	64.40	
	冷链物流等基础设施支持			
	新型经营主体数量（家）	27	29	56
	占参与合作经营主体比重（%）	15.60	19.50	
总计	新型经营主体数量（家）	173	149	322

通过对当前新型经营主体获取科技信息的途径进行汇总分析，有332家新型经营主体有获取科技信息的途径，占样本总量的98.52%。有170家新型经营主体从农技人员处获得科技信息，占样本总量的50.45%；有274家新型经营主体通过参加培训获得科技信息，占样本总量的81.31%；有203家新型经营主体通过与同行交流获得科技信息，占样本总量的60.24%；有197家新型经营主体通过网络平台与手机App获取科技信息，占样本总量的58.46%，有85家新型经营主体从"土专家/田秀才"处获得科技信息，占样本总量的25.22%（图5-11）。

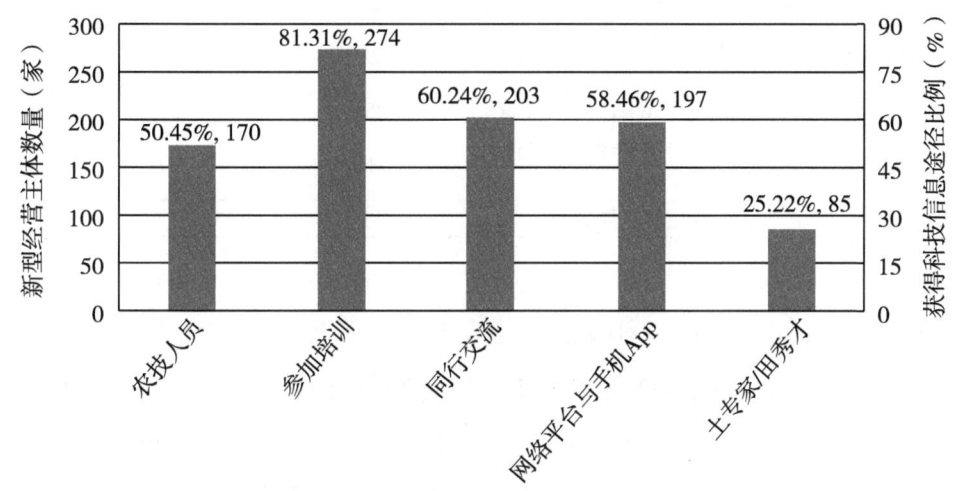

图5-11 新型经营主体获取科技信息的途径

为了进一步探索新型经营主体是否参与农业科技成果应用推广与新型经营主体获取科技信息的途径的占比情况。利用多重响应进行验证，在参与合作且能有获取科技信息途径的153家新型经营主体中，有79家通过农技人员获取科技信息，占参与合作经营主体的51.60%；有111家通过参与培训获取科技信息，占参与合作经营主体的72.50%；有87家通过同行交流获取科技信息，占参与合作经营主体的56.90%；有72家通过网络平台与手机App获取科技信息，占参与合作经营主体的47.10%；有37家通过土专家/田秀才获取科技信息，占参与合作经营主体的24.20%（表5-14）。

表 5-14 多重响应结果表

			不参加	参加	
获取科技信息的途径	农技人员	新型经营主体数量（家）	91	79	170
		占参与合作经营主体比重（%）	50.80	51.60	
	参加培训	新型经营主体数量（家）	163	111	274
		占参与合作经营主体比重（%）	91.10	72.50	
	同行交流	新型经营主体数量（家）	116	87	203
		占参与合作经营主体比重（%）	64.80	56.90	
	网络平台与手机 App	新型经营主体数量（家）	125	72	197
		占参与合作经营主体比重（%）	69.80	47.10	
	土专家/田秀才	新型经营主体数量（家）	48	37	85
		占参与合作经营主体比重（%）	26.80	24.20	
总计		新型经营主体数量（家）	179	153	332

通过图 5-12 可知，使用科技信息与成果转化平台的有 158 家新型经营主体，占样本总量的 47%；未使用科技信息与成果转化平台的有 179 家新型经营主体，占样本总量的 53%。图 5-12 说明目前新型经营主体使用科技信息与成果转化平台的占比不大，未超过 50%，还应加大相关方面的宣传，使更多的新型经营主体加入到科技信息与成果转化平台。

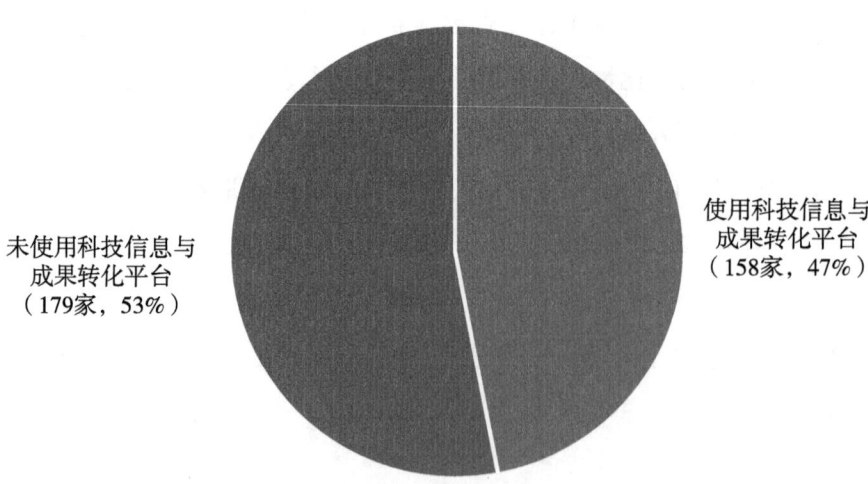

图 5-12 新型经营主体是否使用科技信息与成果转化平台比例

根据访谈结果显示，使用过科技信息与成果转化的主体最多使用的平台为四川科技扶贫在线、天府科技云平台、四川乡村振兴科技在线、渝农云、云上智农、农财宝典、中化农业 Map 等等。

数据分析表明，新型经营主体与其他主体合作进行农业科技成果应用推广的时间在 1 年以内的有 48 家，占样本总量的 14%；1~3 年的有 70 家，占样本总量的 21%；3 年以上的 36 家，占样本容量的 11%；未参加合作的有 183 家，占样本容量的 54%（图 5-13）。由此看出，新型经营主体参与农业科技成果应用推广的比例不高，正处于尝试阶段，应该多措并举推进新型经营主体参与农业科技成果应用推广。

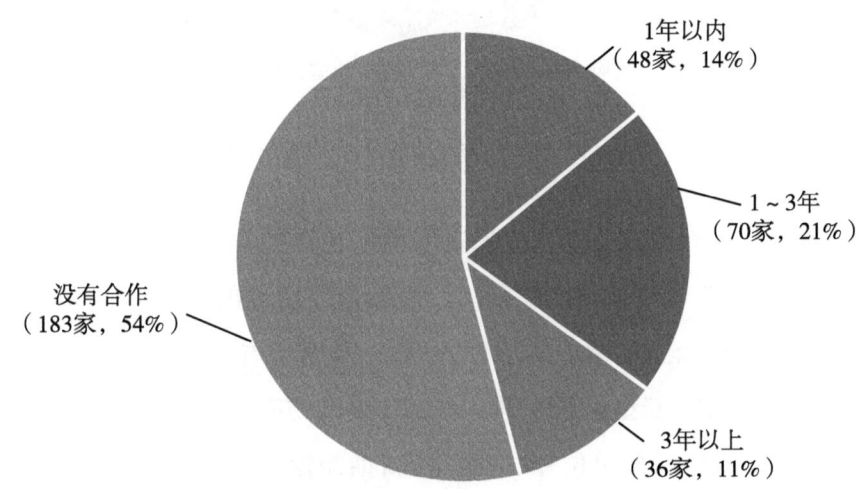

图 5-13　新型经营主体参与合作推广的时间分布

在本次调研过程中，参与农业科技成果应用推广的新型经营主体有 154 家，占样本总量的 46%。通过对参与合作的 154 家新型经营主体的经济效益增长数据进行分析得知，新型经营主体在与其他主体合作进行农业科技成果应用推广过程中，带来最小的经济效益增长为 0%，最大的经济效益增长为 150%，平均增长率为 14.65%，增长率集中在 10%。

经过归纳调研数据，新型经营主体参加的合作模式主要有"政府+科研单位+新型经营主体""政府+科研单位+农业企业+新型经营主体""政府+科研单位+新型经营主体+平台""政府+科研单位+农业企业+新型经营主体+平台"。具体情况如图 5-14 所示。

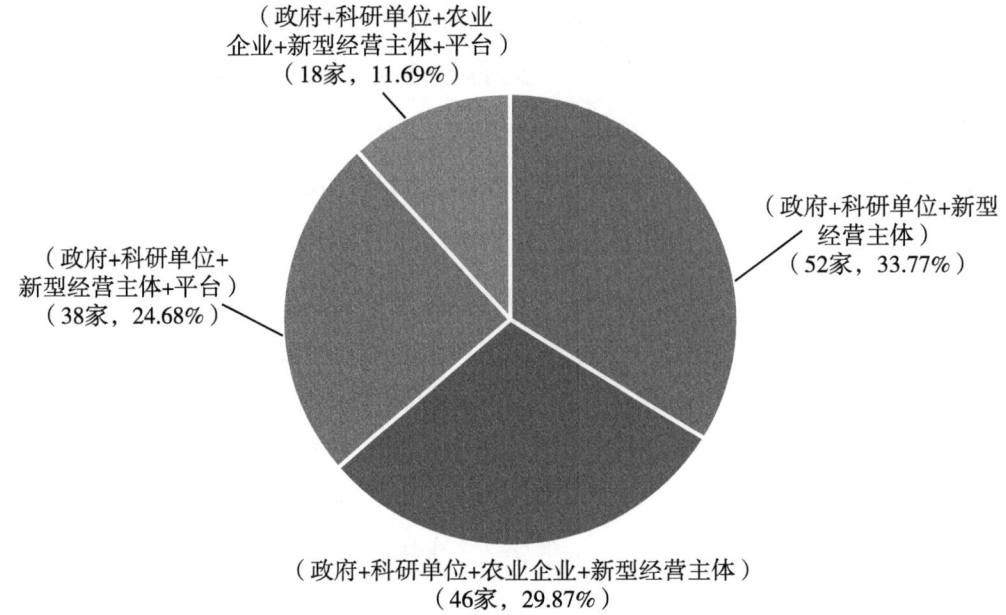

图 5-14 新型经营主体参与合作模式情况

调研结果显示，参与农业科技成果应用推广合作的单位中，参加"政府+科研单位+新型经营主体"模式的有 52 家，占参与合作总量的 33.77%；参加"政府+科研单位+农业企业+新型经营主体"模式的有 46 家，占参与合作总量的 29.87%；参加"政府+科研单位+新型经营主体+平台"模式的有 38 家，占参与合作总量的 24.68%；参加"政府+科研单位+农业企业+新型经营主体+平台"模式的有 18 家，占参与合作总量的 11.69%。

（3）科技创新

部分新型经营主体尝试了新品种、新技术、新农资，得到了新收益。其中，一部分主体引进了猕猴桃新品种，在高海拔地区进行栽培和规范化培育，在阳光直射下进行无土栽培，新技术测试成功；一些主体引进了桑蚕新品种，并将未开发的桑蚕产业逐步开发出来，发挥桑蚕产业最大的经济效益；部分主体通过新的种植养殖技术，采用中药材与特殊瓜果套种、淡水养殖与特殊菜种循环培育的方式，获取更大的收益；一部分主体将无人机应用于大田植保，提高了农业机械田间运输效率。

新型经营主体在尝试新品种、新技术、新农资的过程中，不可避免地会遇到一些生产风险。根据调研分析显示，承受自然风险的新型经营主体有 226 家，占样本总量的 67.06%；面临技术风险的新型经营主体有 223 家，占样本总量的 66.17%；面临经济风险的新型经营主体有 252 家，占样本总量的 74.78%；面临社会风险的新型经营主体有 127 家，占样本总量的 37.69%；面临法律风险的新型经营主体有 94 家，占样本总量的 27.89%，面临信用风险的新型经营主体有 91 家，占样本总量的 27.00%。

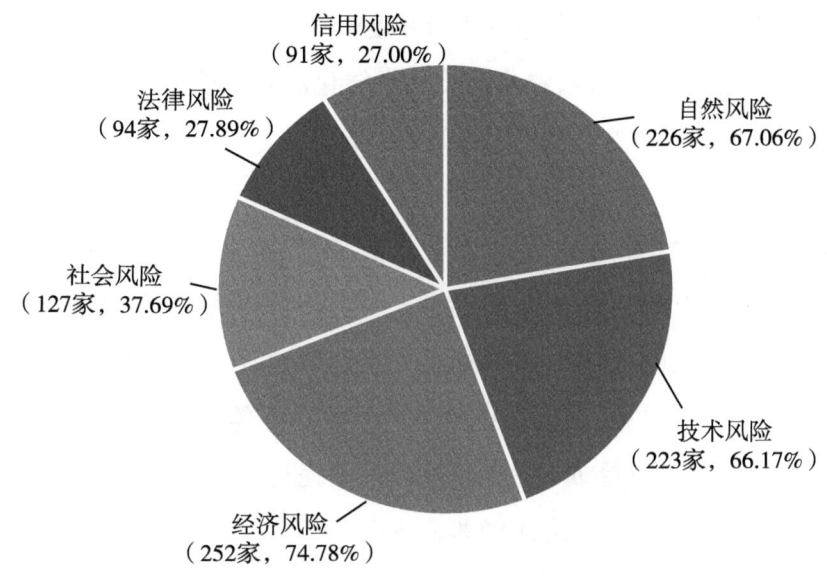

图 5-15　新型经营主体面临风险情况

5.4　科研单位、大专院校、科研人员及农业科技人员问卷设计与分析

5.4.1　调查问卷设计

关于科研单位、大专院校、科研人员及农业科技人员主导型的问卷制作主要包括以下几方面内容。

本次调研的目的。阅读大量与农业科技、科技创新、成果转化的文献，查阅与农业相关的调查问卷，制作了《农业科技创新与转化模式调研问卷》（科研单位/大专院校/科研人员/农业科技人员版）。

第一部分主要为科研单位科技成果管理与转化——单位性质、农业科技成果管理情况、单位研发人员数量、农业科技成果转化经费投入、研发成果的宣传方式、成果转化渠道、成果转化的利益分配比例以及被调研人员认为的影响科研成果转化的内、外部因素。

第二部分为科研人员农业科技成果转化市场需求与转化模式。主要从科研人员的研究方向和确定选题的依据、科研人员是否对技术市场和技术需求有所关注、科研人员是否会主动推进科研成果转化等几个维度了解科研人员是否有成果转化意识；并调查了科研人员认为较好的成果转化模式。

第三部分为对科研人员对农业科技信息、市场供求信息、成果转化政策信息等涉及农业科技成果转化的相关信息的需求强度调查。

第四部分列举了 37 项影响农业科技成果转化的制约因素，并由科研人员按照其主观认为的影响程度对这些制约因素进行打分。

5.4.2 数据来源

本调查时间在 2021 年 5 月至 2022 年 3 月，时间跨度较长，力求做到"深实细准效"。调研采取线上线下结合的方式进行。深入科研单位、宜宾市科创中心、宜宾市农业农村局、屏山县科创中心等单位，调研对象涉及种植业、畜牧业、林业、农产品加工业、植物保护业、生物技术与产品技术业等科研单位，研究领域覆盖广、种类齐全。共发放问卷 700 份，排除填写不完整问卷、无效问卷 49 份，有效回收 651 份问卷，有效回收率达到 93%。

5.4.3 问卷的分析

5.4.3.1 关于科研单位、大专院校、科研人员及农业科技人员科技成果管理与转化模式的问卷分析

在问卷中，设置了关于科研院所对本单位农业科技成果管理现状的问题。经统计，建有固定的部门或人员负责成果转化的有 46 家，占样本总量的 45%；未建有固定的部门或人员负责成果转化的有 57 家，占样本总量的 55%。与涉农企业建立稳定产学研合作的有 54 家，占样本总量的 52%；未与涉农企业建立稳定产学研合作的有 49 家，占样本总量的 48%。建立关于知识产权（包括专利信息）的数据库的有 34 家，占样本总量的 33%；未建立关于知识产权（包括专利信息）的数据库的有 69 家，占样本总量的 67%。通过中介（比如技术转移公司）转化科技成果的有 43 家，占样本总量的 42%；未通过中介（比如技术转移公司）转化科技成果的有 60 家，占样本总量的 58%。内设推广服务组织的有 84 家，占样本总量的 82%；未内设推广服务组织的有 19 家，占样本总量的 18%。有中试平台的有 22 家，占样本总量的 21%；没有中试平台的有 81 家，占样本总量的 79%。没有且准备建立中试平台的有 43 家，占样本总量的 42%；没有且不准备建立中试平台的有 60 家，占样本总量的 58%。

而被调研的高校单位中，建有固定的部门或人员负责成果转化的有 16 家，占样本总量的 23%；未建有固定的部门或人员负责成果转化的有 55 家，占样本总量的 77%。与涉农企业建立稳定产学研合作的有 12 家，占样本总量的 17%；未与涉农企业建立稳定产学研合作的有 59 家，占样本总量的 83%。建立关于知识产权（包括专利信息）的数据库的有 9 家，占样本总量的 13%；未建立关于知识产权（包括专利信息）的数据库的有 62 家，占样本总量的 87%。通过中介（比如技术转移公司）转化科技成果的有 13 家，占样本总量的 18%；未通过中介（比如技术转移公司）转化科技成果的有 58 家，占样本总量的 82%。内设推广服务组织的有 56 家，占样本总量的 79%；未内设推广服务组织的有 15 家，占样本总量的 21%。有中试平台的有 5 家，占样本总量的 7%；没有中试平台的有 66 家，占样本总量的 93%。没有且准备建立中试平台的有 13 家，占样本总量的 18%；没有且不准备建立中试平台的有 58 家，占样本总量的 82%。

数据分析表明，有 54 家科研院所参加成果展示交易会进行成果宣传，占样本总量的 30%；有 33 家科研院所通过技术市场进行转化宣传以进行成果宣传，占样本总量的 18%；有 34 家科研院所派专人进行成果宣传，占样本总量的 19%；有 46 家科研院所通过科研人员进行成果宣传，占样本总量的 26%；有 13 家科研院所通过新媒体进行成果宣传，占样本总量的 7%（图 5-16）。

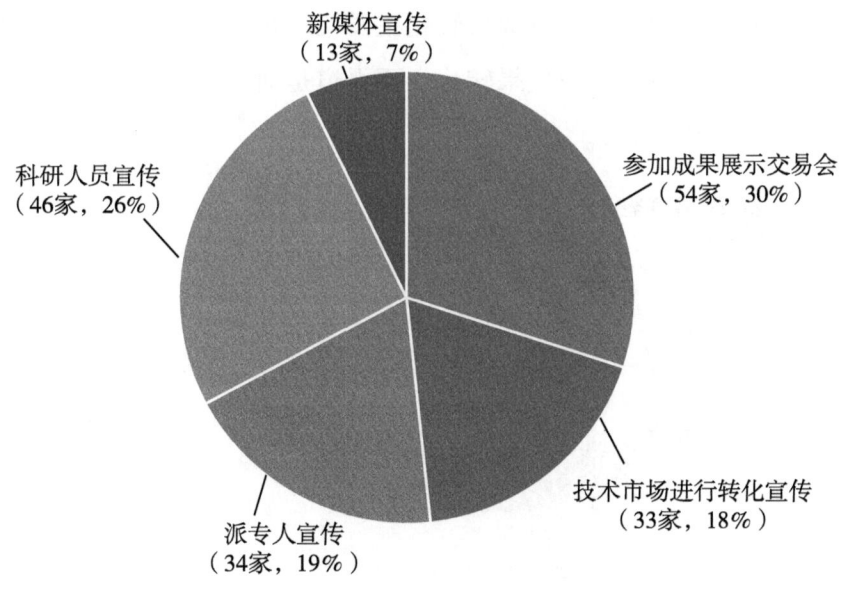

图 5-16　科研院所农业科技成果宣传偏好

有 29 家高校参加成果展示交易会开展成果宣传,占样本总量的 24%;有 21 家高校通过技术市场进行转化宣传以进行成果宣传,占样本总量的 17%;有 21 家高校派专人进行成果宣传,占样本总量的 17%;有 30 家高校通过科研人员进行成果宣传,占样本总量的 24%;有 22 家高校通过新媒体进行成果宣传,占样本总量的 18%(图 5-17)。

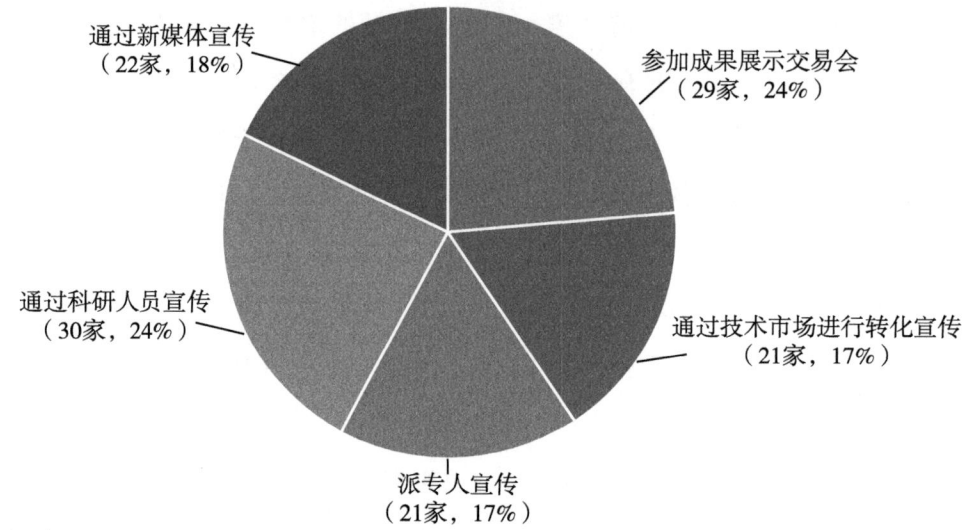

图 5-17 高校农业科技成果宣传偏好

有 23 家科研院所科技成果转化主要渠道是通过中介机构,占样本总量的 13%;有 42 家科研院所科技成果转化主要渠道是通过固定的产学研合作伙伴,占样本总量的 25%;有 69 家科研院所科技成果转化主要渠道是通过政府部门,占样本总量的 40%;有 37 家科研院所科技成果转化主要渠道是通过技术创新或产业联盟,占样本总量的 22%(图 5-18)。

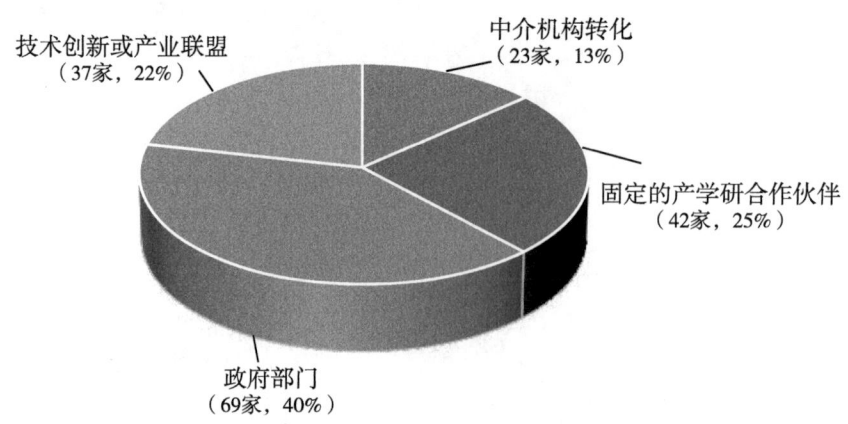

图 5-18 科研院所农业科技成果转化主要渠道

有 18 家高校农业科技成果转化主要渠道是通过中介机构，占样本总量的 17%；有 19 家高校科技成果转化主要渠道是通过固定的产学研合作伙伴，占样本总量的 17%；有 43 家高校科技成果转化主要渠道是通过政府部门，占样本总量的 40%；有 28 家高校科技成果转化主要渠道是通过技术创新或产业联盟，占样本总量的 26%（图 5-19）。

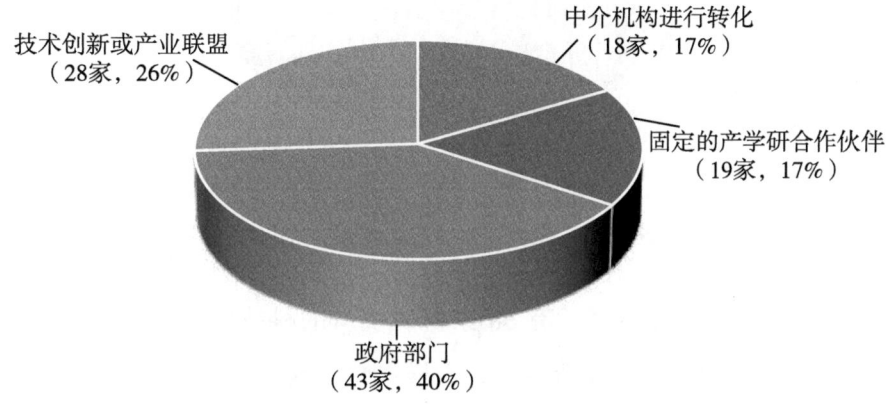

图 5-19　高校成果转化主要渠道

如图 5-20 所示，有 78 家科研院所认为最佳的成果转化形式是产学研合作，占样本总量的 59%；有 14 家认为最佳的成果转化形式是自己投资，占样本总量的 10%；有 23 家高校认为最佳的成果转化形式是入股，占样本总量的 17%；有 18 家科研院所认为最佳的成果转化形式是出让，占样本总量的 14%。

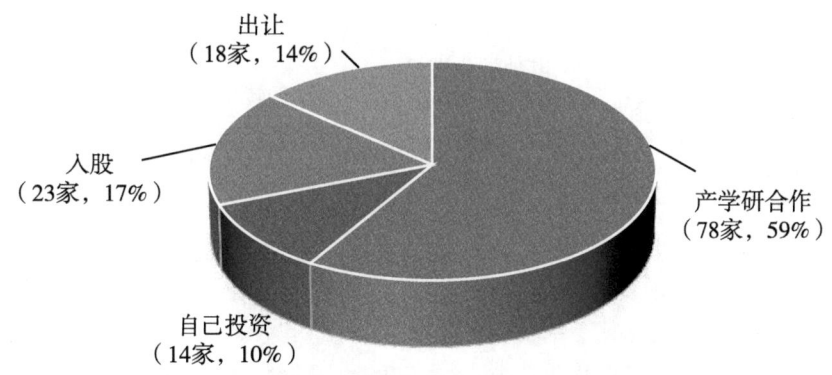

图 5-20　科研院所认为的最佳成果转化形式

数据分析表明，有 45 家高校认为最佳的成果转化形式是产学研合作，占样本总量的 47%；有 11 家高校认为最佳的成果转化形式是自己投资，占样本总量的 12%；有 22 家高校认为最佳的成果转化形式是入股，占样本总量的 23%；有 17 家高校认为最佳的成果转化形式是出让，占样本总量的18%（图5-21）。

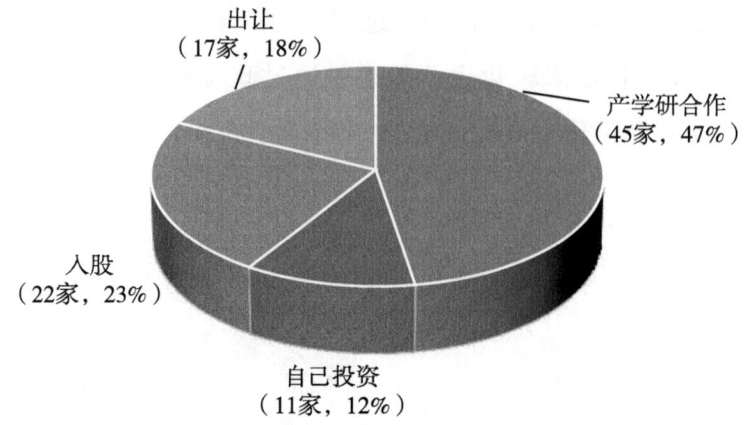

图5-21　高校认为的最佳成果转化形式

如图5-22所示，经过统计，有38家科研院所的科技成果转化模式有政府+转化平台+科研主体+企业/新型经营主体，占样本总量的27%；有25家科研院所的科技成果转化模式有政府+转化平台+科研主体+企业/新型经营主体+金融机构，占样本总量的18%；有35家科研院所的科技成果转化模式有政府+转化平台+科研主体+企业/新型经营主体+社会化服务组织，占样本总量的25%；有39家科研院所的科技成果转化模式有政府+转化平台+科研主体+企业/新型经营主体+金融机构+社会化服务组织，占样本总量的27%；有5家科研院所的科技成果转化模式有其他转化模式，占样本总量的3%。

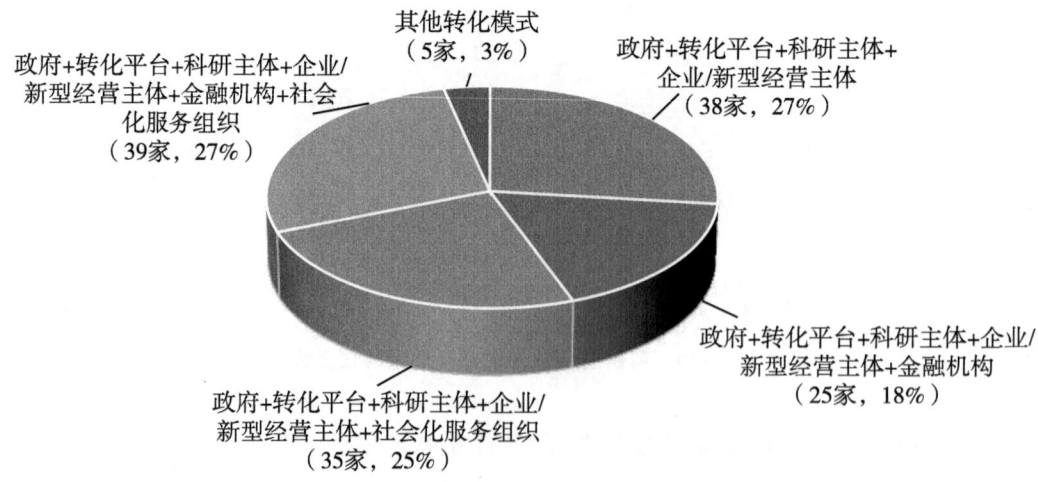

图5-22　科研院所农业科技成果转化模式占比

如图 5-23 所示，有 18 家高校的农业科技成果转化模式有政府+转化平台+科研主体+企业/新型经营主体，占样本总量的 18%；有 13 家高校的农业科技成果转化模式有政府+转化平台+科研主体+企业/新型经营主体+金融机构，占样本总量的 13%；有 32 家高校的农业科技成果转化模式有政府+转化平台+科研主体+企业/新型经营主体+社会化服务组织，占样本总量的 33%；有 25 家高校的农业科技成果转化模式有政府+转化平台+科研主体+企业/新型经营主体+金融机构+社会化服务组织，占样本总量的 26%；有 10 家高校的农业科技成果转化模式有其他转化模式，占样本总量的 10%。

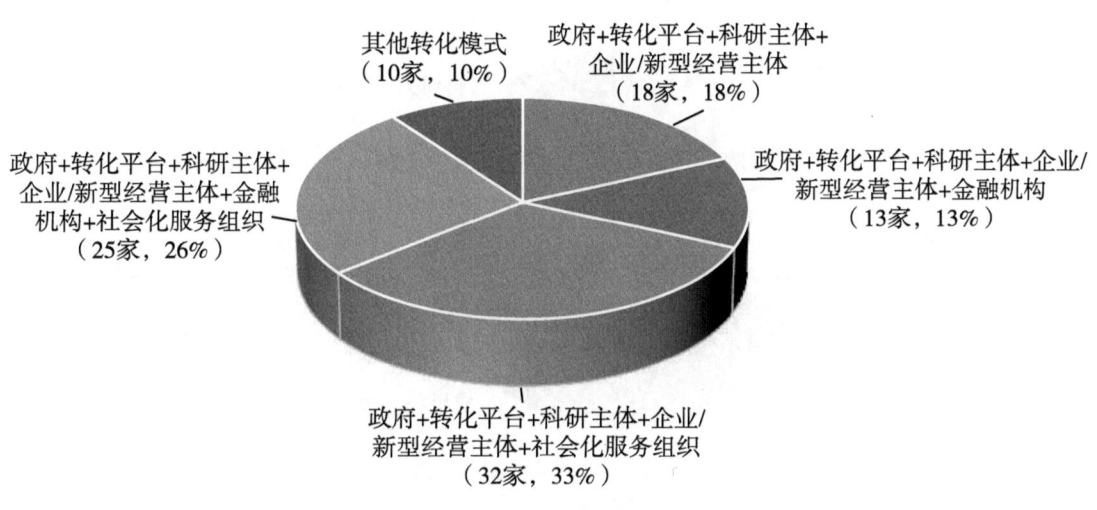

图 5-23　高校的科技成果转化模式

在影响农业科技成果转化的内部原因方面，有 21 家科研院所认为影响是因为成果转化中介服务不完善，占样本总量的 6%；有 35 家科研院所认为影响农业科技成果转化的内部原因有风险过大，占样本总量的 9%；有 36 家科研院所认为影响农业科技成果转化的内部原因有科研人员考核激励机制不完善，占样本总量的 10%；有 9 家科研院所认为影响农业科技成果转化的内部原因有科研成果评价不可靠，占样本总量的 2%；有 3 家科研院所认为影响农业科技成果转化的内部原因有其他，占样本总量的 1%；有 33 家科研院所认为是鼓励成果转化的制度不完善导致的，占样本总量的 9%；有 51 家科研院所认为影响农业科技成果转化的内部原因有成果技术成熟度不够，占样本总量的 13%；有 31 家科研院所认为农业影响科技成果转化的内部原因有产权不合理、利益分配不合理，占样本总量的8%；有43家科研院所认为影响农业科技成果转化的内部原因有自己不具备转化的能力，占样本总量的11%；有33家科研院所认为影响农业科技成果转化的内部原因是因为科研人员缺乏成果转化意识，占样本总量的9%；有32家科研院所认为影响农业科技成果转化的内部原因有政策限制，占样本总量的8%；有52家科研院所认为影响农业科技成果转化的内部原因有资金投入不足，占样本总量的14%（图5-24）。

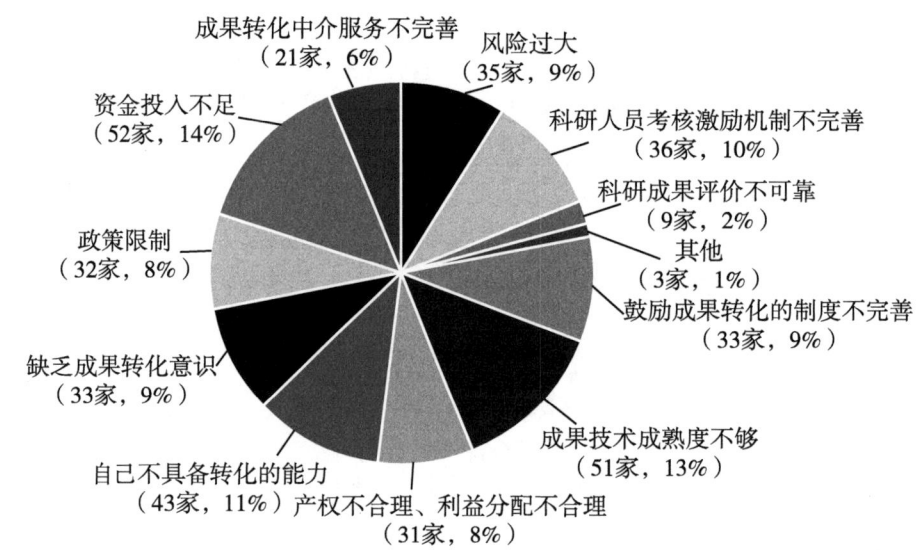

图5-24　科研院所认为的影响农业科技成果转化的内部原因

高校认为影响农业科研成果转化的内部原因中，有20家高校认为是成果转化中介服务不完善，占样本总量的8%；有21家高校认为是风险过大，占样本总量的9%；有28家高校认为是科研人员考核激励机制不完善，占样本总量的12%；有6家高校认为影响农业科技成果转化的内部原因有科研成果评价不可靠，占样本总量的3%；有20家高校认为影响农业科技成果转化的内部原因有鼓励成果转化的制度不完善，占样本总量的8%；有33家高校认为是因为成果技术成熟度不够，占样本总量的14%；有22家高校认为影响农业科技成果转化的内部原因为产权不合理，利益分配不合理，占样本总量的9%；有27家高校认为是因为高校自身不具备转化的能力，占样本总量的11%；有20家高校认为影响农业科技成果转化的内部原因是缺乏成果转化意识，占样本总量的8%；有16家高校认为影响农业科技成果转化的内部原因是有政策限制，占样本总量的7%；有27家高校认为影响农业科技成果转化的内部原因有资金投入不足，占样本总量的11%（图5-25）。

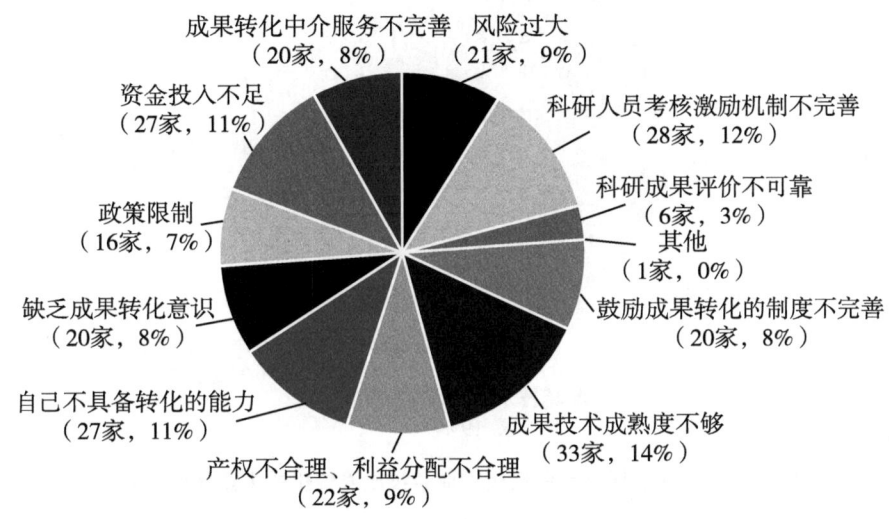

图5-25 高校认为的影响农业科技成果转化的内部原因

如图5-26所示，经过统计，有57家科研院所认为阻碍科技成果转化主要外部因素有技术市场不健全，占样本总量的20%；有40家科研院所认为阻碍科技成果转化主要外部因素有政府支持不力，占样本总量的14%；有26家科研院所认为阻碍科技成果转化主要外部因素有知识产权保护不力，占样本总量的9%；有53家科研院所认为阻碍科技成果转化主要外部因素有缺乏配套技术和环境的支持，占样本总量的19%；有18家科研院所认为阻碍科技成果转化主要外部因素有中试基地缺乏，占样本总量的7%；有25家科研院所认为阻碍科技成果转化主要外部因素有社会文化氛围不利，占样本总量的9%；有28家科研院所认为阻碍科技成果转化主要外部因素有市场对技术接受程度低，占样本总量的10%；有15家科研院所认为阻碍科技成果转化主要外部因素有中介机构服务力不够，占样本总量的5%；有18家科研院所认为阻碍科技成果转化主要外部因素有缺少民间风投，占样本总量的6%；

有 3 家科研院所认为阻碍科技成果转化主要外部因素有其他因素，占样本总量的 1%。

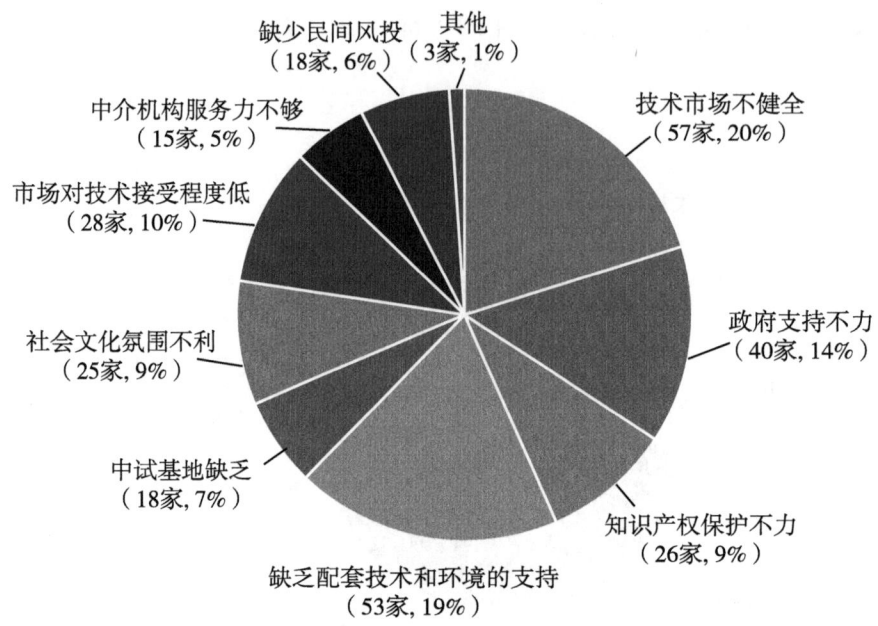

图 5-26 科研院所认为的阻碍农业科技成果转化的主要外部因素

5.4.3.2 对影响农业科技成果转化的制约因素调查问卷的分析

（1）基于文献计量法初步筛选影响因素

采用文献计量法，以 2000 年 1 月 1 日至 2021 年 12 月 1 日为研究区间，在中国知网（CNKI），以"农业科技成果转化+农业科技成果""农业科技成果转化+制约因素""农业科技成果转化+影响因素"为主题依次检索，分别获取论文 2 070 篇、77 篇、43 篇，考虑到检索出的论文与本研究的相关性，最终采用了"农业科技成果转化+制约因素""农业科技成果转化+影响因素"为主题检索的文章作为研究文献的初步筛选范围，并且剔除由于搜索字段带来的重复文献，共计 119 篇论文。

通过阅读筛选出的文献，根据制约因素重复出现次数进行频数统计，将同类或内涵相近的制约因素进行合并重命名，获得了 22 项制约因素，详见表 5-15。

表 5-15 基于文献的农业科技成果转化制约因素

序号	农业科技成果转化制约因素	序号	农业科技成果转化制约因素
1	科研项目忽视市场需求	12	人才激励机制不完善
2	科技投入有限	13	科研人员缺乏转化意识
3	科技创新能力不高	14	农业科技成果供需不平衡
4	缺乏科技项目管理制度	15	校企合作机制
5	农技推广难（农技推广人才数量质量不高、应用成果的媒介太复杂等）	16	企业文化
6	农业劳动者整体素质偏低	17	企业创新能力
7	研究方和成果转化方合作机制不完善	18	企业品牌建设
8	政府支持不足（资金、政策等）	19	市场监管
9	农业信息渠道不畅通	20	农民经济水平
10	成果不具有竞争力（转化周期长、推广成本高等、达不到预期目标）	21	管理人员意识
11	中介机构缺位（风投融资、成果评估等服务）	22	市场监管

（2）基于访谈、调研结果确定制约因素

2021 年 6—12 月，本项目组相继在四川省农业科学院、四川农业大学、吉林农业大学、自贡市、屏山县、金堂县、武胜县的家庭农场和合作社、四川天宇种业有限责任公司、四川恒通动保生物科技有限公司、广汉市新协和农机作业专合社、先正达中国种业西南分公司、四川光友薯业有限公司以及绵阳益昌薯类合作社等科研院校和涉农企业，涵盖政府主管部门、科研院所、高校、农资企业、种植企业/大户、养殖企业、新型职业农民等成果转化主体，对农业领域专家、企业管理人员和技术人员进行了访谈调研，同时在访谈过程中还邀请受访者对初步筛选出的各项制约因素进行评价，以进一步明确农业科技成果转化的制约因素。

通过对专家的访谈调研，对文献研究的制约因素进行了调整，剔除了"企业文化""企业品牌建设""企业创新能力"等因素，理由是农业企业在农业科技成果转化方面承担的责任以及能力不如研发型单位，大多数的农业科技成果转化由科研院所向农户和涉农企业进行技术转让或者成果转化，现阶段农业生产力的发展仍然由科研院所推动。

（3）农业科技成果转化制约因素的确定

根据上述文献研究和专家访谈结果，最终确定农业科技成果转化制约因素，共

37项，见图5-27。对37个影响因素，采用李克特5级量表形式设计调研问卷，通过问卷打分结果初步结果判断37个影响因素的重要程度，同时为后续构建数学模型提供数据支撑。

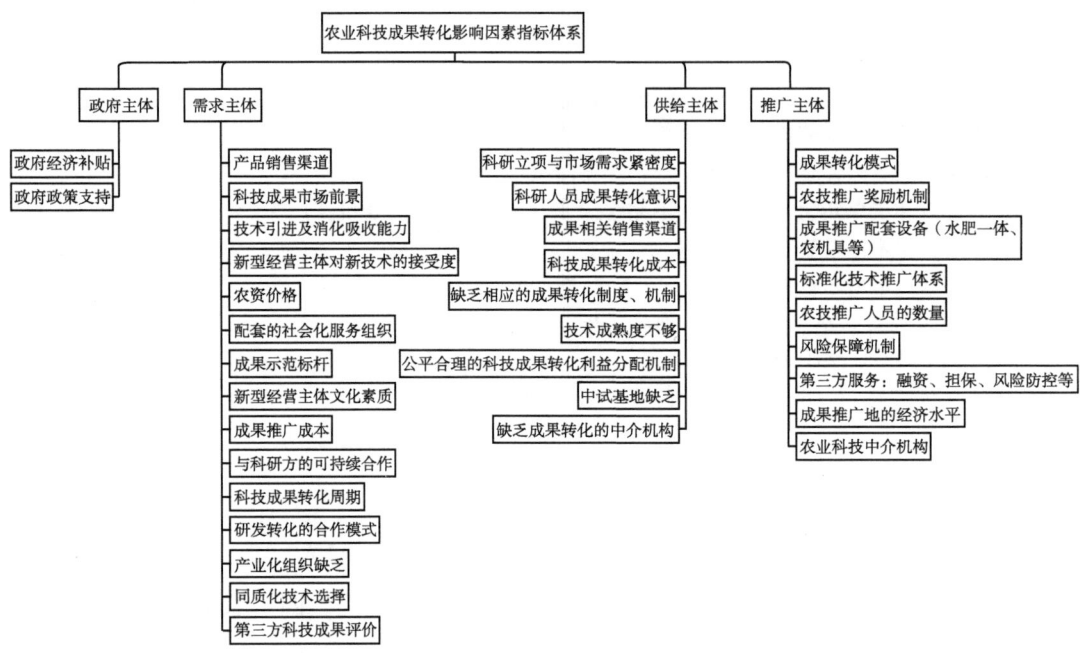

图 5-27　农业科技成果转化影响因素指标体系

5.4.3.3　影响农业科技成果转化的制约因素问卷数据来源与样本特征

研究通过问卷星、农技培训班、实地走访等线上线下形式，发放调研问卷500份，收回有效问卷451份。涉农企业有效问卷131份，其中自主研发并转化成果的企业有52家，占企业总数的39.69%；产学研结合创新转化的有79家，占企业总数的60.31%；购买现有成果的有56家，占企业总数的14.50%；新型经营主体有效问卷187份，其中，参与农业科技成果应用推广的新型经营主体有85家，占新型经营主体样本总量的45.45%；科研单位、高校、农技推广人员有效问卷133份。科研单位、高校有效问卷38份，进行农业科技成果转化的科研单位、高校占38家，达86.84%；农技推广人员有效问卷95份。其中，主要从事农业技术服务的占82.52%，同时从事农业技术服务和农业科技成果应用推广的占17.48%。对收回问卷进行信度检验（克隆巴赫系数 Cronbach）和效度分析（KMO），结果显示Cronbach系数为0.969，KMO值为0.963，Bartlett球度检验在0.001水平上通过显著性检验,说明研究数据信度质量很高,说明问卷结构以及问卷数据较好。

5.4.3.4 关于影响农业科技成果转化的制约因素问卷统计结果

表 5-16 关于影响农业科技成果转化的制约因素调研问卷统计结果

序号	制约因素	不相关 1 分	不重要 2 分	一般重要 3 分	比较重要 4 分	非常重要 5 分
1	科研立项与市场需求紧密度	1	0	30	464	1 620
2	科研人员成果转化意识	0	0	60	504	1 525
3	成果转化制度与机制	0	4	81	496	1 490
4	技术成熟度不够	0	10	93	668	1 240
5	缺乏相应的成果转化制度、机制	0	4	93	684	1 235
6	科技成果转化成本	3	2	102	640	1 265
7	中试基地缺乏	2	6	168	700	1 075
8	缺乏成果转化的中介机构	5	36	255	612	950
9	公平合理的科技成果转化利益分配机制	1	2	192	556	1 230
10	第三方科技成果评价	3	30	267	664	890
11	科技成果市场前景	0	0	105	572	1 365
12	科技成果转化周期	2	2	159	652	1 160
13	研发转化的合作模式	1	2	174	632	1 165
14	与科研方的可持续合作	4	8	117	668	1 185
15	产业化组织缺乏	3	12	147	672	1 125
16	成果相关销售渠道	2	6	108	560	1 350
17	第三方服务:融资、担保、风险防控等	4	18	132	680	1 120
18	政府扶持(减税、减息等)	0	6	126	472	1 440
19	农技推广政策	0	8	72	416	1 595
20	成果推广配套设备(水肥一体化、农机具等)	0	8	96	496	1 455
21	农技推广人员的数量	3	12	108	536	1 360
22	农技推广人员专业素质	0	0	51	408	1 660
23	农技推广奖励机制	1	2	66	536	1 465
24	成果推广地的经济水平	1	18	132	672	1 145
25	成果推广成本	0	4	102	688	1 215
26	成果示范标杆	2	8	111	664	1 210
27	标准化技术推广体系	1	6	129	560	1 320
28	技术引进及消化吸收能力	0	4	105	632	1 280

(续表)

序号	制约因素	不相关 1分	不重要 2分	一般重要 3分	比较重要 4分	非常重要 5分
29	政府政策扶持（经济补贴、提供基础设备等）	0	8	111	456	1 480
30	配套的社会化服务组织	1	8	120	652	1 215
31	新型经营主体文化素质	0	12	96	640	1 265
32	成果产品销售渠道	0	2	81	584	1 385
33	农资价格	1	14	111	604	1 275
34	风险保障机制	0	14	99	612	1 290
35	同质化技术选择	2	10	165	636	1 150
36	新型经营主体对新技术的接受度	0	8	96	672	1 235
37	农业科技中介机构	5	24	222	704	920

5.4.3.5 影响农业科技成果转化的制约因素问卷数据信度与效度检验

为提高测量效果，对整个研究进行了过程控制，在每一个环节注意避免和减少系统误差和随机误差。为检验被调查者对各制约因素与农业科技成果转化的关联度判断的一致性，本研究采用克隆巴赫（Cronbach）α 系数进行信度检验。一般认为，α>0.8，信度高；0.7<α≤0.8，信度较好；0.6≤α≤0.7，信度可接受；α<0.6，信度不佳；CITC<0.3，可考虑将该项进行删除；如果"项已删除的 α 系数"值明显高于 α 系数，此时可考虑对将该项进行删除后重新分析。

效度分析用于研究定量数据的设计合理性，效度分析使用因子分析这种数据分析方法进行研究，分别通过 KMO 值、共同度、方差解释率值、因子载荷系数值等指标进行综合分析，以验证出数据的效度水平情况。KMO 值用于判断信息提取的适合程度，共同度值用于排除不合理研究项，方差解释率值用于说明信息提取水平，因子载荷系数用于衡量因子和题项对应关系。一般认为 KMO>0.9 时效果最佳，0.8≤KMO≤0.9 很合适，0.6≤KMO≤0.7 较合适，0.5≤KMO≤0.6 很勉强，KMO<0.5 不合适。

本研究信度分析结果（详见表 5-17，表 5-18）：信度系数值为 0.969，大于 0.9，因而说明研究数据信度质量很高。针对"项已删除的 α 系数""科研立项与市场需求紧密度"如果被删除，信度系数会有较为明显的上升。针对"CITC 值"，分析项的 CITC 值均大于 0.4，说明分析项之间具有良好的相关关系，同时也说明信度水平良好。综上所述，研究数据信度系数值高于 0.9，综合说明数据信度质量高，可用于进一步分析。

表 5-17 Cronbach 信度分析

名称	校正项总计相关性（CITC）	项已删除的 α 系数	Cronbach α 系数
科研立项与市场需求紧密度	0.450	0.969	
科研人员成果转化意识	0.567	0.968	
成果转化制度与机制	0.556	0.968	
技术成熟度不够	0.543	0.968	
缺乏相应的成果转化制度、机制	0.626	0.968	
科技成果转化成本	0.582	0.968	0.969
中试基地缺乏	0.656	0.968	
缺乏成果转化的中介机构	0.688	0.968	
公平合理的科技成果转化利益分配机制	0.651	0.968	
第三方科技成果评价	0.681	0.968	
科技成果市场前景	0.634	0.968	
科技成果转化周期	0.632	0.968	
研发转化的合作模式	0.690	0.968	
与科研方的可持续合作	0.709	0.967	
产业化组织缺乏	0.742	0.967	
成果相关销售渠道	0.693	0.968	
第三方服务：融资、担保、风险防控等	0.674	0.968	
政府扶持（减税、减息等）	0.643	0.968	
农技推广政策	0.610	0.968	
成果推广配套设备（水肥一体化、农机具等）	0.713	0.967	
农技推广人员的数量	0.698	0.967	
农技推广人员专业素质	0.580	0.968	
农技推广奖励机制	0.583	0.968	
成果推广地的经济水平	0.754	0.967	
成果推广成本	0.653	0.968	
成果示范标杆	0.745	0.967	
标准化技术推广体系	0.724	0.967	

(续表)

名称	校正项总计相关性（CITC）	项已删除的α系数	Cronbach α 系数
技术引进及消化吸收能力	0.707	0.967	
政府政策扶持（经济补贴、提供基础设备等）	0.663	0.968	
配套的社会化服务组织	0.714	0.967	
新型经营主体文化素质	0.717	0.967	
成果产品销售渠道	0.718	0.967	
农资价格	0.678	0.968	
风险保障机制	0.730	0.967	
同质化技术选择	0.724	0.967	
新型经营主体对新技术的接受度	0.731	0.967	
农业科技中介机构	0.716	0.967	

注：标准化 Cronbach α 系数：0.969。

表 5-18　Cronbach 信度分析—简化格式

项数	样本量	Cronbach α 系数
37	440	0.969

本研究效度分析结果（表 5-19，表 5-20）。KMO 值为 0.963，大于 0.8，且 Bartlett 球度检验在 0.001 水平上通过显著性检验，所有研究项对应的共同度值均高于 0.4，表明研究数据非常适合提取信息。另外，选择碎石图确定因子个数，共提取出 4 个因子。4 个因子的方差解释率值分别是 18.315%、17.703%、14.782%、9.247%，旋转后累积方差解释率为 60.047%＞50%。意味着研究项的信息量可以有效的提取出来。最后，结合因子载荷系数，其绝对值大于 0.4 即说明选项和因子有对应关系。

表 5-19　KMO 和 Bartlett 的检验

KMO 值		0.963
Bartlett 球形度检验	近似卡方	11 327.939
	df	666
	p 值	0.000

表 5-20 因子载荷矩阵

影响因素	旋转后因子载荷				因子命名
	因子 1	因子 2	因子 3	因子 4	
成果推广地的经济水平	0.674				
成果推广成本	0.709				
技术引进及消化吸收能力	0.543				经济因素
农资价格	0.717				
风险保障机制	0.682				
科研立项与市场需求紧密度		0.776			
科研人员成果转化意识		0.652			
成果转化制度与机制		0.640			
与科研方的可持续合作		0.428			
成果相关转化渠道		0.419			研发主体及成果因素
技术成熟度不够		0.532			
缺乏相应的成果转化制度、机制		0.487			
科技成果转化成本		0.617			
中试基地缺乏		0.694			
缺乏成果转化的中介机构		0.641			
公平合理的科技成果转化利益分配机制		0.553			
第三方科技成果评价		0.695			
科技成果市场前景		0.623			
科技成果转化周期		0.697			
研发转化的合作模式		0.659			
政府扶持（减税、减息等）			0.596		
农技推广政策			0.769		
成果推广配套设备（水肥一体化、农机具等）			0.673		
农技推广人员的数量			0.646		
农技推广人员专业素质			0.694		
农技推广奖励机制			0.527		
标准化技术推广体系			0.611		中介及推广因素

(续表)

影响因素	旋转后因子载荷				因子命名
	因子1	因子2	因子3	因子4	
政府政策扶持（经济补贴、提供基础设备等）		0.540			
配套的社会化服务组织		0.579			
成果产品销售渠道		0.571			
产业化组织缺乏		0.496			
第三方服务：融资、担保、风险防控等		0.447			
农业科技中介机构		0.522			
新型经营主体文化素质			0.551		
同质化技术选择			0.672		
新型经营主体对新技术的接受度			0.459		需求主体因素
成果示范标杆			0.620		

信度和效度检验结果表明，本研究农业科技成果转化影响因素的调查问卷及其数据是可靠且有效的。

5.4.3.6 影响农业科技成果转化的制约因素问卷数据结果分析

数理统计中的回归分析、方差分析、主成分分析等都是用来进行系统分析的方法，但这些方法要求有大量数据，各因素数据与系统特征数据之间呈线性关系，样本数据服从某个典型的概率分布等，这些要求往往在实际工作中难以满足（孙玉刚，2007）。灰色关联分析是较为成熟的灰色理论系统的组成部分，它能对系统动态过程加以分析，从随机无序的数据中找到关联性、挖掘出其内部规律从而考察系统诸因素之间的相关程度，可以为主要因素的判断提供方法和途径，是一种定量与定性相结合的分析方法。由于该方法对样本量的多少和样本有误规律同样使用，计算量小，不会出现量化结果与定性分析结果不符合的情况（藤奎秀和杨兴龙，2021），因此本研究采用灰色关联分析农业科技成果转化影响因素。

因本研究关注的比较序列为指标打分，所以这里选择计算邓氏关联度进行分析。邓氏关联度是最早提出的计算灰色关联度的模型，它的建立充分体现了灰色关联四公理的约束条件，其计算着重考虑了比较序列与参考序列之间的距离远近对关联度的影响。

第一步，确定反映系统行为特征的参考序列 x_0 和影响系统行为的因素组成的比较序列 x_i。

第二步，无量纲化处理参考序列和比较序列。不同量纲造成不同指标的数据无法比较，为消除不同变量不同量纲的影响，因此，在分析前通常需要对数据进行标准化处理。

第三步，求参考序列与比较序列的灰色关联系数。首先，求比较序列的差序列、最大值和最小值。对 x_0 和 x_i 序列中的值对应作差，所得值的绝对值就是所求的差序列 $|x_0(k)-x_i(k)|$，并找出差序列中的最大值 $\max_i \max_k |x_0(k)-x_i(k)|$ 和最小值 $\min_i \min_k |x_0(k)-x_i(k)|$。然后，根据差序列和最大值、最小值求灰色关联系数。已知参考序列 x_0，比较序列 x_i，差序列和最大值、最小值，则有：

$$x_0 = [x_0(1), x_0(2), \cdots, x_0(k)]$$
$$x_i = [x_i(1), x_i(2), \cdots, x_i(k)]$$
$$\Delta i = |x_0(k)-x_i(k)|$$
$$\Delta\max = \max_i \max_k |x_0(k)-x_i(k)|$$
$$\Delta\min = \min_i \min_k |x_0(k)-x_i(k)|$$

式中，k 为样本数；i 为所要判定的影响系统行为的因素个数。则关联系数为：

$$\gamma(x_0(k), x_i(k)) = \frac{\min_i\min_k|x_0(k)-x_i(k)| + \rho\max_i\max_k|x_0(k)-x_i(k)|}{x_0(k)-x_i(k)| + \rho\max_i\max_k|x_0(k)-x_i(k)|}$$

第四步，计算灰色关联度。

$$\gamma(x_0, x_i) = \frac{1}{n}\sum_k^n \gamma[x_0(k), x_i(k)]$$

$\gamma(x_0, x_i)$ 为比较序列 x_i 和参考序列 x_0 的关联度，$\gamma(x_0, x_i)$ 的值越大，说明两者之间的关联越大影响程度越显著。

第五步，将上述灰色关联度值进行比较排序，得出最终结论。

根据研究实际情况，设分辨系数 $\rho=0.5$。根据灰色关联分析公式计算后，可以得到不同制约因素对于农业科技成果转化模式及利益分配的关联系数和关联度。

关联度值介于 0~1，该值越大代表其与"参考值"（母序列）之间的相关性越强，也即意味着其评价越高。从上表可以看出：针对本次 37 个评价项，"科研立项与市场需求紧密度"的综合评价最高（关联度为：0.919），其次是"农技推广人员专业素质"（关联度为：0.918）。"第三方科技成果评价"综合评价最低（关联度为：0.768）。

各制约因素与农业科技成果转化模式及利益分配的关联度从大到小的排序为：科研立项与市场需求紧密度＞农技推广人员专业素质＞农技推广政策＞成果转化制度与机制＞科研人员成果转化意识＞农技推广奖励机制＞政府扶持（减税、减息等）＞政府政策扶持（经济补贴、提供基础设备等）＞成果推广配套设备（水肥一体、农机具等）＞成果产品销售渠道＞科技成果市场前景＞标准化技术推广体系＞技术引进及消化吸收能力＞农技推广人员的数量＞成果相关销售渠道＞科技成果转化成本＞缺乏相应的成果转化制度、机制＞技术成熟度不够＞农资价格＞风险保障机制＞新型经营主体对新技术的接受度＞配套的社会化服务组织＞新型经营主体文化素质＞公平合理的科技成果转化利益分配机制＞成果示范标杆＞成果推广成本＞与科研方的可持续合作＞第三方服务：融资、担保、风险防控等＞科技成果转化周期＞研发转化的合作模式＞成果推广地的经济水平＞产业化组织缺乏＞同质化技术选择＞中试基地缺乏＞农业科技中介机构＞缺乏成果转化的中介机构＞第三方科技成果评价（表5-21）。

表5-21 关联度结果

序号	评价项	关联度	排名
1	科研立项与市场需求紧密度	0.919	1
2	科研人员成果转化意识	0.891	5
3	成果转化制度与机制	0.897	4
4	技术成熟度不够	0.851	18
5	缺乏相应的成果转化制度、机制	0.852	17
6	科技成果转化成本	0.854	16
7	中试基地缺乏	0.819	34
8	缺乏成果转化的中介机构	0.772	36
9	公平合理的科技成果转化利益分配机制	0.842	24
10	第三方科技成果评价	0.768	37
11	科技成果市场前景	0.869	11
12	科技成果转化周期	0.831	29
13	研发转化的合作模式	0.828	30
14	与科研方的可持续合作	0.833	27

(续表)

序号	评价项	关联度	排名
15	产业化组织缺乏	0.827	32
16	成果相关销售渠道	0.859	15
17	第三方服务：融资、担保、风险防控等	0.832	28
18	政府扶持（减税、减息等）	0.884	7
19	农技推广政策	0.907	3
20	成果推广配套设备（水肥一体化、农机具等）	0.877	9
21	农技推广人员的数量	0.859	14
22	农技推广人员专业素质	0.918	2
23	农技推广奖励机制	0.885	6
24	成果推广地的经济水平	0.828	31
25	成果推广成本	0.839	26
26	成果示范标杆	0.842	25
27	标准化技术推广体系	0.867	12
28	技术引进及消化吸收能力	0.859	13
29	政府政策扶持（经济补贴、提供基础设备等）	0.880	8
30	配套的社会化服务组织	0.843	22
31	新型经营主体文化素质	0.843	23
32	成果产品销售渠道	0.874	10
33	农资价格	0.847	19
34	风险保障机制	0.846	20
35	同质化技术选择	0.820	33
36	新型经营主体对新技术的接受度	0.846	21
37	农业科技中介机构	0.787	35

针对37个评价项，"科研立项与市场需求紧密度"的综合评价最高（关联度为：0.919），其次是"农技推广人员专业素质"（关联度：0.918），农技推广政策（关联度：0.907），"第三方科技成果评价"综合评价最低（关联度为：0.768）（表5-21）。

根据因子提取结果，各制约因素所对应的因子为一级因子，将每个一级因子所包含的制约因素的关联度平均化，计算一级因子的关联度，然后排序，得出一级因子关联排序为：中介及推广因素（0.8646）＞研发主体及成果因素（0.8457）＞经济因素（0.8438）＞需求主体因素（0.8378）（图 5-28）。

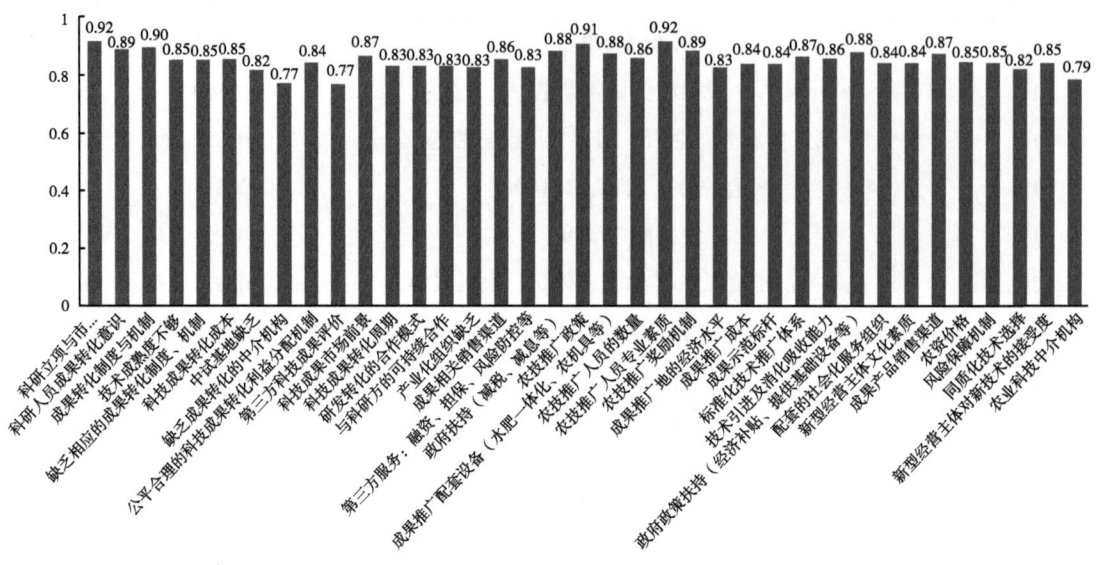

图 5-28 评价项关联度

在本研究调研过程中，通过对科研单位、大专院校、农业技术人员、涉农企业、新型经营主体进行走访调研，基本掌握了我国农业科技成果转化的现状、模式及问题。尽管我国拥有世界上数量最大的农业科研、教育、推广机构和人才队伍，但还存在创新能力尚未完全发挥出来、农业科技供给方与需求方信息不对称等问题。课题组初步掌握了影响农业科技创新和农业科技成果有效转化的因素，为价值共创背景下农业科技成果转化利益分配机制与模式的提出奠定了基础。

第6章 农业科技成果转化模式典型案例分析

农业科技成果转化是不同于一般的科技成果，受自然条件、人为因素影响，其过程具有周期长、路径多样、不可控性等特征，这是科技再创新的过程。近年来各地实践探索出很多成功的模式，值得深入研究与借鉴参考。针对省级农业科学院、农业大学、种业企业、农化企业、加工企业、农业产业园区、合作社、农业协会、技术服务队等科技成果转化参与主体开展了实地调研和典型案例分析，总结出了信息共享，价值共创背景下各类成果转化主体的特点、优势和不足，挖掘、发挥典型案例的引领示范价值，为进一步研究成果转化利益分配机制与完善利益联结机制奠定了基础。

6.1 科研院所农业科技成果转化模式案例分析

以省级农业科研院所为例，重点分析研究科研院所成果转化的典型案例。四川省农业科学院、四川农业大学、四川自然资源科学研究院等，在长期从事农业科技创新的同时，也以各种形式开展农业科技成果的转化工作，并在农业科技成果转化方面取得了丰富的经验，构建了一些较为成熟的农业科技成果转化模式，取得较好的社会和经济效益。

6.1.1 "科研机构+企业"农业科技成果转化模式

第一，"创新转化一条线、专家农民面对面"模式。

四川省农业科学院与省内地方政府联合共建了南充、内江、宜宾、巴中、德阳、绵阳、攀枝花、凉山、广安、乐山10个分院，研究和开发领域涵盖粮、经、饲作物与水产等领域。长期以来，四川省农业科学院坚持"科技创新""成果转化"两手抓，紧紧围绕生产、农民、企业、市场，通过"专家+协会+农户""专家大院""院地合作"等多种形式，促进农业科技成果转化，探索出"创新转化一条线,专家农户面对面"的成果转化模式。"十二五"以来,四川省农业科学院农业科技成果转化率85%以上,成果累计推广面积5.8亿亩,新增社会经济效益上千亿元,为四川农民增收、农业增效、农村繁荣做出了积极贡献。

特别是从2020年开始,为进一步加快农业科技成果向现实生产力转化,四川省农业科学院以培育新型农业经营主体为抓手,已在四川省内共认定了309家现代科技示范农场,突出家庭农场和农业专合组织在现代农业发展中的重要地位,搭建了专家和农场主面对面的沟通平台,并通过人才下沉、科技下乡,进一步加强科技指导服务,提高四川省农业科学院现代农业科技示范农场农业综合生产能力,并增强示范农场与小农户的利益联结机制,引领农业适度规模经营发展、带动农民就业增收、增强农业农村发展新动能成效显著。该模式下四川省农业科学院与现代农业科技示范农场是"伙伴关系"。现代农业科技示范农场既是农业科技成果创新重要的"试验田",又是科技成果转化推广应用的"样板田",示范农场将农科院的研究成果进行示范,好品种、新技术、新模式集成到一起,通过现场观摩、媒体报道等向全省展示,起到"样板"作用,加速成果推广应用,带动全省农业高质量发展。在以技术链支撑和产业链延伸的基础上,由四川农业科学院进行指导,科技示范农场进行验证和推广,各参与主体基于"价值共创"理念,加强多方联动,共同实现整体价值提升。

第二,四川省农业科学院农林保水剂科技成果转化模式案例。

四川省农业科学院下属的生物技术核技术研究所争取了省级科研项目与产业化项目的资助,历时10年的潜心研究,利用该所钴60辐照场装备设施与辐照聚合高分子材料的技术优势,研发出了替代化学聚合方法的新型环保型农林保水剂获得了农业农村部的肥料类产品登记,新型环保型保水剂产品180天生物降解率高达42.8%,吸水倍数300~500,应用于作物栽培,节水效果达30%以上,提高肥效利用率达30%以上。该所研发的环保型农林保水剂具有工艺先进、能耗低、无污染与成本较低的特点,经济效益、社会效益与生态效益十分突出,也具有广阔的市场前景。在完成成果研发与产品登记之后,该所课题研究人员自主筹资成立了科技开发公司并投资建立了辐照交联聚合生产农林保水剂的生产线,通过租用核辐射装置与向该所支付知识产权使用费的方式、加工生产辐照聚合的保水剂原料并在此基础上完成新型环保型保水剂产品的产业化生产,在成果产业化的同时,公司在省内外多种作物的生产基地建成了成果示范应用基地，实现了作物抗旱保水栽培与增产增收的目标。

在该所"政府+企业+科研机构"的成果转化模式中，由政府牵头引导科研单位开展针对性的研发并制订鼓励成果转化的相应政策；课题研究人员直接成立科技公司转化成果并生产、销售新型环保型农林保水剂，省去了成果转化另外寻找企业进行评估、作价与购买等步骤，使得成果产生后第一时间投入市场应用；研究所则每年按照合作开发协议获得知识产权使用费，由于建立了良好的成果转化模式与分配机制，避免了科技成果束之高阁，保证了科研机构的利益，有效地促进了科技成果的转化。

第三，四川省畜牧科学研究院"川藏黑猪新品种"科技成果转化模式的案例。

四川省畜牧研究院针对全省生猪养殖产业的进口商品猪猪种"一支独大"的现象，利用国内外两类优质猪种遗传资源，采用现代遗传育种技术，历经14年技术攻关，2017年成功培育出了我国首个肉质风味优、抗病力强、生产效率高、具鲜明区域特色的优质风味黑猪配套系——川藏黑猪。2018年四川省畜牧研究院与省内大型养猪企业——铁骑力士集团签下了1 000万元的川藏黑猪新品种有偿独家转让协议。在当地政府支持下，铁骑力士集团以建设"省级生猪现代农业园区与乡村振兴示范区"为战略目标，按照产、学、研大联合、大协作方式进行成果转化与产业化开发，在江油市投资10亿元、建成了年出栏30万头优质川藏黑猪的规模化繁育场与育肥场，完成了"川藏黑猪"重大科技成果的落地转化，并成功打造了集生猪养殖、饲料、屠宰、深加工为一体的全产业链项目，项目生产市场需求的优质商品肉猪，改变了外种商品猪"一支独大"的格局，带动了全省优质生猪产业的发展。

在该院"政府+企业+科研机构"的成果转化模式中：政府主动出台成果转化与产业化开发的相关配套政策，为项目落地提供养殖设施用地与配套基础设施项目的建设资金，推动成果的落地转化；养殖企业四川铁骑力士集团重视科技成果转化，主动出击获得了最新成果的独家转让并围绕企业川藏黑猪的扩繁养殖，以发展川藏黑猪养殖为重要抓手，积极打造生猪的全产业链；科研机构则通过科技成果有偿转让获得自身收益使得持续开展品系选育、精准饲养、疫病防控等方面研发创新。该院"政府+企业+科研机构"的成果转化模式一方面实现了川藏黑猪新品种的应用推广，一方面通过优势互补，联手打造科研院所和龙头企业产学研合作的标杆和典范，并推进了生猪研、产、加、销的一体化发展，为实现川猪振兴提供了有力的支撑。

第四，四川省自然资源科学研究院猕猴桃科技成果转化模式的案例。

四川省自然资源科学研究院在科技成果转化方面有着强烈的意识，2013年制定了《四川省自然资源科学研究院科技成果转化和科技服务奖励办法》（以下简称《奖励办法》），结合国家和四川省促进科技成果转化的政策，推行能充分体现劳动价值的分配机制，鼓励科技人员面向市场进行产品和科技创新，为科研成果从实验室走向市场营造了有利于成果转化的良好环境。

四川省自然资源科学研究院在猕猴桃产业创新领域位居全国领先水平，拥有"红华""红美""金什1号""红什1号"等猕猴桃新品种产权，该院利用自身的猕猴桃资源优势，挖掘和转化了具有市场潜力的系列科技成果，先后与苍溪日昇农业科技有限公司、四川华胜农业股份有限公司签署了"猕猴桃品种权许可合同""猕猴桃品种权授权协议"。根据该院制定的《奖励办法》，在收到品种权许可费后，将其中的70%作为奖励发放给完成该项科研成果和成果转化的科研人员及相关服务人员。

除了与企业合作以促进科研成果转化外，该院作为具有社会公益性质的科研机构还对口帮扶了广元市旺苍县高阳镇古柏村，驻村帮扶工作队帮助该村制定发展猕猴桃产业实现整村脱贫的方案，指导古柏村采用"贫困户+专合社+基地+公司"的模式发展猕猴桃产业，以贫困户为主建立猕猴桃专业合作社，农户以承包土地作价入股，70%划入有土地的农户，20%划入合作社集体股，10%化为全村贫困户股本，贫困户股本由村集体掌握分配，形成的集体经济收入按3：3：3的模式分红。通过与当地政府与相关镇合作，四川省自然资源研究院选取了自主知识产权的优良品种"金实1号"猕猴桃作为主栽品种，配套推广滴灌设备、水肥一体化控制技术、肥水精准管理技术与标准化栽培技术，于2016年在该村建立了100亩猕猴桃标准化示范基地，次年又扩展到300亩，2018年又扩建200亩示范基地，并辐射周边村社发展500亩，通过系列成果的转化，带动了当地的脱贫致富。

在该院"政府+企业+科研机构"的成果转化模式中，政府积极寻找农业科技成果、培育专业合作社，发展集体经济，推动对口帮扶，采取各种措施推动成果的落地转化；种植企业通过签署"猕猴桃品种权许可合同"与"猕猴桃品种权授权协议"积极带动专业合作社与农户发展猕猴桃新品种的繁育生产；科研机构则通过科技成果授权使用与有偿转让获得自身收益，使得持续开展新品种选育与高产栽培技术的研发创新。该成果转化模式促进了系列猕猴桃先进适用成果的落地推广，在当地形成了脱贫致富的支撑产业，有效地带动了当地农户致富增收。

6.1.2 "政府+园区+科研机构"农业科技成果转化模式

6.1.2.1 内江国家农业科技园区科技成果转化案例

内江市国家农业科技园区于 2015 年 2 月获批建设，整体布局为"核心区—示范区—辐射区"，重点发展"粮食+生猪"种养循环模式、稻渔综合种养模式以及特色血橙与无花果产业。该园区由内江市政府投入财政资金 3.2 亿元建设，引导社会资金投入 9.5 亿元。其中与四川省农业科学院、四川农业大学与西华大学等 10 余个科研院所与大学合作，建立了产学研合作关系，先后签订协议 22 项，累计实现技术交易额 1 500 余万元。园区建成了川渝合作资中血橙专家大院、资中渔业川渝合作专家大院等科研平台 15 个，累计投入研发经费 1.01 亿元，集聚科技项目 56 项，形成成果 20 个，推广转化 36 项，获省市科技进步奖 7 项。

目前，园区已形成四大主导产业。一是建成"粮猪果鱼"种养循环示范产业带，在园区的核心区探索建立了"粮食+内江黑猪"种养循环模式与稻渔综合种养模式，形成了集研发、保种、繁育、养殖、加工、销售、旅游、餐饮为一体的内江黑猪全产业链。二是建成全国最大血橙种植基地，血橙产量占全国的 60%；三是建成无花果种植加工基地，年产值 6.80 亿元，并开发了系列产品；四是推进农旅、文旅产业融合发展，申报中国血橙特色小镇、建成资中血橙主题公园等一批乡村旅游景点。

在内江市国家农业科技园的"政府+园区+科研机构"成果转化模式中，政府负责制定园区发展规划，与科研院所与大学签订战略合作协议，为成果转化项目提供土地与专项资金扶持政策；园区则充分发挥政府与科研机构之间的桥梁作用，建设园区基础设施与成果研发转化平台，重点引进一大批落地实施的系列转化项目，通过政府财政资金扶持、引导科研机构与大学的专家团队在园区内与周边县乡开展成果示范应用与技术培训，带动专业合作社与农户发展"粮食+内江黑猪"种养循环模式、稻渔综合种养模式以及特色血橙与无花果产业；省内科研机构与大学根据服务协议、利用当地专项资金，组织专家团队入驻园区专家大院与创新转化平台，为园区产业发展提供各类科技成果与科技支撑。三方共同合作、互利互惠促进了科技成果转化，助力园区发展。

6.1.2.2 金堂食用菌产业园农业科技成果转化案例

金堂食用菌产业园于 2019 年 11 月正式获批成立，主导产业为食用菌全产业链与绿色食品加工。园区加强院企深度合作，探索了各种农业科技成果转化模式，先后签约引进四川省农业科学院、中国农科院都市农业研究所、昆明食用菌研究所及西南科技大学等 10 余所科研院校，建立了产学研一体化发展联盟、专家工作站、食用菌科技成果转化试验基地，共建川渝食品农产品检验检测中心等 6 个研创中心。园区重点打造了天府菌乡科创谷高品质科创空间，开展了优新特农产品新品种试验示范和推广应用，重点培育推广了黑皮鸡枞、榆黄菇、雪绒猴头、竹荪、花脸香磨等优新食用菌品种 13 个，年产各类名优特新食用菌 40 万吨，其中四川三邦羊肚菌业有限公司与四川省农业科学院合作建设羊肚菌菌种研发中心，建成了羊肚菌优质新品种示范基地 60 亩，带动全县年产羊肚菌 1.2 万亩、羊肚菌等优质新品种覆盖率达到 100%，食用菌科技成果推广应用面达 99% 以上。

金堂食用菌产业园产业研发优势突出，成果转化成效初步彰显，产业规模不断壮大，目前已规划建成了 3 000 余亩绿色食品加工园，建成标准化厂房 20.7 万平方米，通过招引招商引资引进"新雅轩""雅乐鲜"等企业 20 家，研发并投产菌类产品 500 余种，调料调味品 2 000 余种，特色休闲食品 60 余种，企业集聚效应进一步提升，实现了食用菌产业的集约化高效生产，金堂县也先后荣获国家农村创新创业园区等表彰奖励 26 项。

在金堂食用菌产业园的"政府+园区+科研机构"成果转化模式中，政府牵头发展食用菌产业，与科研院所与大学签订战略合作协议，为成果转化项目提供创新转化平台与专项资金；园区通过引导入园企业与科研机构共建成果研发转化平台，重点研发与示范推广食用菌新产品新技术，带动专业合作社与农户发展现代食用菌产业；科研机构与大学根据服务协议、利用当地专项资金，组织专家团队入驻园区创新转化平台，为园区产业发展提供各类科技成果与科技支撑。

6.1.3 "政府+专家团队+企业" 三螺旋科技成果转化模式

屏山县在农业科技成果转化方面，探索建立了"政府+专家团队+企业"三螺旋模式。具体做法是屏山县将具有不同价值体系的政府、企业和专家团队在屏山茵红李产业发展上统一起来，并在三边混合组织——屏山千亩早熟李科技示范园中形成行政领域、生产领域和知识技术领域的三力合一。政府出台产业发展的项目、资金的配套扶持政策，引入专家团队、培育新型经营主体，引导科技成果的就地转化；水果创新转化团队通过"项目支持""企业合作协议""专家大院"等形式落地应用推广科技成果并形成的经济价值以及"吕水果""农户专家""全国劳模"等社会价值；屏山茵红李产业发展龙头企业——"好实在"公司获得了政府项目支持与最新技术成果的转化应用，在获得产业发展的可观经济效益的同时带动了当地农户发展，企业社会价值亦得到提升。在此模式中，成果转化主体间在宏观上有着共同的产业发展目标，利益追求，微观上又能彼此互相补充、增进合作，满足各自的主体功能和任务的诉求。总结该模式的成功经验，价值共创机制和利益联结机制成为了"政府—专家团队—企业"三螺旋成果转化模式良好运行的关键。

屏山县"政府—专家团队—企业"三螺旋模式中，整体上，屏山"政府—专家团队—企业"三螺旋模式实现了共生合作，共创价值，共同螺旋上升发展，但该模式亦有明显不足之处：屏山"政府—专家团队—企业"三螺旋农业科技成果转化模式解决了传统线性成果转化模式中技术供需发展不匹配和转化主体合作松散的问题，但也存在一定的局限性：一是三螺旋系统中政府仍然起主导作用，企业和专家团队处于被动地位，政府易产生干预现象，导致系统偏向政治需求，而非产业本身发展的实际需求；二是企业在科技成果转化中的主体作用欠缺，对政府的项目、政策支持依赖性强，"等、靠、要"思想严重；对专家技术的过于依赖，导致技术消化和创新能力明显不足，没有自身造血能力，资金、技术要素流动不同步，系统运行不畅、不可持续发展；三是农业科技成果转化最终受体"专业大户""家庭农场主"大多仍游离在系统之外，未能在三螺旋模型中体现，又不能并入三螺旋中的任一支螺旋，忽略了应用主体的实际需求及作用，导致信息链不畅，供需对接不精准，也是造成农业科技成果转化成效低的重要原因。四是"政府—专家团队—企业"主体已不能负载和实现"信息、技术、管理"等服务要素及功能，需要一支相对独立的专业化、复合型的信息服务的力量，推动科技成果的转化落地、复制推广。因此，简单的"政府—专家团队—企业"三螺旋模式仍需要继续创新发展、不断总结提升。

6.2 创新型农业企业科技成果转化案例分析

我国农业企业化经营起步较晚，发展速度相对缓慢。但由于我国农业人口众多，为农业企业发展提供了充足劳动力；土地类型多样，全国各地广泛分布着不同区域特别的农产品，为农业企业商品的多元化提供了物质基础。近年来，随着中国特色市场经济发展不断深入，广大人民群众对美好生活的向往为农产品销售提供了广阔的市场空间，我国的农业发展正在走向集约化、规模化、品牌化。农业已不仅仅局限于粮食种植，粮油加工、饲料生产、化肥生产等农业生产范畴。根据农民日报社发布的"2021（第五届）中国农业企业500强名单"显示，在当前疫情大背景下，中国农业500强企业依然实现了高速发展，入围门槛、营收总额增长均超过20%，远超同期我国的经济增速及工业增速。中国农业企业前500强，其中有24家企业来自四川省，在农业科技创新与农业科技成果转化方面，四川省的涉农企业始终是一股最强大的力量，有许多数不清的成功案例，现将有代表性的种业、农资、种植等类型的企业现场调研的相关案例简述如下。

6.2.1 创新型种业企业农业科技成果转化模式案例

种子是农业的"芯片"，中国要确保粮食安全必须要发展有自主知识产权的现代种子产业。种业企业是种子产业的主体，也是面向产业、面向市场、面向商业化应用的创新主体。目前中国的种子企业大部分具备不同能力的育种研发能力并拥有自主品种权，部分企业通过收购方式或授权代理方式拥有品种经营权以及专营渠道。四川省是全国水稻种业大省，农作物种质资源、地方禽畜遗传资源均居全国第二，是全国三大育制种基地之一，丰富的资源优势、育种制种优势为现代种业发展奠定了坚实的基础。但四川省种业发展的短板明显，特别是种业企业核心竞争力不足。在本项目研究中，我们专门走访调研了先正达集团中国农业公司西南分公司。

先正达集团中国农业公司是中国领先的农业科技全球化企业，2020年销售额达61亿美元，拥有员工近15 000名。先正达集团中国农业公司种子业务单元销售规模位居行业前列，覆盖玉米、水稻、蔬菜、小麦四大作物品类，拥有领先的现代化种子加工中心和研发创新中心，承载中种集团生物技术的研究与应用，具有强大的核心研发实力和专利技术，创新打造优质品种和特有性状优势。先正达集团中国农业公司西南分公司在四川竞争力较强，其获取新技术的途径主要为自主研发与购买科研机构技术相结合,一部分来自总部的技术支持。其研发的作物种类以杂交水稻三系、两系为主,小麦品种以酒酿为主。先正达集团中国农业公司拥有全球领先的专利和非专利农药研发实力,公司在农作物分子育种新技术、农作物新品系选育、作物高效利用、微生物肥料新产品等多个领域拥有领先全球核心技术。

通过调研,先正达集团中国农业公司在农业科技成果转化的过程中,企业与各主体建立了"农业企业+科研单位+经销商/零售商+职业农民/合作社/大户"的多种成果转化模式。主要包括以下几种模式。

与科研单位合作的模式。先正达集团中国农业公司根据不同的研发需求,通过市场调研,结合研发技术痛点,向这一领域的头部科研院所、研发单位提出合作诉求。特定的具体项目或者比较具体的技术,一般是一次性的合作,利益分配通常采取一次性买断的模式。中长期合作的利益分配主要采取"门槛费+提成"的模式,提成为销售收入的3%~5%。在土壤改良、农机等合作方则是长期战略合作关系,利益分配通常采取直接提成模式,提成为销售收入的8%~10%。一般情况下,科研院所普遍青睐"门槛费+提成"的方式,科研企业对直接提成应用更加广泛。

与经销商/零售商合作的模式。先正达集团中国农业公司的销售合作方式为:销售部门+代理商+零售商。企业的销售部门对外销售产品/技术,获得企业利润的20%;代理商/零售商毛利的40%~50%。

与新型经营主体(职业农民/合作社/大户)合作的模式。先正达集团中国农业公司采用O2O2C模式,主要面向以种地作为主要收入来源的职业农民与种粮大户。这类客户的特点是种植面积在50~250亩,年龄结构在55岁以下,相对来说缺少资金支持、技术支撑与订单来源,对新生事物感兴趣,能够使用智能手机。公司采取线上线下相结合的方式以及"全程托管""半程托管""菜单式服务"等模式,注重培养职业农民、种粮大户与专业合作社作为自己的长期客户,在推广转化先进农业科技成果以及销售种子、农药、肥料与农机产品的同时,为新型经营主体提供全方位的生产生活服务。其中线上主要采用熟人经济的推广方式,通过微信朋友圈、微信社群营销获取服务对象信息,形式线下传播链,点对点寻找服务主体,用网络直播带货的方式发展服务站站长,快速进入农村市场。线下则是利用企业分布在全国的服务人员根据收集、提供的需求信息开展线下服务,同时在每一个产粮大县都建立技术服务中心。为当地种粮农户提供品种、农药、肥料、农机、仓储烘干、冷链物流、技术咨询、农村电商与农村金融等社会化服务。

6.2.2 研发型农资企业农业科技成果转化模式案例

农资企业是指主要从事农业"产前"生产资料的生产销售的企业。主要包括农药、肥料、兽药、鱼药、饲料、饲料添加剂等生产销售企业。目前四川省现有各类农资企业480家，绝大部分企业分布在成都市、雅安市、内江市等。本课题走访了大量农资企业，对其中部分农资企业进行实地走访和问卷调查，其中重点调查了四川省兰月科技有限公司（以下简称"兰月科技"）。

兰月科技1993年在成都市成立，主要从事生物农药、生物肥料与植物生长调节剂的研发、生产与销售。公司是国家发展和改革委员会和农业农村部定点企业，国家高新技术企业，四川省建设创新型企业首批培育企业。企业拥有国家地方联合工程实验室，在全国20多个省、市设有40余个分支机构和办事处。公司通过了ISO9001国际质量管理体系和ISO14001国际环境管理体系认证，为产品的安全高效及绿色环保奠定了坚实的基础。公司研发中心配备先进的设备，资深技术专家可以满足用户对产品的使用及相关技术服务的需求；专业技术服务团队深入全国市场、到达田间进行面对面的技术讲解与交流，保证了产品高效应用与新产品新成果的应用转化效率。

兰月科技研发实力强大，公司研发中心科技人员以硕士研究生为主，现有研发人员36人，其中研究员7人，副研究员15人，其中四川省突出贡献专家1名、四川省学术带头人2名。公司研发中心配备了精良的科研开发仪器与设备，先后承担了24项国家高新技术发展计划项目（863项目）、国家发改委高技术产业化专项项目、科技部农业科技成果产业化项目、农业农村部重点科技成果转化项目、四川省重大公益项目、FAO/AEA国际合作项目等多项重大专项。完成了赤霉素（920）、三十烷醇、油菜素内酯（BR）、黄腐酸有机肥等国家级新产品开发项目的研究。公司获得农业农村部登记的农药产品有100余项、肥料产品40余项，年创产值1.2亿元。公司先后获得国家发明专利53项，外观设计专利78项，发表科技论文49篇，其中国外刊物发表9篇，国内一级学术刊物发表12篇。创新成果多次获得"四川省人民政府科技进步二、三等奖"与"成都市科技进步三等奖"。公司自主研发的科技成果转化率达到80%，经过多年的奋力发展，公司已发展为该领域具有品牌价值的行业龙头企业。

表 6-1　兰月科技发明专利

序号	专利名称	序号	专利名称
1	具有缓释功能的多效唑微囊悬浮制剂及其制备方法	2	混合制剂中盐酸吗啉胍含量和乙酸铜含量的检测方法
3	植物输液装置	4	微生物促长剂及制备方法
5	植物种植容器	6	植物天然脱叶剂及其制备方法
7	对镉具有固定效应并能促进植物生长的肠杆菌及其应用	8	含青鲜素和蔗糖脂肪酸酯的水分散粒剂
9	土壤中无效态铁的活化剂	10	喷施型番茄坐果剂
11	增效赤霉酸水溶性粉剂	12	利用稻草生产黄腐酸的方法
13	一种提高藜麦抗倒伏及产量的种子处理剂	14	对六价铬具有还原能力的纤维菌及用途
15	石墨烯溶胶及石墨烯的制备方法	16	包装袋（福锌、福美特、农实多、好美得、大歌、根旺、高扬、金奇）
17	肠杆菌 LY6 在发酵生产吲哚乙酸上的应用及发酵液在农作物生根促长上的应用	18	芽孢杆菌 LY152 在制备微生物肥料上的应用
19	发酵液中黄腐酸含量的测定方法	20	含抗倒酯和多效唑的微乳剂
21	含噻苯隆、赤霉酸和血红素的植物生长调节剂	22	合成 3-吲哚丁酸的酵母菌及其制备 3-吲哚丁酸的应用
23	增效型抗倒酯可溶性液剂	24	微生物固定化颗粒制备装置
25	花粉活力测定装置	26	含氟节胺和烯效唑的水分散粒剂
27	液相色谱的进样装置	28	农药定量泼浇装置
29	可折叠育苗装置	30	果梗软化型氯吡脲水剂
31	田间试验专用喷雾器	32	节水种植盒
33	增加葡萄糖度的植物生长调节剂	34	对镉具有阻隔效应的芽孢杆菌及用途
35	一种测定及评价药剂对根结线虫药效的装置与方法	36	土壤生物脱氮剂和制备方法及用途
37	用肠杆菌 LY6 生产纳米硫化镉的方法	38	多功能保水剂及制备方法
39	农药中乙烯利的定性鉴别方法	40	哈茨木霉高活性孢子粉制备方法
41	生物固氮增效剂及其使用方法	42	用于促进葡萄成熟增色的涂抹剂
43	含氯吡脲、独角金内酯和 γ-氨基丁酸的农药组合物	44	一株贝莱斯芽孢杆菌及其培养方法和应用
45	增效防落素农药组合物	46	增效萘乙酸可溶性液剂
47	植物生理活性物质生物活性测定系统	48	一种用于液体微生物菌剂存储的装置

(续表)

序号	专利名称	序号	专利名称
49	一种含1-辛烯-3-醇的杀线虫药剂及其制备方法和应用	50	木芙蓉内源细胞分裂素提取剂及其使用方法
51	一种用于液体微生物菌剂存储的装置	52	一种用于果蔬种植的大棚
53	植物生长逆境保护剂及使用方法	54	抑制柳絮的农药组合物
55	一种增强抗逆能力保水剂及制备方法	56	植物生长调节剂组合物

兰月科技在企业科技成果研发与转化中，一是注重在人才的培养与使用，通过对外招贤纳士，不断增强人才实力；通过校企联合，提供实习岗位等方式拓展人才培养渠道；通过职称评定、岗位提升与提高薪酬等多种激励方式，稳定人才队伍；通过提供资金、政策、技术等支持，提升人才的创新能力。二是注重加大企业资金投入，除了争取国家项目研发与成果转化项目资金外，企业自筹部分占每年销售收入的5%以上，在农业科技成果转化上的投入资金则占到企业利润的18%。三是建立线上线下信息获取渠道、依托企业销售人员和技术服务人员与老客户直接获取市场信息，并快速反馈到生产端，推动研发瞄准市场需求、加快开发与生产适销对路的新产品，同时注重采用新设备、新工艺、新材料、尽量降低能耗与生产成本，始终把企业科技创新水平与核心技术保持在国内领先水平。四是与合作主体形成"企业+经销商/零售商+农户"的成果转化模式与利益分配机制，企业科技创新为企业带来年均16%的经济效益增长，新产品销售额占全部产品销售额的比例达到20%以上。公司也为经销商/零售商带了年均15%的经济效率增长；新产品的推广应用则为农户带来了30%及以上的经济效益增长。

6.2.3 全产业链涉农生产企业农业科技成果转化模式案例

涉农企业中数量最多的是以种植粮油、蔬菜、水果、茶叶与中药材等特色农产品为主的公司，大多数农业种植企业通过流转耕地、林地、自主投资建设标准化农业生产基地，通过引进农作物新品种、新技术与新装备，建设现代冷链物流加工车间，发展现代农业产业，为城市提供绿色优质的鲜活农产品并带动周边农民致富增收。课题组走访调研了凉山州中泽新技术开发有限责任公司（以下简称"凉山中泽"）。

凉山州中泽成立于1998年，凉山中泽利用凉山州光热水土资源优势，主要从事油橄榄全产业链的开发。公司主营业务包括包括油橄榄种质资源引种收集评价，新品种选育繁育，标准化丰产基地建设，油橄榄产品开发、销售以及油橄榄园的文旅业开发。通过20年来的发展，凉山中泽在油橄榄产业上实现了林农种植、加工制造、商业服务一二三产业的融合发展。截至目前，凉山中泽自建油橄榄基地2.6万亩，辐射带动凉山州以及云南省玉溪市发展油橄榄总面积10万余亩。

凉山中泽建成的油橄榄基地于2012—2013年被国家林业局①认定为中国首个《国家级油橄榄良种基地》和《国家级油橄榄种质资源库》，于2017—2019年被国家林业局认定为"国家林业标准化示范企业"；被国家人力资源社会保障部选定为"国家级油橄榄科技合作专家服务基地"。同时还荣获"中国—以色列油橄榄国际科技合作基地""四川省油橄榄良种研发中心""四川省油橄榄产业国际科技合作基地""四川省农业产业化重点龙头企业""四川省扶贫龙头企业"等荣誉称号。

多年来，凉山中泽在油橄榄产业发展中取得多项成果。采用杂交育种、芽变选种、诱变育种、实生选育、引种选育等方法，并结合油橄榄种质资源表型遗传多样性及分子标记研究，迄今已优树选择20株、创制育种新材料10个，成功选育油橄榄良种13个，育成鲜果含油率在18%以上、较主栽品种增产10%以上的油橄榄新品种6个，认定良种7个；公司开发出的"油橄榄智能温室轻基质和营养袋两段式育苗技术体系"，开展了组培快繁和嫩枝弥雾扦插苗木繁育技术研究，提高了智能温室单位面积优质苗木产出率，基地年产优质种苗300万株以上，进一步带动了油橄榄的种植；企业开展了优良品种油橄榄限根栽培技术、授粉树选择和配置、智能化水肥一体化技术、无人机病虫害防治和最佳采收期确定等方面的研究，完善现有油橄榄良种配套栽培技术，提升油橄榄良种基地智能化管理水平，进一步提高当地油橄榄坐果率，增加单位面积有效产量10%以上，并确保油用型果实含油率和品质，果用型口感和风味。公司先后获得油橄榄行业相关的发明专利、实用新型专利17项；制定油橄榄育种、丰产栽培技术规程2项；建成年加工能力2 000吨的橄榄油加工厂1座；建成自动化育苗温室大棚1座，公司现每年可生产油橄榄良种优质苗木300万株，已广泛种植在四川、云南、广东、甘肃、湖北、陕西、江西、贵州等省、市的多个油橄榄产区。公司在国家工商总局注册的"源泽""中泽""是歌"

---

① 2018年国家机构改革后，国家林业局不再保留。

"油橄榄庄园"商标，覆盖油橄榄产业7大类70种产品和服务项目。企业获得17项林木良种证，企业申请专利29项，其中发明专利15项。

凉山中泽参与农业科技创新与成果转化模式为"投资企业+产业企业+村集体组织/农户"。公司利用中国平安公司提供的3 600万元无息贷款，助力凉山州油橄榄产业发展，公司与中国扶贫基金会共同成立了"平安产业扶贫及乡村振兴基金"，建成了育苗大棚智慧农业系统；公司与中国林业科学院、四川省农业科学院、四川省林业科学院、四川农业大学、西昌学院、眉山职业技术学院等科研院所建立了多个合作研究课题，基地建成了四川农业大学、西昌学院的科研实习基地以及中以油橄榄合作科研基地，长期聘请世界油橄榄协会的资深油橄榄专家俄德、西蒙和中国著名的油橄榄专家邓明全教授等以色列和国内油橄榄专家进行技术指导，示范推广了国内外最先进的油橄榄育苗技术和栽培管理技术；公司与村集体经济组织合作，通过村集体经济组织流转土地种植油橄榄，农户可获得土地流转费与土地分红、可在基地务工获取工资；另外老百姓还可以获得：油橄榄种植户可以获得油橄榄果的收入。公司不仅为农户提供免费的技术服务还确保按照订单回收橄榄果，解除农户后顾之忧。公司则主要通过产品营销获取经营利润。

6.2.4 农产品加工企业农业科技成果转化模式案例

农产品加工企业主要是对农产品进行精深加工。鲜活农产品进行精深加工可以延长产业链，增加附加值，增加农户收入。本项目研究在四川省选取了红薯加工龙头企业——四川光友薯业有限公司进行了走访调研。

四川光友薯业有限公司（简称"光友薯业"）成立于1992年，是一家高新科技产业型农业产业化集团公司，主营业务为以红薯、马铃薯等薯类为主要原料的非油炸方便粉丝、方便面、方便米线及调味品、粉条、粉皮等健康主食的研发、加工及销售以及食品工艺技术研究及食品机械研发、制造与销售。光友薯业成立以来十分重视加工技术研究与成果转化。1993年，建立光友薯业加工技术培训中心，1999年被评定为"高新技术企业""科技产业型企业"。2004年，被科技部授予"国家星火计划农村区域科技成果转化中心"荣誉称号。2009—2011年组织实施了"四川省薯类现代产业链关键技术研究与集成示范项目"，共获中国专利70余项，其中发明专利22项。2016年，光友薯业承担科技部"国家'十三五'重点研发计划薯类主食化加工关键新技术装备研发及示范项目"。经过30年的自主研发，企业先后发明了无明矾精白红薯粉丝、方便粉丝、全薯营养粉丝、非油炸薯类方便面等深受市场欢迎的红薯加工产品，改进了红薯全粉生产新工艺并实现了自动化连续生产，带动了 60 万薯农增收致富与红薯种植、加工产业的发展，形成了产业集群。

光友薯业参与农业科技创新与成果转化模式为"农户—公司—市场""科研—培训—生产"的"双哑铃"模式，即以科技为支撑，以利益均沾、风险共担的机制为杠杆，形成薯业全产业链，构建"产、加、销、科、工、贸"一条龙的经营机制，助农精准脱贫。公司作为农产品加工企业一边衔接省内外红薯基地，与省内红薯研究机构合作，通过典型示范推动成果落地转化，重点推广高淀粉高产红薯新品种与轻简栽培新技术，提高红薯的产量与品质，发展订单农业，带动农户增收；一边对接市场需求，开展市场调研，通过科技创新改进加工工艺，从注重口味出发更加注重健康、关注产品营养，自主开发适销对路的红薯健康食品，从而带动整个红薯行业的科技进步。

6.3 合作社、协会及社会化服务组织科技成果转化模式案例分析

从 2018 年开始，四川省加快发展种养大户、家庭农场、农民合作社、农业企业等新型农业经营主体，大力发展专业合作、股份合作、社区合作、产供销（生产、供销、消费、信用）"四位一体"综合合作等形式的农民合作社。近些年来，农民合作社抢抓政策机遇，加快创新发展，逐步从产中环节向产前农资供应和产后流通、加工等环节拓展，向休闲农业、乡村旅游和农村电商等新产业新业态延伸，产业化水平不断提升，整体经济实力不断增强。

四川省新型农业经营主体改变了传统生产经营模式，由家庭经营为主向多主体、多领域合作经营模式转变，由单一要素合作向劳动、技术、资金、土地等多要素合作方向转变，由各自为阵向联合推进产加销一体化经营方向转变。目前，主要形成了"规模场或大户+农户""养殖小区+农户""合作社+基地+农户""公司+农户""龙头企业+农户+基地""龙头企业+合作社+农户+基地"等生产经营模式。各类新型经营主体充分发挥自身优势，相互促进，融合发展，采取订单生产、合作经营、土地入股等多种形式，与农户建立了利益共享、风险共担的多种发展模式，提高了组织化程度，促进了农业产业化规模经营。在农业科技创新与农业科技成果

转化方面,四川省的农村专业合作社、协会等组织机构是一支新军,通过发挥自身优势,形成了一些农业科技成果转化的成功案例,现将实际调研的相关案例简述如下。

6.3.1 合作社带动型科技成果转化的案例分析

遂宁市安居永丰绿色五二四红苕专业合作立足四川得天独厚的自然生态环境,坚持"科技创新驱动 品牌引领发展"的经营理念,专注致力于生产、种植与销售国内一流品质的鲜食型红薯。多年来合作社助农增收成效显著,多次受到各级政府的肯定和表彰,先后被评为"省、市示范农民专业合作经济组织""农民专业合作社省级示范社",2012年合作社受到农业部[①]表彰并授予"全国农民专业合作社示范社"称号。合作社主要种植的红薯品种,在长期的种植过程中,因病毒侵染等原因出现种性退化,品质和产量逐年下降。为解决此问题,最佳方案是采取脱毒快繁技术,而普通种植户乃至合作社均难以开展这一技术。遂宁市安居永丰绿色五二四红苕专业合作社与四川省农业科学院生物技术核技术研究所合作,将脱毒快繁组培实验室建在合作社,合作社派技术骨干到农科院学习脱毒技术,同时农科院专家为合作社提供针对性的技术咨询、技术培训、技术攻关。在农业科技成果转化方面,合作社一方面为社员提供脱毒苗;另一方面,通过技术培训的方式提升社员生产能力和水平,主要采取田间培训和集中培训的方式,通过专家培训能人,能人带动其他社员,保证最新的种植技术普及到每一位社员。合作社摒弃传统红薯代代繁育的种植模式,依托自建的实验室自主开展红薯脱毒快繁,解决了红薯品种退化的问题,让红薯实现品质、品味与品牌的三重提升。2019年遂宁市安居永丰绿色五二四红苕专业合作社参与《优质专用甘薯产业关键技术创新与集成推广》成果获得"四川省科学技术进步一等奖"以及国家神农奖。

在"科研机构+合作社"成果转化模式中,四川省农业科学院将脱毒快繁组培实验室建在合作社,合作社派技术骨干到农科院学习脱毒技术,同时农科院专家为合作社提供针对性的技术咨询、技术培训与技术攻关。合作社通过引进红薯脱毒快繁技术与鲜食红薯与叶菜红薯新品种,重点转化了四川省科技进步二等奖成果——《甘薯分子标记育种体系创建与高淀粉品种川薯34选育及应用》,先后建成了5 000亩红苕和鲜食红薯与叶菜红薯新品种繁育基地、200亩有机生态核心示范园,100

---

① 2018年机构改革后改为农业农村部。

亩脱毒红薯原种场并组织编制了鲜食红薯育苗与栽培的技术规程。合作社对社员开展产前、产中、产后的统一提供种苗、统一种植标准、统一田间管理、统一包装、统一销售的全程服务，农户按照公司收购标准出售鲜薯获得每亩3 000~4 000元的收入，公司统一品牌包装通过线上线下渠道进行国内大中市场的销售，同时鲜薯销售利润的60%按照按惠顾额返还的方式分配给种植户。近年来合作社年繁育脱毒红薯种苗100万苗、年产优质绿色红薯300万~400万斤（1斤=0.5千克，全书同），年创经济效益2 000多万元。

6.3.2 家庭农场带动型科技成果转化的案例分析

金堂县然通家庭农场位于金堂县官仓街道荣华社区一组，于2014年4月在工商部门登记注册成立，类型为个体工商户，2018年11月变更为个人独资企业。流转土地50.9亩，有丰富的理论知识和实践经验，获得成都市高级农民职业经理人证书（高级）、省级示范家庭农场，注册了"天府然通"品牌，市级绿色食品标杆基地，天府然通秀珍菇获得省食用菌行业十大品牌之一。然通家庭农场致力于食用菌发展，形成周年期生产，经过10多年食用菌种植多品种化，反季节高温秀珍菇种植技术的摸索与实践，栽培模式和产业发展模式趋于成熟，实行自动拌料．自动包机作制，流水线接菌种，机械化、设施化流水线生产食用菌，增强菌袋成功率，减少感染率，减少劳动成本，提高每袋经济效益。然通家庭农场是四川省最大的规模化、设施化生产反季节绿色高温优质秀珍菇基地，然通家庭农场在竹篙镇流转土地100多亩，建食用菌生产控温大棚90亩左右，建设集中制袋中心9亩，冷链菌包培养库1 200平米（容纳培养菌袋60万~70万袋），达到规模化、集中化、设施化、自动化，整体无菌流水线生产，成功率高。日产量3万菌袋，年产900余万袋，形成周年期生产。

然通农场采取集中制袋、分户种植模式，并负责农户管理技术指导一条龙的服务，使其品质、品牌提升，劳工费节约化，菌袋成品率提高，让农户低门槛，更省心地参与到食用菌生产种植的大队伍中来抱团发展，解决"一家一户办不了"的难题。然通家庭农场作为科研院所的中试熟化基地，起着资源重组整合作用，将科研院所的成果快速转化为生产力，最大限度地发挥科技资源效能。目前家庭农场带动周边农户60余户，解决当地全年就业300余人。

6.3.3 协会与社会化服务组织带动型科技成果转化案例分析

简阳市东溪生态农业科技产业化协会从2003年开始，简阳市依托与四川省农业科学院建立的院县合作关系，组建成立了"东溪生态农业科技产业化协会"，邀请四川省农业科学院作物研究所与土壤肥料研究所的专家团队建立粮油作物专家大院，先后在简阳市东溪镇实施了国家"948养分资源综合管理"项目、"粮食丰产科技工程项目"和"863节水农业项目"，以"水稻覆膜节水高产高效综合技术"为关键技术的稻田高产高效养分管理技术在该镇体现出了显著的抗逆增产效果，深受当地农民欢迎。

为了加快技术成果转化，提高农民综合素质，促进农民增粮增收，简阳市不是采取常规依靠补贴的办法，而是针对农技推广的问题和农民实际，在技术推广的机制和推广方式方法上进行了创新，通过组建"东溪生态农业科技产业化协会"，邀请专家长期驻村开展成果研发与示范，探索出了"专家+协会+农户"的农技推广新模式。"简阳市东溪镇生态农业科技产业化协会"自2004年2月成立以来，在不到三年时间，会员就由20多户猛增到2 000多户，促进了科技成果的快速转化，实现了会员增粮增收。其中水稻旱育秧技术作为一项节本、省工、高效的技术在四川省推广20多年，实际推广面积仍不如人意，即使在一些干旱地区也是如此。2003年简阳市东溪镇推广面积不足50亩，仅占水稻种植面积的0.6%。2004年开始在协会的推动下，仅仅3年后，全镇8 000余亩水稻95%左右都采用了旱育秧技术，取得费省效宏的成果转化作用。同样，以前推广缓慢的耕制改革、春玉米等种植模式和新技术，均在2~3年内就在协会成员内得到全面推广。协会通过引进、示范、推广新技术，极大解放了会员劳动力，增强了抗灾减灾能力，降低了生产成本，并显著提高了单产，会员人均年增收400元以上。

在"协会+农户"的成果转化模式中，"简阳市东溪镇生态农业科技产业化协会"以乡镇为单位成立总会，管理人员包括协会内部的村社能人、镇农技站人员、科研院校专家。协会组建了专家大院，专设了由科研院校的专家担任的技术总监，负责提供会员所需和专家推荐的技术、信息，培训和指导总会技术人员。为便于管理，再根据会员数量，以村为单位设立分会。总会负责对各分会协调和指导，负责培训和指导分会技术人员，监督分会财务。分会再对每一个会员进行技术指导，处理协会具体事务。整个组织以协会为纽带，将农民、科研院校的专家、镇农技员、村社干部和村社能人紧密地联系在一起。入会采取开放、自愿的原则，只要承认协会章程，每户每年交10元会费，即可入会；退会自由，如对协会不满意，可随时退会。协会服务包括技术培训和技术指导。技术培训以多媒体培训和现场示范为主；技术指导则采取从种到收的全程、全员田间指导，指导到每一户会员、每一个田块、每一个环节。在生产关键季节，协会技术员随时在会员的田间地头巡查，一发现问题就会立即通知会员进行现场指导，以确保技术落实和效果。在自愿的前提下，协会统一给会员优价提供种子、农药、化肥、薄膜等生产资料。这样极大方便了会员，保证会员能得到优质、优价的农资，减小了一家一户购买农资的风险和成本，避免了肥料、农药的不合理使用，促进了农业标准化生产。协会经常组织会员开展经验交流活动，及时找出会员在新技术应用过程中出现的问题，帮助会员分析问题、解决问题，使会员在此过程中，综合素质得到提高。协会还充分利用组织的优势，组建专业队伍对会员进行病虫害的统防统治；在会员中规模推广频振杀虫灯、柑橘捕食螨等节本、省工、生态的植保技术；带领会员闯市场，努力将会员产品转化为商品，增加会员收入；根据会员需求，发展特色产业。

6.3.4 技术服务队帮扶型科技成果转化案例分析

美姑县技术服务队在实施世界银行第六期扶贫贷款项目"贫困片区产业扶贫试点示范项目"期间，美姑县内20余个项目村发展了核桃、花椒、李子、大樱桃等多种果树种植。针对当地普通社员缺乏种植果树的经验而项目扶持发展的果树需要较为精细的管理的问题，2018年美姑县世界银行扶贫贷款项目办主动到汉源县邀请几位有丰富果树栽培管理经验的家庭农场经营者来美姑县成立了专业技术服务队，并在项目区发动当地农户成立了总人数有十余人的果树管护队。项目办要求技术服务队成员认真传授、果树管护队认真学习果树栽培管理技术，并分片包干项目区果园做的技术管理。尽管汉源县"土专家"成立的技术服务队没有常驻美姑，但能对美姑县项目办与果树管护队的需求及时作出及时响应并实地指导并协助管理项目区果园。在汉源县的"土专家"的指导下，项目区成立的果树管护队帮助当地合作社与农户提高了果树生长质量、增加了社员收入水平。

在"技术服务队+农户"的成果转化模式中，县项目办逐渐理清思路，将一些经验进行了制度化。在县项目办对外聘的技术服务队的职能定位上，技术服务队必须以实用为导向，要针对果树种植提出真问题、解决好问题，并要培养本土果树管护队，将经验落成文字，为各合作社的科学化、规范化种植提供指引。技术服务队的工作范畴应至少包括五方面。①现状调查。对每个合作社种植果树的长势现状进行逐社摸底和核实调查，并形成报告提交。②梳理问题清单。在充分摸底调查的基础上，逐社梳理出种植存在现有的问题清单，并与县项目中心、合作社管理人员、管护社员、合作社辅导员进行充分的座谈讨论。③提出解决问题对策。针对确定的问题清单，形成规范的技术操作规程，培养技术骨干力量和发展积极社员，要提出切实可行的实施方案，方案要细化到哪个月该干什么事情、配备多少人员、每个月来几次、一个合作社待多少天。④合作社日常咨询服务。需回答合作社在规范管理、生产、经营和产品营销等方面提出的日常咨询。⑤咨询服务完成后，年底需提交年度工作总结，技术服务队一方面要培养当地技术骨干力量和管理好社员、对合作社选出的管护队员进行全方面的技术培训；一方面要制定考核办法，对果树管护队员进行参与度、培训知识掌握能力、实际操作能力、社员带动能力打分。此外，为了让外聘技术服务队的功能最大化，县项目办还对一些工作要求进行细化。例如，每次服务的资料必须当天完成；技术服务队指导本土的管护队以后，要给管护队队员打分考评，根据考评结果给各合作社发管护费；反过来，合作社也可以对技术服务队的服务进行评价，监事长、理事长必须知晓技术服务队的工作，在他们签字确认后，项目办才给技术服务队发放咨询服务费；每次技术服务队来美姑现场工作时，县项目办至少要派一名工作人员同行，一是方便学习、掌握跟工作有关的技术知识，以便平时帮助合作社解决实际问题；二是起到监督作用。此种模式为政府推动地区产业发展提供了有益参考，有助于保障地方产业的健康运行，同时有效地培养起本地技术力量，实现可持续发展。

6.4 粮经复合园区科技成果转化案例的启示

6.4.1 蒲江县粮经复合现代农业产业园科技成果转化模式

蒲江县粮经复合现代农业产业园位于蒲江县寿安街道，核心区位于元觉村、吕石桥村和五星社区3个村社，核心区面积5 000亩，辐射范围5 000亩。蒲江县粮经复合现代农业产业园为坚守粮食安全底线，保障粮食安全，以粮经复合发展模式为主导，致力打造蒲江现代农业高质量发展的第四极，主动担当作为，全力建设全县粮食保障示范区，紧抓全县融合发展格局调整和产业转型升级的重大机遇期，围绕一二三产融合发展，加快培育市场主体，发展新业态新模式，完善利益分配，构建全新产业融合发展体系，实现以农业融合带动城乡融合的新发展格局，将建成产业优势突出、现代要素高度集聚、功能分区合理、生态环境优美、技术装备先进、组织方式优化、服务体系完善、综合效益明显、带动农民增收成效显著的田水共融生态滋养地、粮经复合科创策源地、"五化"高效融合试验地、田园品质生活理想地，为蒲江农业农村经济持续健康发展注入新动能新活力，为打造更高水平的"天府粮仓"贡献蒲江力量，为引领成都市乃至四川省农业现代化和乡村振兴做出突出贡献。

蒲江县粮经复合现代农业产业园参与农业科技创新与转化的模式为：园区+村党委+合作社+旅游公司+农户。园区为农业而科技创新搭建创新与沟通平台，建设农业基础设施，为各主体提供金融、技术等社会化服务，打造产城一体的增长模式，利用本地闲置资源和川西林盘大地景观，引入旅游公司，盘活农村闲置资源，推动优质农副产品与城市对接。村党委发挥基层党组织的带动作用，依靠村集体流转土地建设农业产业基地。以吕石桥村为例，其借鉴本地和沿海发达地区的发展经验，围绕"党建引领产业发展，合作社铸就致富路"的主题，建成"一阵地+两项目+三基地"，争创全省先进基层党组织，筑牢政治意识，夯实基层阵地，依靠新农村建设和壮大村集体经济两个项目，打造 1 000 亩优质柑柚基地、800 亩优质水稻基地、500 亩无公害蔬菜基地及旅游公司环线，既保障了粮食生产，又让农民富起来，运用"互联网+"的思维，将全村水果销售到北上广甚至俄罗斯等高端市场，打响"中国吕石桥"品牌，保持群众持续增收。合作社为纽带，从事农业基地的生产销售运行和对外衔接，以蒲江县众鑫柑柚专业合作社为例，以"绿色大米""有机大米"为发展方向，注重提高品质，以"公司+农户"的模式运行，建设优质水稻生产基地，2016 年成立之时，便解决了 100 人就业，实现人均增收 1 200 元的目标；2017 年，再解决 300 人就业，实现人均增收 1 500 元的目标；2018—2019 年，实现人均收入约 24 000 元的目标；2020—2022 年，人均收入达到 40 000 元左右。旅游公司将现有居民小区的闲置房屋改造成民宿，打造树屋餐厅，开展农事体验、农耕游学、文创培训等乡村旅游项目，打造旅游消费场景、乡村生活场景、创新创业场景，发展住宿、餐饮、文创等多种业态，打造网红经济和夜间经济为一体的消费新场景。注册"中国·吕石桥"商标，成立蒲江县原乡水稻合作社，将本地柑橘、耙耙柑、水稻、粮油等农特产品进行线上线下同步销售。在发展过程中，村民通过入股合作社，务工有工资，年终有分红，增收有保障，扶贫资金变股金，村集体及村民变股东，村民实现了增收。为建设更高水平的"天府粮仓"，保障粮食安全作出贡献。

6.4.2 巴中市恩阳区优质粮油现代农业园科技成果转化模式

巴中市恩阳区优质粮油现代农业园区涵盖柳林镇海山村、来龙村，下八庙镇万寿村、楼房村，明阳镇成城村、兴隆镇金鸭村等4镇6个村，围绕"一核两环四带多园"产业总体布局，坚持良种良法化、管理机械化、种养生态化、产品标准化、园区数字化"五化"发展思路，以水稻、油菜为主导产业，建园区基地1.3万亩。园区常年种植水稻1.05万亩、油菜1.05万亩。建成高标准农田1.2万亩，新建生产道37.3公里，整治沟渠15.2公里、山坪塘19座，新建蓄水池25口，新建地埋式沼气池1口，铺设粪肥还田管网3 000米。以打造农产品品牌为重点，成功申报"三品一标"68个，积极申报"恩阳大米""恩阳油菜籽"地理标志证明商标。积极打造海山村农文旅融合示范点，成功创建海山优质粮油基地国家AAA级旅游景区，园区农旅融合收入达800余万元，园区农民人均可支配收入可达2.5万元。在科技成果运用方面，园区累计配套农机具215台（套），示范开展全程机械化服务6 000亩，园区水稻、油菜全程机械化率分别达92.3%、76.6%。强化科技赋能，新建农园通服务平台1处、信息化管理系统平台1处，配套小型气象站2套、虫情测报2套、智能监控系统9套，实现农作物数字化管理。新建新品种示范基地100亩，推广"稻香杯"系列良种15个，良种覆盖率100%。

在科研成果转化模式方面，园区采取"院校企+基地"共建模式，与哈工大、川农大、省农科院等科研单位合作，构建产学研教研基地，建院士（专家）工作站1个，建立科研中心，建成恩阳种苗品比组培试验基地1个、作物种苗核心供应基地1个（为川东北最大），推广赏、食、油三者兼用的"中油19""德油1573""庆油3号"等双低油菜品种10个，引进培育涉农领域专业技术人才126人。此外，园区加强与其他科技主体合作，引进京东科技集团，建成京东乡村振兴电商服务站1个；与巴中现代粮食产业公司合作，共建智能化粮食烘干仓储中心1处。在利益联结机制方面，园区采取"国企+新型经营主体+农户"模式，培育新型经营主体65家，推行"127""528"利益联结机制，带动农户3 307户，实现三方共赢。其中,"127"利益联结机制主要方式为构建"经营主体+村集体经济组织+农户"利益共同体,组建"国企+龙头企业+集体经济+专合+农户"等农业产业联合体,此机制得到四川省农业农村厅大力推广。通过示范引领,巴中市恩阳区建成优质粮油示范基地36个、种植面积达92.9万亩,可提供粮油加工原材料30.5万吨。

6.4.3 眉山市东坡区岷江现代农业园区科技成果转化模式

眉山市东坡区岷江现代农业园区是粮经综合型园区,为了稳粮增收调结构,实现"千斤粮、万元钱"目标,近两年来,眉山市东坡区岷江现代农业示范园区引进川农大团队搭建了四川省水稻新品种新技术中试研发平台,核心区位于太和镇永丰村,拥有连片高标准农田1 500亩,拓展区包含周边区域高标准农田,面积超过3万亩,排灌方便、土壤质地良好,能满足开展水稻新品种新技术筛选、研发工作的需求。平台将由作物生理生态及栽培四川省重点实验室提供理论和技术支撑,四川农业大学马均教授团队牵头完成品种和技术的中试熟化工作。中试平台开展的试验是基础研究的延续和扩大,是新产品开发的必经之路。中试平台的任务决定了其在科研和生产中的桥梁与纽带地位。对农业生产而言,特别是水稻、小麦等口粮作物,基础研究和应用过程不完全受市场调控,公益属性占比较大,所以围绕农业生产的中试平台有其特殊性。对水稻生产而言,选择适宜的品种和栽培技术是最关键的环节,所以水稻新品种新技术中试平台主要的试验对象是水稻新品种和新技术,试验内容就是筛选、优化和研发符合当地生产需求的水稻品种和技术,并将中试验证过的良种良法教授给基层农技人员和水稻生产主体。综合来说,四川省水稻新品种新技术中试平台的主要方向是水稻新品种筛选和评价、新栽培技术(包括农机农艺配套)的筛选、评价、优化和研发以及中试验证过的良种良法的传播工作。

针对四川盆地水稻优质高产不协同、机械化程度低、技术落地难等瓶颈,中试平台团队在眉山市岷江现代农业园区、四川农业大学、眉山职业技术学院、眉山市农业农村局等单位支持下开展水稻"一优两高"生产竞赛活动,并以该竞赛为平台,依托国家和省科技支撑计划及重点研发项目,在眉山、成都、乐山等地开展水稻优质高产高效(一优两高)生产技术研发集成与示范推广工作。

2016—2021年,中试平台在全国首创开展水稻"一优两高"生产竞赛活动,探索构建了"1343"研发推广模式:搭建了集职业农民培育、良种良法推广、市场信息流通、区域品牌打造的多功能粮食产业发展平台;聚焦粮食生产"高产不优质、优质不优价、增产不增收"矛盾，瞄定3大目标，突破粮食生产瓶颈；通过整合政府项目资源、汇聚院校专家力量、发动种粮农户参与、引进粮食企业合作，构建了"政行校企"四方同盟；以制度保障深入推进创新平台发展，成立以眉山市、区分管领导为组长，眉山市农业农村局、东坡区岷江农业园区、四川农业大学水稻研究所、眉山职业技术学院负责人为副组长的领导小组。"1343"研发推广模式实现政府粮食生产抓手更强、行业发展效益更好、院校成果转化更快、企业优质粮源更广、食者口粮消费更放心"五方"共赢，强力助推眉山粮食朝优质、高产、高效方向发展。2020年，四川省粮食安全省长责任制考核工作组办公室通报表扬眉山连续开展水稻"一优两高"生产竞赛活动，并作为"优质稻发展经验"在全省推广。中试平台开展工作以来，建成1 500亩全省最大的水稻新品种新技术中试基地，6年累计引进试种越光、稻花香等国内外优质品种340个，筛选出锦城优雅禾、荃优822等适种眉山的优质高产新品种40个。示范推广机插秧优质超高产栽培、水稻机直播省工节本、化肥农药减量增效等技术30项，集成杂交稻机械化生产"缓基速追"减氮增效施肥技术等绿色安全生产新技术3项，带动眉山市150万亩水稻实现优质化生产，擦亮"中国优质稻米之乡"金字招牌。聚焦高产重心，保障供应。开展水稻"吨粮田"高产公关，配套良种良法，实现优质和高产齐头并进。2017年竞赛田块水稻最高亩产达969公斤，创造了成都平原水稻超高产记录。竞赛田块6年平均亩产较全市高100公斤，辐射带动全市水稻单产提高5%以上，强力保障粮食供应安全。落子高效核心，优化模式。积极探索优质优价、增产增收模式，累计示范"稻–鸭""稻–鱼""稻–鸭–鱼"立体生态高效种养模式1 100亩，每亩节省成本50元，生态优质稻谷售价提高30%以上，每亩稻田鸭和稻田鱼净产值达600元，"稻–鸭–鱼"模式较单种水稻每亩增加净产值1 050元。同时，推动"农户+基地+公司"订单销售，引导打造自主品牌，突破种粮效益"天花板"。

6.5 农业科技成果转化模式案例的启示

要建立确保农业科技创新和科技成果有效转化、推广的体制机制，一是要充分发挥市场与政府两方面作用，促进农业科技创新。在市场方面，要让市场在资源配置中起决定性作用，通过体制机制创新，让企业成为农业科技创新的重要主体。要大力促进产学研合作，充分调动科技人员的积极性，加快更多农业科技成果的转化和应用。在政府方面,要更好发挥政府作用,完善新型举国体制,打造国家农业战略科技力量,加快农业领域国家重点实验室、国家重大科学设施、国家技术创新中心等平台建设,形成国家地方互动联建、政府企业共享共建的平台体系,创新"揭榜挂帅""赛马争先"等新型科研组织方式,培育、支持一批农业科研杰出人才。二是要大量完善农技推广体系和高素质农民培育体系。要加快健全政府农技推广机构、市场化农技服务力量、高校科研院所等共同参与的农技推广体系。与此同时,加快建设高素质农民队伍,让好的农业科技成果能"出得来、下得去、用得上。"

第7章 农业科技成果转化影响因素与多主体行为决策研究

近年来,我国农业科技取得举世瞩目的成果,农业科技贡献率突破60%,但成果转化率仅30%~40%(张辉 等,2019),分别低于发达国家近20%和35%~45%,农业技术与经济"两张皮"的转化难题未得到有效解决。

农业科技成果转化是一个涉及多要素、多主体、多环节的系统工程,转化过程中受诸多因素的影响,这些因素共同影响着农业科技成果转化的速度和水平(石照耀和韩晓明,2021),而系统性研究农业科技成果转化各个环节、各要素的关联性,有助于促进农业科技成果转化,对解决农业科技成果转化率低这一现实问题具有重要的学术价值和实践价值。

7.1 农业科技成果转化影响因素

由于农业科技成果转化受社会政策、经济、地域影响明显,不同国家、区域影响科技成果转化主要因素会有所差异,学者们的观点亦不尽相同。我国关于农业科技成果转化影响因素的研究形成两种方向:在宏观方面,通过研究我国农业科技成果转化现状,提出制约成果转化率低的因素包含:成果特征(王佳江 等,2019;杨蓉,2019)、转化主体的成果转化能力及意识(许爱萍,2016)、外部支持(戚湧 等,2015)、政策支持(张抗抗 等,2017;林青宁 等,2020)等方面,并给出了相关农业科技成果转化的机制、模式与对策建议。在微观层面,学者们基于创新扩散理论、供给与需求理论、契合理论,从农业科技成果转化微观主体切入,运用Probit模型、结构方程模型、层次分析法、灰色关联分析法、调研与案例等方法,开展区域农业科技成果转化影响因素研究和实践,形成三种主流的研究观点和方向。一是从成果供给方(科研机构/企业)角度出发,认为科研人员收益水平低、成果针对性差以及对成果交易平台的认知是影响农业科技成果转化的主要因素(申

强 等，2017；戚迪明 等，2016）。二是从成果需求方切入，认为农业科技市场供需矛盾、成本收益对比及需求方素质是影响农业科技成果转化的主要因素（华绪庚；2019；陈泓祎；2018）。三是从供需联结主体（即成果推广机构/中介机构）视角来看，风险投资、社会中介服务的缺位直接影响了农业科技成果的转化和产业化进程（杨征 等，2012；宁云 等，2021）。

总的说来，相关宏观定性的研究具有一定的理论指导意义，但对策建议实施应用难；微观定量研究相对比较少，对区域农业科技成果转化具有一定的实践意义，但有关多主体作用下的农业科技成果转化因素及其关联度分析尚未得到有效揭示，从而导致相应的对策建议不能更好地推进农业科技成果转化。

四川是农业大省，农业科技成果转化带来的贡献率可达54%，但农业科技成果转化率低仍是农业科技服务工作中的一个瓶颈（农委办公室，2021）。近年来，虽然四川为促进农业科技成果转化应用，大力实施农业科技成果转化资金专项，积极推进农业科技成果转化平台建设，建立并逐步完善农业科技特派员制度和专家大院制度，努力实现农业科技成果向农业生产活动的有效转化，但是四川省农业科技成果转化效率与理想成效之间仍旧存在较大的偏差。

因此，课题组在2020年以来的新冠肺炎疫情发生期间，以四川省内的农业科技成果转化案例为主要对象，采用定性与定量相结合的方法，就地开展了农业科技成果转化影响因素的实证研究。本项研究首次针对四川农业科技成果转化单主体和多主体视角下的影响因素及关键主体，构建灰色关联模型，明确了影响农业科技成果转化的现实制约因素，重点分析了影响农业科技成果转化的现实制约因素及推进转化策略，项目研究有助于促进四川乃至全国农业科技成果转化，项目研究提出的针对性建议，对解决农业科技成果转化率低这一现实问题具有重要的学术价值和实践价值。

7.1.1 农业科技成果转化影响因素分析

7.1.1.1 农业科技成果转化影响因素的选定

首先，应用Citespace软件及统计方法，分析已有研究文献中涉及的影响农业科技成果转化的主要因素并记录每个因素的出现频率，获得出现频率高的影响因素。然后，通过实地调研补充已有文献中尚未涉及的影响农业科技成果转化的现实因素。自2019年发生新冠肺炎疫情，各地疫情防控形势紧张，课题组于2021年5

月—2022 年 4 月在四川省内选择有代表性的行业机构进行就近就地调研，其调研主体类型涵盖政府主管部门、科研院所、高校、农资企业、种植企业/大户、养殖企业、新型职业农民等多种成果转化主体，包括四川省农业科学院、四川农业大学、四川省兰月科技有限公司、先正达中国种业西南分公司、恒通动保生物科技有限公司、遂宁安居永丰绿色五二四红苕专业合作社以及屏山县科技创新研究中心等单位和机构。最终，通过文献计量及实地调研，选定 37 个与农业科技成果转化相关的影响因素作为本项研究的对象。

7.1.1.2 调查问卷设计及说明

对 37 个影响因素，采用李克特 5 级量表形式设计调研问卷，通过问卷打分结果初步结果判断 37 个影响因素的重要程度，同时为后续构建数学模型提供数据支撑。研究通过问卷星、农技培训班、实地走访等线上线下形式，发放调研问卷 500 份，收回有效问卷 451 份。涉农企业有效问卷 131 份，其中自主研发并转化成果的企业有 52 家，占企业总数的 39.69%；产学研结合创新转化的有 79 家，占企业总数的 60.31%；购买现有成果的有 56 家，占企业总数的 14.50%；新型经营主体有效问卷 187 份，其中，参与农业科技成果应用推广的新型经营主体有 85 家，占新型经营主体样本总量的 45.45%；科研单位/高校/农技推广人员有效问卷 133 份。科研单位/高校有效问卷 38 份，进行农业科技成果转化的科研单位/高校占 38 家，达 86.84%；农技推广人员有效问卷 95 份。其中，主要从事农业技术服务的占 82.52%，同时从事农业技术服务和农业科技成果应用推广的占 17.48%。对收回问卷进行信度检验（克隆巴赫系数 Cronbach）和效度分析（KMO），结果显示 Cronbach 系数为 0.969，KMO 值为 0.963，Bartlett 球度检验在 0.001 水平上通过显著性检验，说明研究数据信度质量很高，说明问卷结构以及问卷数据较好。

7.1.1.3 灰色关联指标体系构建

农业科技成果转化主体要素为：供给主体、需求主体、推广主体和政府主体，本研究根据影响四大主体的主要制约因素构建 4 个维度的共 37 项影响因素指标体系（图 5-27），以期反映单主体或多主体视角下，不同维度影响因素关联度及其变化。

7.1.1.4 灰色关联模型构建

灰色关联分析是较为成熟的灰色理论系统的组成部分，它能对系统动态过程加以分析，从随机无序的数据中找到关联性、挖掘出其内部规律从而考察系统诸因素之间的相关程度，可以为主要因素的判断提供方法和途径，是一种定量与定性相结合的分析方法。由于该方法对样本量的多少和样本有误规律同样使用，计算量小，不会出现量化结果与定性分析结果不符合的情况（藤奎秀和杨兴龙，2021），因此本研究采用灰色关联模型分析农业科技成果转化影响因素。模型如下：

$$r_{ij} = \frac{\min\limits_{s}\min\limits_{k}|x_0(k)-x_s(k)| + \varepsilon \max\limits_{s}\max\limits_{k}|x_0(k)-x_s(k)|}{|x_0(k)-x_s(k)| + \varepsilon \max\limits_{s}\max\limits_{k}|x_0(k)-x_s(k)|}$$

式（7-1）

式中，r_{ij}为关联度；$\min\limits_{s}\min\limits_{k}|x_0(k)-x_s(k)|$和$\max\limits_{s}\max\limits_{k}|x_0(k)-x_s(k)|$分别为最小值和最大值；$\varepsilon$为分辨系数，$\varepsilon \in (0,1)$，一般取0.5。为比较序列和参考序列的绝对差值。

$$r_j = \frac{1}{n}\sum_{k}^{n} r_{ij}$$

式（7-2）

式中，r_j表示各项指标的平均关联度。参考已有研究成果（张晓娜，2020），按平均关联度的大小将其划分为较弱（0.0~0.4）、中等（0.4~0.6）、较强（0.6~0.8）、极强（0.8~1.0）四个等级。

7.1.1.5 因素关联度统计分析

使用Matla软件对数据进行分析。首先，确定参考序列和比较序列。参考序列为451个调查对象对制约因素打分的最大值构成，比较序列由37个影响因素构成，每个序列包含451个数值。其次，对数据进行无量纲化处理。由于因本研究各个序列的量纲相同，所以未进行无量纲化处理。最后，计算关联系数和关联度，排关联序。根据研究实际情况设分辨系数$p=0.5$。根据灰色关联分析公式计算后，得到农业科技成果转化不同制约因素关联度。

7.1.2 农业科技成果转化影响因素的实证研究

7.1.2.1 单主体视角下农业科技成果转化影响因素灰色关联分析

（1）供给主体

农业科技成果转化供给主体是成果的源头，其存在的主体形式主要有高校、科研院所及具备研发能力的涉农企业。以四川省内农业科技成果转化案例进行的实证研究结果表明，供给主体视角下9个影响农业科技成果转化因素中，科研立项与市场需求紧密度关联度最高达 0.942 4，是影响农业科技成果转化的关键因素（表 7-1）。

表 7-1　农业科技成果转化供给主体影响因素关联度

影响因素	关联度	排名
科研立项与市场需求紧密度	0.942 4	1
科研人员成果转化意识	0.918 8	2
成果相关销售渠道	0.886 7	3
科技成果转化成本	0.884 8	4
缺乏相应的成果转化制度、机制	0.882 8	5
技术成熟度不够	0.880 9	6
公平合理的科技成果转化利益分配机制	0.871 7	7
中试基地缺乏	0.851 8	8
缺乏成果转化的中介机构	0.811 0	9

（2）需求主体

农业科技成果转化需求主体是农业科技成果的应用方和实践方，其存在主体形式主要是企业、专业大户、专合社、家庭农场主及农户。需求主体视角下，15 个影响四川农业科技成果转化因素中，产品销售渠道关联度最高达 0.910 7，是影响农业科技成果产业化的主要因素（表 7-2）。

表 7-2　农业科技成果转化需求主体影响因素关联度

影响因素	关联度	排名
产品销售渠道	0.910 7	1
科技成果市场前景	0.905 9	2
技术引进及消化吸收能力	0.895 8	3
新型经营主体对新技术的接受度	0.885 4	4
农资价格	0.884 5	5
配套的社会化服务组织	0.883 7	6
成果示范标杆	0.883 0	7
新型经营主体文化素质	0.883 0	8
成果推广成本	0.881 4	9
与科研方的可持续合作	0.873 4	10
科技成果转化周期	0.870 7	11
研发转化的合作模式	0.868 4	12

(续表)

影响因素	关联度	排名
产业化组织缺乏	0.866 0	13
同质化技术选择	0.861 2	14
第三方科技成果评价	0.811 3	15

(3) 推广主体

农业科技成果转化推广主体是成果转化系统中最为复杂的一类要素，其主要作用提供多种形式的转化服务。主体形式多样包含农业科技推广组织、农业技术市场、农业科技中介组织等。推广主体视角下，11个影响四川农业科技成果转化因素中，农技推广人员专业素质关联度最高达0.938 6，是影响农业科技成果转化应用的重要因素（表7-3）。

表7-3 农业科技成果转化推广主体影响因素关联度

影响因素	关联度	排名
农技推广人员专业素质	0.938 6	1
农技推广政策	0.929 3	2
成果转化模式	0.919 1	3
农技推广奖励机制	0.906 6	4
成果推广配套设备（水肥一体化、农机具等）	0.902 6	5
标准化技术推广体系	0.892 9	6
农技推广人员的数量	0.884 9	7
风险保障机制	0.875 4	8
第三方服务：融资、担保、风险防控等	0.860 6	9
成果推广地的经济水平	0.859 8	10
农业科技中介机构	0.821 7	11

(4) 政府主体

政府在农业科技成果转化系统中主要提供政策和经济扶持，扶持对象广泛包含科研机构、中介机构、新型经营主体等各类成果转化主体要素。从实证研究结果来看（表7-4），政府扶持（减税、减息等）因素对农业科技成果转化具有显著的导向作用，关联度达 0.960 6。

表 7-4　农业科技成果转化政府主体影响因素关联度

影响因素	关联度	排名
政府扶持（减税、减息等）	0.960 6	1
政府政策扶持（经济补贴、提供基础设备等）	0.958 8	2

7.1.2.2　多主体视角下农业科技成果转化影响因素分析

（1）多主体作用下灰色关联分析

农业科技成果转化系统的运转依赖于系统各主体之间的有效互动及各环节之间的有效衔接，因此需将转化的各主体、各因素、各环节作为一个整体进行考虑和深入分析。本研究将各主体各影响因素作为一个系统，开展影响因素灰色关联分析，研究结果（表7-5）表明，在37个影响因素中：科研立项与市场需求紧密度的综合评价最高（关联度为0.919 0），其次是推广主体中的农技推广人员专业素质（关联度为0.918 0）和农技推广政策（关联度为0.907 0），而农业科技中介机构、缺乏成果转化的中介机构和第三方科技成果评价综合评价较低，关联度分别为：0.787 0、0.772 0 和 0.768 0。综合来看，各主体对农业科技成果转化影响关联度为：政府主体（0.882 0）＞推广主体（0.863 9）＞供给主体（0.851 0）＞需求主体（0.837 9）。

表 7-5　多主体作用下农业科技成果转化影响因素灰色关联分析

主体	影响因素	关联度	排名	均值
供给主体	科研立项与市场需求紧密度	0.919 0	1	0.851 0
	科研人员成果转化意识	0.891 0	5	
	缺乏相应的成果转化制度、机制	0.852 0	17	
	技术成熟度不够	0.851 0	18	
	科技成果转化成本	0.854 0	16	
	中试基地缺乏	0.819 0	34	
	缺乏成果转化的中介机构	0.772 0	36	
	公平合理的科技成果转化利益分配机制	0.842 0	24	
	成果相关销售渠道	0.859 0	15	

（续表）

主体	影响因素	关联度	排名	均值
需求主体	第三方科技成果评价	0.768 0	37	0.837 9
	科技成果市场前景	0.869 0	11	
	科技成果转化周期	0.831 0	29	
	研发转化的合作模式	0.828 0	30	
	与科研方的可持续合作	0.833 0	27	
	产业化组织缺乏	0.827 0	32	
	新型经营主体文化素质	0.843 0	23	
	同质化技术选择	0.820 0	33	
	技术引进及消化吸收能力	0.859 0	13	
	成果推广成本	0.839 0	26	
	成果示范标杆	0.842 0	25	
	农资价格	0.847 0	19	
	配套的社会化服务组织	0.843 0	22	
	产品销售渠道	0.874 0	10	
	新型经营主体对新技术的接受度	0.846 0	21	
推广主体	第三方服务：融资、担保、风险防控等	0.832 0	28	0.863 9
	农技推广政策	0.907 0	3	
	成果推广配套设备（水肥一体化、农机具等）	0.877 0	9	
	农技推广人员的数量	0.859 0	14	
	农技推广人员专业素质	0.918 0	2	
	农技推广奖励机制	0.885 0	6	
	成果推广地的经济水平	0.828 0	31	
	农业科技中介机构	0.787 0	35	
	风险保障机制	0.846 0	20	
	成果转化模式	0.897 0	4	
	标准化技术推广体系	0.867 0	12	
政府主体	政府扶持（减税、减息等）	0.884 0	7	0.882 0
	政府政策扶持（经济补贴、提供基础设备等）	0.880 0	8	

（2）推广主体及制约因素对农业科技成果转化的影响

农业科技成果推广主体是农业科技成果转化为现实生产力的桥梁和纽带，很多专家学者也都探讨过我国推广主体职能缺位、推广政策及机制不科学等问题影响农业科技成果转化效率。四川省相关案例的实证研究显示农业科技成果转化影响因素中"农技推广人员专业素质、农技推广政策、农技推广模式、农技推广奖励机制、成果推广配套设备（水肥一体化、农机具等）"的关联度分别排在37项影响因素中的第2、3、4、6、9位，且关联度均在0.877以上，推广主体在农业科技成果转化系统中影响关联度最大，现实困境体现在五个方面：一是现有农技推广人员知识老化，素质参差不齐，对成果、技术掌握度不同，在推广过程中技术标准亦不一样，导致成果转化需求主体即使使用了高新成果技术依旧实现不了优质、高产等成果红利，使得需求者对新成果大多处于观望状态，阻碍了成果的转化应用。二是政府在成果推广政策方面往往是自上而下地强制推行，忽略了高新成果、主推技术需要因地制宜进行改革创新后才能应用推广的因素，并且成果转化配套推广经费严重不足，致使成果与需求方最后一公里始终没有畅通。三是现有的农业科技成果推广模式主要为传统的线性转化模式，如以政府农业科技推广部门为中心的转化模式，这些模式存在一些不足，主要表现为成果应用主体参与度低，参与各方难以形成有效协同，转化模式没有形成闭环等，导致成果转化在成熟度、实践性、推广性等方面亟待提高，转化困难。四是当下四川农业产业成熟度相对较低，单纯的成果转化应用及技术推广很难盈利，没有科学合理的利益激励机制，难以驱动土专家、高端人才、复合型人才投身成果转化战场，农业科技推广主体的在成果转化中的利益契合点低，其催化剂作用亦难以发挥，从而影响农业科技成果转化的顺利进行。五是一些具有市场前景的成果因为缺乏与成果配套推广的技术、设备设施等，如水肥一体化设备、适宜的农机农具等，使得成果具体推广应用难，而呈现出好成果"束之高阁"的状态。

（3）供给主体及制约因素对农业科技成果转化系统的影响

供给主体对农业科技成果转化系统的影响关联度仅次于推广主体，其科研立项与市场需求紧密度、科研人员成果转化意识关联度分别为第1和第5。科研立项是科技成果产出的基础，国外发达国家农业科研立项与市场紧密结合，成果不转而化，我国科研立项自上而下，加上需求信息渠道不畅，导致科研立项与市场脱节，成为制约我国农业科技成果转化重要因素之一。四川省相关案例的实证研究结果显示科研立项与市场需求紧密度是影响农业科技成果转化的关键因素。由于农业科研活动与产业互动机制尚未完全建立，农业科技成果供需机制有待匹配，成果转化政策和管理体制有待完善、科研单位内部成果转化运行机制尚需彻底改革（周晓光，2016；王欣，2021）等问题，导致成果研发机制与市场并不适应，农业科技与经济脱节，从而出现农业科技成果理论和实践脱节、实际应用价值不高、落地有差异等现象。另外，农业科研单位对科研人员的评价导向中成果转化考核机制及激励机制比重较低，导致科研人员重科研轻推广，重学术轻经营，缺乏市场意识，不利于农业科技成果转化。

（4）其他主体及制约因素对农业科技成果转化系统的影响

尽管政府主体对农业科技成果转化系统的影响关联度平均值排名第1，但其主要作用是布局规划、辅助引导，因而不能作为成果转化的关键主体。其减税、减息等和经济补贴、提供基础设备等在成果转化系统中的关联度排名为第7和第8。研究表明尽管政府提供减税、减息、基础设备补贴等政策、项目与资金的支持，在一定程度上缓解了成果转化过程中资金不足的现状，但由于获取这些资金支持需要提供各种报告、图纸、证明等复杂材料，并且验收时资金使用的科目管理等也必须按照项目管理办法执行，导致成果转化支持资金获取难、使用难、验收通过难，因而成果转化供需主体特别是新型经营主体大多会选择避难走简，采用房产等抵押贷款获取资金。另外，农业科技成果转化过程面临自然风险、技术风险及市场风险，在没有科学的风险保障措施下，需求主体不愿意对看不到预期的成果进行大额投资，导致成果不能形成规模上市，仅局限在区域发展，一定程度上阻碍了成果转化的大规模应用。

7.1.3 单主体和多主体作用下影响因素关联度变化分析

将成果转化系统各主体各环节作用下的影响因素关联度与单主体单环节影响因素的关联度进行对比，发现大多数影响因素的关联度发生了强烈的变化，关联度整体下降0.03~0.05。但科研立项与市场需求紧密度、农技推广人员专业素质和农技推广政策不论是在整个农业科技成果转化系统作用下还是在单主体作用下都是农业科技成果转化制约因素关联度排名前三的因素，说明这3个影响因素对四川农业科技成果转化起到至关重要的作用。此外，推广主体中5个重要因素农技推广政策、成果推广配套设备（水肥一体化、农机具等）、农技推广人员专业素质、成果转化模式、农技推广奖励机制在成果转化系统及推广主体作用下的关联度排名均在前10，说明这5个因素对农业科技成果转化影响力较大，且推广主体在农业科技成转化中占有重要的地位（表 7-6）。

表 7-6 单主体和多主体作用下影响因素关联度对比

主体	影响因素	关联度	多主体作用下影响因素排名	单主体作用下影响因素排名
供给主体	科研立项与市场需求紧密度	0.919	1	1
	科研人员成果转化意识	0.891	5	2
	缺乏相应的成果转化制度、机制	0.852	17	5
	技术成熟度不够	0.851	18	6
	科技成果转化成本	0.854	16	4
	中试基地缺乏	0.819	34	8
	缺乏成果转化的中介机构	0.772	36	9
	公平合理的科技成果转化利益分配机制	0.842	24	7
	成果相关销售渠道	0.859	15	3
需求主体	第三方科技成果评价	0.768	37	15
	科技成果市场前景	0.869	11	2
	科技成果转化周期	0.831	29	11
	研发转化的合作模式	0.828	30	12
	与科研方的可持续合作	0.833	27	10
	产业化组织缺乏	0.827	32	13
	新型经营主体文化素质	0.843	23	8
	同质化技术选择	0.82	33	14
	技术引进及消化吸收能力	0.859	13	3
	成果推广成本	0.839	26	9
	成果示范标杆	0.842	25	7
	农资价格	0.847	19	5
	配套的社会化服务组织	0.843	22	6
	产品销售渠道	0.874	10	1
	新型经营主体对新技术的接受度	0.846	21	4
推广主体	第三方服务：融资、担保、风险防控等	0.832	28	9
	农技推广政策	0.907	3	2
	成果推广配套设备（水肥一体化、农机具等）	0.877	9	5
	农技推广人员的数量	0.859	14	7
	农技推广人员专业素质	0.918	2	1
	农技推广奖励机制	0.885	6	4
	成果推广地的经济水平	0.828	31	10
	农业科技中介机构	0.787	35	11
	风险保障机制	0.846	20	8
	成果转化模式	0.897	4	3
	标准化技术推广体系	0.867	12	6
政府主体	政府扶持（减税、减息等）	0.884	7	1
	政府政策扶持（经济补贴、提供基础设备等）	0.880	8	2

7.1.4 农业科技成果转化影响因素的研究结果与讨论

研究通过文献整理、实地调研以及专家访谈等方式，以四川省内相关成果转化案例的调查结果与分析为代表，归纳梳理出制约农业科技成果转化的重要因素，其中大多与国内已有研究结论相仿，但也存在一些四川特有的制约因素，如产品销售渠道、农资价格、成果推广配套设备（水肥一体化、农机具等）、成果标杆示范、产业化组织数量等，这些因素关联度排位大多在中位以上。目前，四川农村少子化、空巢化、空心化现象日益突出，劳动力短缺形势严峻，小型农机具有利于节约人力成本，部分缓解劳动力短缺压力，成为需求主体关注的影响因素。受原料价格、国际市场、出口政策、化肥储备等因素的影响，化肥、农药等主要农资产品价格持续上涨，导致生产成本大幅度提高，水肥一体化灌溉系统可降低农资成本、人力成本并提高效率，需求主体希望通过政策补贴降低农资价格，通过使用机械化、智能化装备降低生成成本，因而农资价格、成果推广配套设备（水肥一体化、农机具等）成为成果应用主体关注的焦点。采用新成果、新技术获得经济效益的不确定性强，合作社、种养大户、普通农户承担风险能力相对较弱，更着眼于既得利益，必须树立标杆示范才能带动当地农户发展，构建产业化组织、产品销售渠道才可保障成果应用后的最低收入。上述因素有助于增强需求主体应用成果在组织、示范、销售、盈利方面的安全感，进而推进成果转化，故成为影响农业科技成果转化的特有影响因素。

农业科技成果转化影响因素的研究在问卷调查、德尔菲赋值法的基础上运用灰色关联度分析法，从农业科技成果转化多主体要素切入，得出科研立项与市场需求紧密度是影响当前农业科技成果转化的最关键微观制约因素，本项研究的结论与现有的从供给主体或者需求主体单一主体角度切入的研究结果一致，再次印证"科研立项与市场需求紧密度"是影响农业科技成果转化核心制约因素。陈泓祎（2018）和周扬（2018）分别运用二元回归分析 Logistic 模型和灰色关联分析，均得出影响福建和吉林农业科技成果转化的影响因素中农技推广人员专业素质至关重要，并认为农业技术推广人员需要全面地了解农业科技成果的相关情况，准确地抓住需求点，否则会严重影响农业科技成果的转化，本研究中农技推广人员专业素质关联度排名第 2，与第 1 名仅差 0.01，成为影响农业科技成果转化的重要因素，该结果与上述结论一致。与其他学者研究结果不同的是农技推广政策是影响农业科技成果转化重要影响因素，关联度排位第 3。从主体要素来看，与其他研究学者不同的是，研发主体、政府主体并不是制约农业科技成果转化最主要的内在因素，而推广主体才是促进农业科技成果转化的核心主体。需求主体关联度排位最后，其中新型经营主体文化素质、对新成果新技术的接受程度与农业科技成果转化呈显著正向作用，该结论与其他学者（周杨，2018；毕倩，2018）研究一致。由于农业科技成果转化具有区域性特征，不同的地区实施政策不同。四川省内相关农业科技成果转化案例的实证研究表明：四川省相对比较重视农业科技成果的转化，不断改进与调整相关政策，但实行成效还有待提高，特别是对农业科技成果推广的专项支持政策还有待完善，这成为影响了四川农业科技成果转化重要影响因素。

7.1.5 建议

农业科技成果转化是一个涉及多要素、多主体以及各个环节的再创新、创造的系统工程，为最大效率地推进农业科技成果转化进程，提高农业科技成果转化效率，针对影响农业科技成果转化的重要主体——推广主体，核心影响因素——科研立项与市场需求紧密度、农技推广人员专业素质、农技推广政策，提出以下建议。

（1）构建"需求导向"立项模式，优化市场转化路径

科研立项脱离生产市场实际需求是农业科技成果难以转化的最根本原因，因而必须转变"闭门造车"式立项方式。应以农业企业、专业大户等需求主体的市场需求为切入点，因地制宜开展科技攻关，有效解决需求主体的实际生产问题，实现理论基础研究和市场应用研究两条腿走路，提高农业科技研发效率和需求主体的使用效率，进而提高农业科技成果转化水平，跳出供需脱节的怪圈。同时，改变传统的自上而下农业科技成果转化路径，形成"发现市场问题—明确解决问题—立项研究问题—结项解决问题—成果转化市场—市场推广应用"的新型农业科技成果市场转化路径，真正体现农业科技成果创新转化的初衷和本质。在新型农业科技成果市场转化路径中，应重点优化农业科研体制机制。当下"重成果轻应用"的科研体制，导致部分农业科技成果虽"高大上"但市场反响差，转化推广难，不得不面临被束之高阁的窘境。重数量轻转化的考核机制，使得科研人员成果转化意识弱，不利于农业科技成果转化，因而需优化农业科研体制机制，加大农业科技成果转化、推广

应用在学术评价中的比例，创新成果转化利益分配机制，将收益分配结果作为职称评定、职务晋升和参评得奖的依据之一（王宁 等，2022）。充分调动科研人员的积极性，提高科研人员主动转化意识，实现农业科技成果转化效率与质量的有效提升。

（2）充分发挥多元推广主体作用，弥补转化人才和技术短板

农业科技成果是否能转化为现实生产力，关键在于把先进适用的科技成果推广至需求主体，需要完善的农业科技成果推广体系。首先，完善农业科技成果推广政策。政策需贴合实际，保证推广政策的适用性和可行性。设置农业科技成果推广专项资金，结合基层推广站、示范基地、示范园区等形式，确保具有市场前景的科技成果能落地生产应用。其次，引导科研机构、合作社、农业科技中介组织等多主体投身农业科技成果转化中试、推广和服务工作，明确实行分类推广，最大限度地发挥多元主体推广作用，提高人才、资源配置效率，推动四川农业科技成果推广体系走向多元化新格局，为农业科技成果转化营造良好的社会环境。再次，建立"下得去、留得住"用人机制，提高基层农业科技成果转化推广人员待遇，稳定农业科技成果转化推广人才队伍，切实解决上游科研与基层推广之间的人才短缺的瓶颈问题。最后，定期开展专业培训，充分发挥土专家、科技特派员、三区人才等人才队伍的示范、引领、培训作用，增加农业科技成果转化推广人员的知识储备，提高农业科技成果转化推广人才的综合科技素质。

（3）创新农业科技成果转化立体模式，促进农业科技成果转化推广

以政府为核心、"自上而下""填鸭式"的农业科技成果转化推广模式与市场经济发展不融合，从而呈现出"缺经费、缺人才、缺激励与考核制度、推广与需求契合度不高"等方面的问题。在农户分化背景下，成果需求、传递路径异质化，需要科学、高效、多元化的农业科技成果转化推广模式。当下"农业龙头企业+基地+农户"模式已成为农业企业发展普遍模式，利益驱动下企业与农户建立紧密合作关系，主动向农户传授新品种、新技术、新成果，开展成果转化落地应用、农业技术培训、农业技术推广等服务，与此同时企业获得农户使用成果过程中反馈的信息及新需求的信息，形成一种自下而上的信息传导路径，有效解决成果转化推广中信息不畅、不对称的问题，比独立的中介组织更具有优势。此外，农业社会化服务组织是农村空心化、老龄化的产物，根据农户需求提供飞防、技术指导、农事托管

等相关服务，并根据需求推广适宜当地的成果、技术、产品等，在成果转化推广中区域优势突出。前述二者均可为成果转化的顺利运行提供人员、资金、技术及组织保障，填补了以政府为核心的转化推广模式中存在的"三缺一不高"问题，使更多的农户从中受惠。因此，构建以"市场需求为导向，龙头企业和农业社会化服务组织为中心的多元化成果转化推广模式，迎合异质类农户成果需求和传递路径的诉求，是实现供给与需求契合，提升农业科技成果转化效率，促进成果转化推广的最优选择。

7.2 农业科技成果转化多主体行为决策研究

2021年，我国农业科技进步贡献率达到60%，为农业农村现代化作出了巨大贡献。农业科技成果转化是一个涉及多要素、多主体、多环节的系统工程，要系统性研究农业科技成果转化各个环节、各要素的关联性。随着社会经济的持续发展，尤其是大数据和互联网在农业农村的普及，传统模式逐渐显现出科技成果供需缺乏有效衔接、成果适配性差、创新不协同、技术改进效率低等与诸多问题，这些问题制约了我国农业科技成果转化效率的持续增长。近年来，一些地方尝试搭建集成果转化、信息互动、效果跟踪等综合性科技成果创新转化线上平台来破解传统模式信息不对称、互动机制不完善的缺陷，在数字乡村建设快速发展的大背景下，构建涉农企业、家庭农场、农民专业合作社等作为运营主体建设的综合服务平台，不仅为优化科技成果转化提供了新思路，也迎来了深入推广应用的大好机遇。

借着对平台经济的思考，本研究以博弈论方法为基础，选择农业科技成果转化的需求方、供应方、中介方等三方核心利益主体，构建了三方共同参与农业科技成果转化的演化博弈模型，并以建立供给主体、平台中介、需求主体三者收益矩阵为依托，利用MATLAB进行数值仿真分析影响供给主体、平台中介、需求主体策略演化的因素，阐明了各主体之间合作的内在机制。通过研究主体间的行为决策机制与合作演化博弈模式，探究了不同影响因素对演化博弈过程的影响。

7.2.1 国内成果转化主体的研究进展

2016年山东省在国内首创农业科技创新平台新模式，打造由涉农企业、家庭农场、农民专业合作社等作为运营主体建设的综合服务平台，为全国基层农业科技创新农业科技服务提供经验（王卓君，2021）。多向合作是未来农业科技协同创新的方向，吴素春等（2011）以案例分析方法深入研究组建农业科技创新中心、成立农业科技园、建设院县合作科技示范基地等产学研典型模式；林志强等（2013）以农业高校为研究对象，探索农业高校走出校门，与国内外科研院所、驻地政府、农业龙头企业、村民委员会、科技服务站、农场专业户及广大农民的合作模式。在农业科技成果转化过程中，潘冬梅等（2010）认为科技创新平台缺失、资金平台建设不完善以及转化中介平台不成熟是造成我国农业科技成果转化难得制约因素之一。吴磊（2016）认为在农业成果转化过程中农民和农业企业是最大受益主体，而科研、推广人员的付出和回报不成正比，影响了主体的合作积极性，同时也影响了农业成果转化的效果。一些学者曾用博弈论的视角去解释传统模式中科技协同创新与转化的需求主体、供给主体、中介等的合作机制，吴素春等（2011）从科技创新特点角度入手，运用博弈论探索在政府介入条件下，农业企业、高校、科研单位的合作模式路径选择。韩正涛等（2020）通过建立农业科技协同创新中涉农企业间知识共享的演化博弈模型，总结分析影响企业知识共享演化结果的影响因素，但研究所涉及的主体较为单一。刘兴斌等（2014）通过构建三方主体动态博弈模型，寻求农业科技成果转化的动态均衡解；陈湘东等（2015）将农业科技成果转化过程中涉及的3类主体转化为3个不同的双方博弈模型，尽管降低了推理计算难度，但无法在一个完整系统中观测三主体的博弈过程。考虑到农业科技成果转化涉主体属于非完全理性人，其合作需要进行长时间多次博弈。

本项研究从围绕科技协同创新与成果转化的需求主体、供给主体、平台中介以及基于不同主体的初始意愿、成本、收益分配与潜在损失等多因素出发，建立三方演化博弈模型，求解博弈三方的演化稳定策略，通过Matlab数值仿真深入分析各因素对博弈三方策略选择与决策机制的影响，为优化新型农业科技创新与转化机制提供理论支撑。

7.2.2 农业科技成果转化主体及利益联结分析

7.2.2.1 科技协同创新与转化的供给方（供给主体）——科研院所、科技企业等

农业科技创新转化体系是通过在农业科技研发、推广和应用等环节的行为互动而形成的多主体参与、运行有序的系统，主要有科研院所主导和科技企业主导两种

运行模式。我国以科研院所为主导，科研院所与合作社、家庭农场合作，既能充分发挥科研机构科技创新能力，同时也能发挥合作社掌握的农业技术需求信息优势，有利于推动学研机构科技成果的转化。市场主导模式主要由科技企业实现，基于市场需求的拉动和企业自身的逐利性，农业科技企业的技术创新以投资回收期较短的应用型项目为主，与学研机构的基础研究正好形成互补关系。农业科技企业通过与农民专业合作社的技术创新合作，不仅可以及时掌握农业技术的市场需求，还可以减少技术创新成果的转化成本，降低技术创新风险。因此，科研机构与农业科技企业均有与农民合作社进行技术创新转化合作的意愿。

7.2.2.2　科技协同创新与转化的受体（需求主体）——合作社、家庭农场等

合作社和家庭农场都成为基本的农业经营和发展形式，在农业生产经营活动中发挥着重要的作用。中国自2007年农民专业合作社法颁布实施以来，合作社数量得到快速发展，截至2020年，全国依法登记的合作社达到224.1万家，合作社成员共6 682.8万个，家庭农场数量达到300万家。科技创新是提高合作社、家庭农场生产经营效率，提升市场竞争力的重要途径，理论上看，农民合作社、家庭农场对技术创新转化有主观需求。由于农民合作社、家庭农场自身缺乏技术、资金、人才等资源，往往无法通过自身力量来实现技术创新，也不愿承担农业科技创新伴随的投入大、回收期长等风险，通常要通过与外部市场主体的合作，将农业生产活动中对新技术、新工艺、新成果等需求，与高校、科研机构、企业等技术创新供给主体进行协同创新转化。就合作方式看，以联合技术开发、共建实体的长期性合作方式比技术引进、技术服务的短期性合作方式更有利于激发合作社、家庭农场参与技术协同创新与转化的动机，这种更主动和紧密的合作方式（积极合作）能更多地提升合作社、家庭农场创新能力和收益（额外收益），但同时也需要为构建联合创新体投入一定的信息沟通、交流学习、技术转化、场地提供等前期成本（额外成本）。

7.2.2.3　科技创新与转化平台（中介）——公益型平台、商业型平台等

当前，农业科技成果转化运作模式主要包括公益型和商业型两类，主要通过搭建平台为供需主体提供合作交流的载体。公益性平台主要政府牵头，传统的政府平台主要以省、市、县、乡各级农技推广机构为主，新型的政府平台还包括政府部门主导的线上推广平台，如农业科技扶贫在线，平台为各方主体提供资金、政策、公

益服务等，为促进农业科技创新和成果转化起到引导、支持和保障作用，各主体通过注册App软件在线上实现科技交流和共享，各类综合性涉农平台在成果转化和全面小康中发挥了较大的科技支撑作用。市场开发的商业型平台更加强调赢利性，要实现价值共创和利益共享，现有平台中介在运营中，往往通过从合作社、家庭农场与大户等需求主体中搜集用户实际生产问题和需求，再委托科研单位开展应用型研究与提供整体技术解决方案，平台中介将技术和产品推广给合作社、家庭农场与大户等，实现农业科技成果与市场需求的有效衔接。从目前国内现有平台运行情况来看，市场化运行机制还不成熟，很多平台流于形式，缺乏相应的技术支撑和科技成果转化路径的支撑，本研究更多倾向于构建市场化平台嵌入供需主体中的三方演化博弈模型构建和仿真，为平台的商业化运行提供理论支撑。

7.2.3 演化博弈模型构建

7.2.3.1 基本假设

本研究选取商业型成果转化平台为研究对象，其中供给主体、平台中介与需求主体均为有限理性的博弈主体，经过多次重复博弈找到最优策略。基于以上分析，本文提出如下假设。

H1：供给主体、平台中介、需求主体在农业科技成果转化过程中，彼此在知识、人才、技术、资源等方面有一定差距。即各主体是具有不同科技创新、科技成果转化能力。通过对大量主体的调研，科研院所的职能相对稳定，主要承担科技创新与集成示范，企业则既要承担科技创新的功能，同时也承担科技转化应用的功能。

H2：假设在农业科技成果转化系统中，供给主体、平台中介、需求主体三方可以有两种策略，一种是积极参与价值共创利益共享，表示为"积极参与"策略；另一种是不积极或不愿意共创共享，表示为"消极参与"策略，三方策略合集为｛积极参与，消极参与｝。

H3：假设供给主体选择积极参与的概率为x，消极参与的概率为$(1-x)$；平台中介选择积极参与的概率为y，消极参与的概率为$(1-y)$；需求主体选择积极参与的概率为z，消极参与的概率为$(1-z)$；根据概率的基本性质，$0 \leqslant x \leqslant 1$，$0 \leqslant y \leqslant 1$，$0 \leqslant z \leqslant 1$。

H4：当供给主体、平台中介、需求主体达成合作意愿后，在实际的合作过程中，各方都将投入显性成本，即能够量化的成本，比如农业生产需要的资金、设备、土地、技术等。显性成本应该由三方共同承担，设为 C。为了促进合作效益增长，各方会投入一些难以测量的隐性投入，比如，供给主体为促进与平台合作，确保其科技被需求方广泛接受，需要付出游说、宣传、培训等隐性成本，设为 C_1；平台中介为促进供需方使用平台、提升平台活跃度，也会投入各种平台调试、奖励等产生的隐性成本，设为 C_2；需求主体为了获取更多有效的科技成果，提高对新技术的理解和运用能力相应付出的隐性成本，设为 C_3。

H5：当供给主体、平台中介、需求主体均采取"消极参与"时，仅可收获自身的基础收益，设为 A_1，A_2，A_3。合作主体采取固定比例分配利益，假设供给主体的比例为 h_1，平台中介为 h_2，需求主体为 $1-h_1-h_2$。当三方都采取"积极参与"，将会取得收益记为 M_1；如果仅有两方采取"积极参与"，取得的收益记为 M_2；如果仅有一方采取"积极参与"，取得的收益记为 M_3；如果三方都采取"消极参与"，由于农业科技创新与成果转化本身风险较大，那么各方将难以创新成功，因此无法产生合作收益，另有 $M_1>M_2>M_3$。

H6：由于供给主体、平台中介、需求主体在科研创新、科研技术、贯彻落实等方面存在差异性。各方都采取积极参与态度的时候，都可以从合作的过程中交换知识、技术等资源溢出，并且通过自身的吸收应用获得额外的收益。用 T_i 表示获得溢出的最大值，当三方都采取"积极参与"的策略时为 T_2，当三方都采取"积极参与"的策略时为 T_1。ϖ_i 表示吸收能力大小，$0<\varpi_i<1$，如 $\varpi_1 T_2$ 表示供给主体从平台中介、需求主体溢出的资源中学习吸收转换后获得的收益；$\varpi_1 T_1$ 表示供给主体通过从平台中介、需求主体任一主体溢出的资源中学习吸收转换后获得的收益。

H7：在农业科技成果转化的过程中，如果任意一方主体采取消极合作的态度，将会带来名誉、信誉受损。给供给主体造成的损失为 L_1，给平台中介造成的损失为 L_2，给需求主体造成的损失为 L_3。

7.2.3.2 模型建立与求解

根据基本假设，构建三方在不同策略状态下的农业科技成果转化收益支付矩阵，如表7-7所示。

表 7-7 农业科技成果转化主体的博弈收益矩阵

				供给主体（1）	
				积极参与（x）	消极参与（$1-x$）
平台中介（2）	积极参与（y）	需求主体（3）	积极参与（z）	$A_1+h_1(M_1-C)+\varpi_1 T_2-C_1$ $A_2+h_2(M_1-C)+\varpi_2 T_2-C_2$ $A_3+(1-h_1-h_2)(M_1-C)+\varpi_3 T_2-C_3$	$A_1+h_1(M_2-C)-L_1$ $A_2+h_2(M_2-C)+\varpi_2 T_1-C_2$ $A_3+(1-h_1-h_2)(M_2-C)+\varpi_2 T_1-C_3$
			消极参与（$1-z$）	$A_1+h_1(M_2-C)+\varpi_1 T_1-C_1$ $A_2+h_2(M_2-C)+\varpi_2 T_1-C_2$ $A_3+(1-h_1-h_2)(M_2-C)-L_3$	$A_1+h_1(M_3-C)-L_1$ $A_2+h_2(M_3-C)-C_2$ $A_3+(1-h_1-h_2)(M_3-C)-L_3$
	消极参与（$1-y$）		积极参与（z）	$A_1+h_1(M_2-C)+\varpi_1 T_1-C_1$ $A_2+h_2(M_2-C)-L_2$ $A_3+(1-h_1-h_2)(M_2-C)+\varpi_3 T_1-C_3$	$A_1+h_1(M_3-C)-L_1$ $A_2+h_2(M_3-C)-L_2$ $A_3+(1-h_1-h_2)(M_3-C)-C_3$
			消极参与（$1-z$）	$A_1+h_1(M_3-C)-C_1$ $A_2+h_2(M_3-C)-L_2$ $A_3+(1-h_1-h_2)(M_3-C)-L_3$	A_1 A_2 A_3

由表 7-7 可计算出供给主体在博弈时选择"积极参与"农业科技成果转化的期望收益 U_1^c、选择"消极参与"策略的期望收益为 U_1^{-c} 及平均期望 $\overline{U_1}$，如式（7-3）-（7-5）所示。

$$U_1^c = yz[A_1 + h_1(M_1 - C) + \varpi_1 T_2 - C_1] + \\ y(1-z)[A_1 + h_1(M_2 - C) + \varpi_1 T_1 - C_1] \\ + (1-y)z[A_1 + h_1(M_2 - C) + \varpi_1 T_1 - C_1] + \\ (1-y)(1-z)[A_1 + h_1(M_3 - C) - C_1]$$

式（7-3）

$$U_1^{-c} = yz[A_1 + h_1(M_2 - C) - L_1] + y(1-z)[A_1 + h_1(M_3 - C) - L_1] \\ + (1-y)z[A_1 + h_1(M_3 - C) - L_1] + (1-y)(1-z)A_1$$

式（7-4）

$$\overline{U_1} = xU_1^c + (1-x)U_1^{-c}$$

式（7-5）

同理，可计算出平台中介选择"积极参与"策略的期望收益 U_2^c、选择"消极参与"策略的期望收益为 U_2^{-c} 及平均期望 $\overline{U_2}$，如式（7-6）-式（7-8）所示。

$$U_2^C = xz[A_2 + h_2(M_1 - C) + \varpi_2 T_2 - C_2] +$$
$$x(1-z)[A_2 + h_2(M_2 - C) + \varpi_2 T_1 - C_2]$$
$$+ (1-x)z[A_2 + h_2(M_2 - C) + \varpi_2 T_1 - C_2] +$$
$$(1-x)(1-z)[A_2 + h_2(M_3 - C) - C_2]$$

式（7-6）

$$U_2^{-C} = xz[A_2 + h_2(M_2 - C) - L_2] + x(1-z)[A_2 + h_2(M_3 - C) - L_2]$$
$$+ (1-x)z[A_2 + h_2(M_3 - C) - L_2] + (1-x)(1-z)A_2$$

式（7-7）

$$\overline{U_2} = yU_2^C + (1-y)U_2^{-C}$$ 式（7-8）

需求主体选择"积极参与"策略的期望收益 U_3^C、选择"消极参与"策略的期望收益为 U_3^{-C} 及平均期望 $\overline{U_3}$，如公式（7-9）-（7-11）所示。

$$U_3^C = xy[A_3 + (1 - h_1 - h_2)(M_1 - C) + \varpi_3 T_2 - C_3]$$
$$+ x(1-y)[A_3 + (1 - h_1 - h_2)(M_2 - C) + \varpi_3 T_1 - C_3]$$
$$+ (1-x)y[A_3 + (1 - h_1 - h_2)(M_2 - C) + \varpi_3 T_1 - C_3]$$
$$+ (1-x)(1-y)[A_3 + (1 - h_1 - h_2)(M_3 - C) - C_3]$$

式（7-9）

$$U_3^{-C} = xy[A_3 + (1 - h_1 - h_2)(M_2 - C) - L_3] + x(1-y)$$
$$[A_3 + (1 - h_1 - h_2)(M_3 - C) - L_3] + (1-x)y$$
$$[A_3 + (1 - h_1 - h_2)(M_3 - C) - L_3] + (1-x)(1-y)A_3$$

式（7-10）

$$\overline{U_3} = zU_3^C + (1-z)U_3^{-C}$$ 式（7-11）

根据演化原理，在农业科技成果转化体系中，三方主体会不断调整自身的策略，以求在博弈中利益最大化。假设某一策略利益收获比群体的利益收获高，这一策略被选择的比例就会逐渐提高。比例增长速率可由复制动态方程表示：

$$F(x) = \frac{dx}{dt} = x(U_1^C - \overline{U_1})$$
$$= x(1-x)\left\{\begin{array}{l} y[z(h_1(M_1 - M_2) + \varpi_1 T_2 - C_1 + L_1) + (1-z)(h_1(M_2 - M_3) + \varpi_1 T_1 - C_1 + L_1)] \\ + (1-y)[z(h_1(M_2 - M_3) + \varpi_1 T_1 - C_1 + L_1) + (1-z)(h_1(M_3 - C) - C_1)] \end{array}\right\}$$

式（7-12）

$$F(y) = \frac{dy}{dt} = y(U_2^C - \overline{U_2})$$

$$= y(1-y)\left\{\begin{array}{l}x[z(h_2(M_1-M_2)+\varpi_2 T_2-C_2+L_2)+(1-z)(h_2(M_2-M_3)+\varpi_2 T_1-C_2+L_2)]\\+(1-x)[z(h_2(M_2-M_3)+\varpi_2 T_1-C_2+L_2)+(1-z)(h_2(M_3-C)-C_2)]\end{array}\right\}$$

式（7-13）

$$F(z) = \frac{dz}{dt} = z(U_3^C - \overline{U_3})$$

$$= z(1-z)\left\{\begin{array}{l}x[y((1-h_1-h_2)(M_1-M_2)+\varpi_3 T_2-C_3+L_3)+(1-y)((1-h_1-h_2)(M_2-M_3)+\varpi_3 T_1-C_3+L_3)]\\+(1-x)[y((1-h_1-h_2)(M_2-M_3)+\varpi_3 T_1-C_3+L_3)+(1-y)((1-h_1-h_2)(M_3-C)-C_3)]\end{array}\right\}$$

式（7-14）

7.2.3.3 稳定策略求解

分别令复制动态方程 $F(x)=0$，$F(y)=0$，$F(z)=0$，可得到演化模型的 8 个局部均衡点，分别为 $E_1(0,0,0)$、$E_2(0,0,1)$、$E_3(0,1,0)$、$E_4(1,0,0)$、$E_5(0,1,1)$、$E_6(1,1,0)$、$E_7(1,0,1)$、$E_8(1,1,1)$。构造 Jacbian 矩阵，并进行系统均衡点的局部稳定性分析。

$$J = \begin{pmatrix} \dfrac{\partial F(x)}{\partial x} & \dfrac{\partial F(x)}{\partial y} & \dfrac{\partial F(x)}{\partial z} \\ \dfrac{\partial F(y)}{\partial x} & \dfrac{\partial F(y)}{\partial y} & \dfrac{\partial F(y)}{\partial z} \\ \dfrac{\partial F(z)}{\partial x} & \dfrac{\partial F(z)}{\partial y} & \dfrac{\partial F(z)}{\partial z} \end{pmatrix}$$

先对 $E_1(0,0,0)$ 进行分析，将其代入 Jacbian 矩阵，得到

$$J_{E_1} = \begin{pmatrix} h_1(M_3-C)-C_1 & 0 & 0 \\ 0 & h_2(M_3-C)-C_2 & 0 \\ 0 & 0 & (1-h_1-h_2)(M_3-C)-C_3 \end{pmatrix}$$

因此，均衡点 $E_1(0,0,0)$ 的 Jacbian 矩阵特征值为 $\lambda_1 = h_1(M_3-C)-C_1$，$\lambda_2 = h_2(M_3-C)-C_2$，$\lambda_3 = (1-h_1-h_2)(M_3-C)-C_3$。同理得到其他均衡点的特征值，如表 7-8 所示。

表 7-8 Jacbian 矩阵的特征值

均衡点	特征值 λ_1	特征值 λ_2	特征值 λ_3
E_1 (0, 0, 0)	$h_1(M_3-C)-C_1$	$h_2(M_3-C)-C_2$	$(1-h_1-h_2)(M_3-C)-C_3$
E_2 (0, 0, 1)	$h_1(M_2-M_3)+\varpi_1 T_1 -C_1+L_1$	$h_2(M_2-M_3)+\varpi_2 T_1 -C_2+L_2$	$-(1-h_1-h_2)(M_3-C)+C_3$
E_3 (0, 1, 0)	$h_1(M_2-M_3)+\varpi_1 T_1 -C_1+L_1$	$-h_2(M_3-C)+C_2$	$(1-h_1-h_2)(M_2-M_3) +\varpi_3 T_1-C_3+L_3$
E_4 (1, 0, 0)	$-h_1(M_3-C)+C_1$	$h_2(M_2-M_3)+\varpi_2 T_1 -C_2+L_2$	$(1-h_1-h_2)(M_2-M_3) +\varpi_3 T_1-C_3+L_3$
E_5 (0, 1, 1)	$h_1(M_1-M_2)+\varpi_1 T_2 -C_1+L_1$	$-[h_2(M_2-M_3)+\varpi_2 T_1 -C_2+L_2]$	$-[(1-h_1-h_2)(M_2-M_3)+ \varpi_3 T_1-C_3+L_3]$
E_6 (1, 1, 0)	$-[h_1(M_2-M_3)+\varpi_1 T_1 -C_1+L_1]$	$-[h_2(M_2-M_3)+\varpi_2 T_1 -C_2+L_2]$	$(1-h_1-h_2)(M_1-M_2) +\varpi_2 T_2-C_3+L_3$
E_7 (1, 0, 1)	$-[h_1(M_2-M_3)+\varpi_1 T_1 -C_1+L_1]$	$h_2(M_1-M_2)+\varpi_2 T_2 -C_2+L_2$	$-[(1-h_1-h_2)(M_2-M_3)+ \varpi_3 T_1-C_3+L_3]$
E_8 (1, 1, 1)	$-[h_1(M_1-M_2)+\varpi_1 T_2 -C_1+L_1]$	$-[h_2(M_1-M_2)+\varpi_2 T_2 -C_2+L_2]$	$-[(1-h_1-h_2)(M_1-M_2) +\varpi_2 T_2-C_3+L_3]$

为了分析不同均衡点所对应特征值得正负号情况,将进行一般性假设。假设各主体选择"积极参与"的净收益大于选择"消极参与"的净收益;假设各主体选择"积极参与"的策略的合作收益都为正。根据 Lyapunov 第一法:Jacbian 矩阵的所有特征值均具有负实部,则均衡点为渐进稳定点;Jacbian 矩阵的特征值至少有一个正实部,则该为不稳定点。分析各均衡点稳定性,如表 7-9 所示。

表 7-9 均衡点局部稳定性分析

均衡点	特征值符号			稳定性
	λ_1	λ_2	λ_3	
E_1 (0, 0, 0)	+	+	+	鞍点
E_2 (0, 0, 1)	+	+	−	非稳定点
E_3 (0, 1, 0)	+	−	+	非稳定点
E_4 (1, 0, 0)	−	+	+	非稳定点
E_5 (0, 1, 1)	+	−	−	非稳定点
E_6 (1, 1, 0)	−	−	+	非稳定点

（续表）

均衡点	特征值符号			稳定性
	λ_1	λ_2	λ_3	
E_7 (1, 0, 1)	−	+	−	非稳定点
E_8 (1, 1, 1)	−	−	−	ESS

7.2.4 仿真分析

本研究结合调研总结的实际情况对文中所涉及的参数进行赋值，从而更加直观地分析各参数对策略演化的影响。通过 Matlab 2017a 进行策略演化过程的数值模拟。

（1）初始意愿对策略演化的影响

当其余参数不变时，探究供给主体、平台中介、需求主体参与合作的初始意愿对最终决策行为演变的影响。数组1设定如下：

$h_1 = 0.15$；$h_2 = 0.4$；$M_1 = 100$；$M_2 = 55$；$M_3 = 20$；$\varpi_1 = 0.2$；$\varpi_2 = 0.3$；$\varpi_3 = 0.5$；$T_2 = 50$；

$T_1 = 40$；$C = 60$；$C_1 = 12$；$C_2 = 15$；$C_3 = 10$；$L_1 = 20$；$L_2 = 25$；$L_3 = 10$

探索初始意愿 x，y，z 同时变化对策略演化的影响时，三者初始意愿 x，y，z 分别可取 0.25，0.5，0.75。由图 7-1-1 可得，当初始意愿 x，y，z 较小（0.25）时，将呈现 x，y，z 收敛于0，此时均衡点为（0，0，0）；当有任意一方初始意愿非 0.25 时，x，y，z 均收敛于1，此时均衡点趋于（1，1，1）。从仿真结果可以看出，随着初始意愿 x，y，z 增加，会使 x，y，z 趋向1的时间越短，速度越快，即初始状态下，当利益主体更主动和紧密地联系在一起时，最后三者均选择"积极参与"农业科技成果转化的可能性将越大，且很快的趋于稳定合作。

图 7-1-2 表示仅考虑供给主体的初始意愿 x 的变动对平台中介和需求主体选择策略的影响。数值模拟时，保持平台中介的初始意愿 y 与需求主体的初始意愿 z 处于同一中等水平，供给主体的初始意愿 x 分别取 0.1，0.3，0.5，0.7，0.9。当平台中介初始意愿 y=0.1 时，x，y，z 都将趋于0，此时平衡点为（0，0，0），且供给主体趋于0的速度更慢；当平台中介初始意愿为 0.3，0.5，0.7，0.9 时，x，y，z 将趋于1，此时平衡点为（1，1，1）。

图 7-1-3 表示仅考虑平台中介的初始意愿 y 的变动对供给主体和需求主体选择

策略的影响。仿真过程中,保持供给主体的初始意愿x与需求主体的初始意愿z处于同一中等水平,平台中介的初始意愿y分别取0.1,0.3,0.5,0.7,0.9。当供给主体初始意愿x=0.1时,x,y,z都将趋于0,此时平衡点为(0,0,0);当供给主体初始意愿为0.3,0.5,0.7,0.9时,x,y,z将趋于1,此时平衡点为(1,1,1),且该情形下供给主体初始意愿愈发强烈,平台中介、需求主体"积极参与"意愿将增加越快,从而促进农业科技创新与成果转化。

图7-1-4,当其余参数保持不变,考虑需求主体的初始意愿z的变动对平台中介和供给主体选择策略的影响。当需求主体初始意愿z=0.1时,x,y,z都将趋于0,此时平衡点为(0,0,0);当需求主体初始意愿为0.3,0.5,0.7,0.9时,x,y,z将趋于1,此时平衡点为(1,1,1),且该情形下需求主体"积极参与"的初始意愿增强,会提高平台中介、需求主体"积极参与"意愿,与供给主体相比,平台中介的"积极参与"意愿所受影响更为明显。

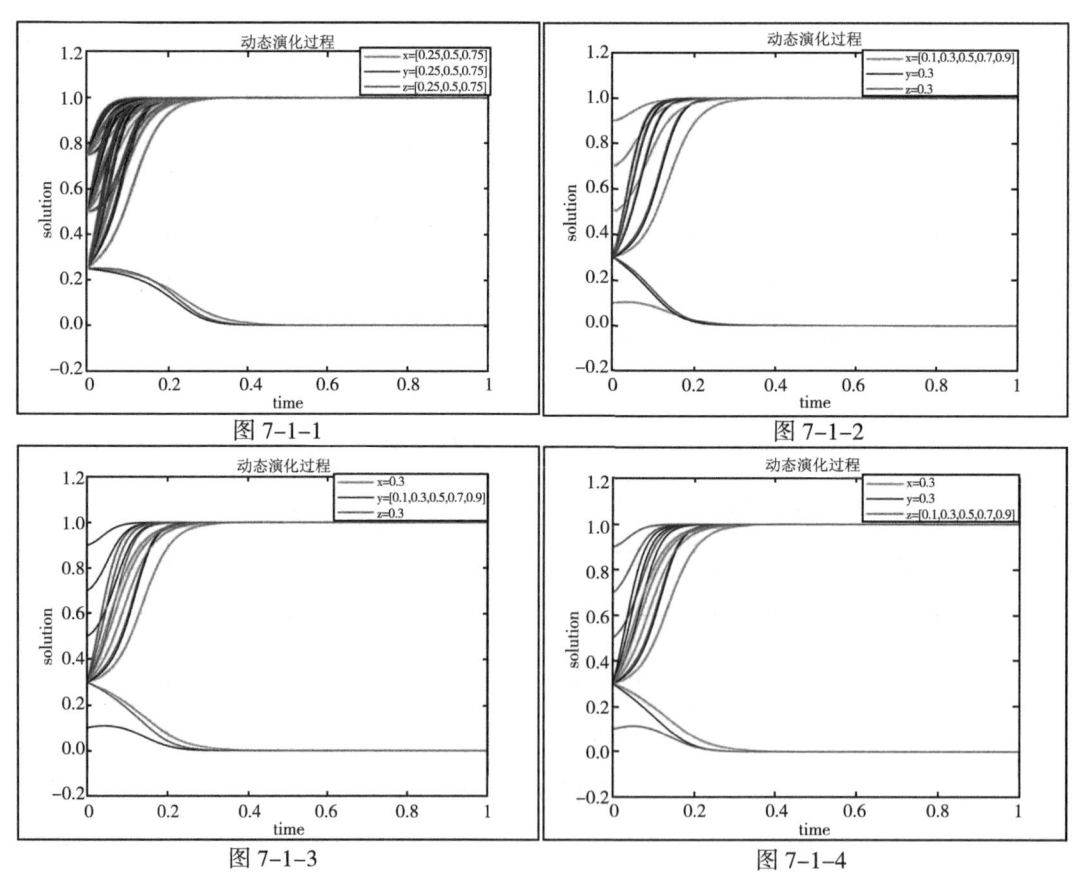

图7-1 初始意愿x,y,z变化对策略演化的影响

（2）成本对策略演化的影响

为分析成本对演化博弈过程和结果的影响，分别设定显性成本 C = 50，100，150，200；C_1 = 20，30，40；C_2 = 20，40，60；C_3 = 20，40，60 其余参数不变时，探究供给主体、平台中介、需求主体参与合作的付出的成本对最终决策行为演变的影响。数组2设定如下：

h_1 = 0.15；h_2 = 0.4；M_1 = 100；M_2 = 55；M_3 = 20；ϖ_1 = 0.2；ϖ_2 = 0.3；ϖ_3 = 0.5；T_2 = 50；T_1 = 40；L_1 = 20；L_2 = 25；L_3 = 10，初始点（0.4　0.4　0.4）

首先分析显性成本对策略演化的影响，当 C = 50，100，150，200，复制动态方程组随时间演化50次的仿真图如图7-2-1。由此可知，由系统演化至稳定点过程中，当未超过显性成本的临界值时，随着 C 的增加，三方选择"积极参与"农业科技创新与成果转化的概率越低，趋向平衡点（1，1，1）的速度更慢；但超过临界值后，三方将会趋向平衡点（0，0，0），即三方都将采取"消极合作"，将无法推动农业科技成果转化的进程。也就说，为了参与到农业科技成果转化过程中，供给主体、平台中介、需求主体在资金、设备、土地、技术上投入超过三方承受的最大限度后，紧密的合作关系将会打破。由此，显性成本对策略演化至关重要，要想合作达到理想状态，一方面，各主体的物质性投入应有合理的规定；另一方面，政府要制定退税降费、奖励等政策。

图7-2-2、图7-2-3、图7-2-4是供给主体、平台中介、需求主体在参与农业科技成果转化过程中，为促进效益增长投入隐性成本变化对策略演化的影响。可以看到，随着隐性成本投入的加大，各主体的参与意愿将会逐渐降低。图7-2-2显示，当随着供给主体投入隐性成本的增加，随时间演化50次，供给主体参与意愿x将会由1变为0，平衡点将从（1，1，1）变为（0，1，1）。图7-2-3显示，当平台中介投入的隐性成本不断增加，其参与意愿也将从1变为0，平衡点将从（1，1，1）变为（1，0，1）。可见，随着某主体隐性成本的增加，超过该主体的心理预期，那么"积极参与"的意愿将会降低，三方合作将会逐渐变为双方合作。因此，主体之间应当制定科学的投资规则，合理利用资源，减少不必要的额外成本，减轻农业科技成果转化的负担，以保障合作的过程中因隐性成本的存在而减少消极行为。

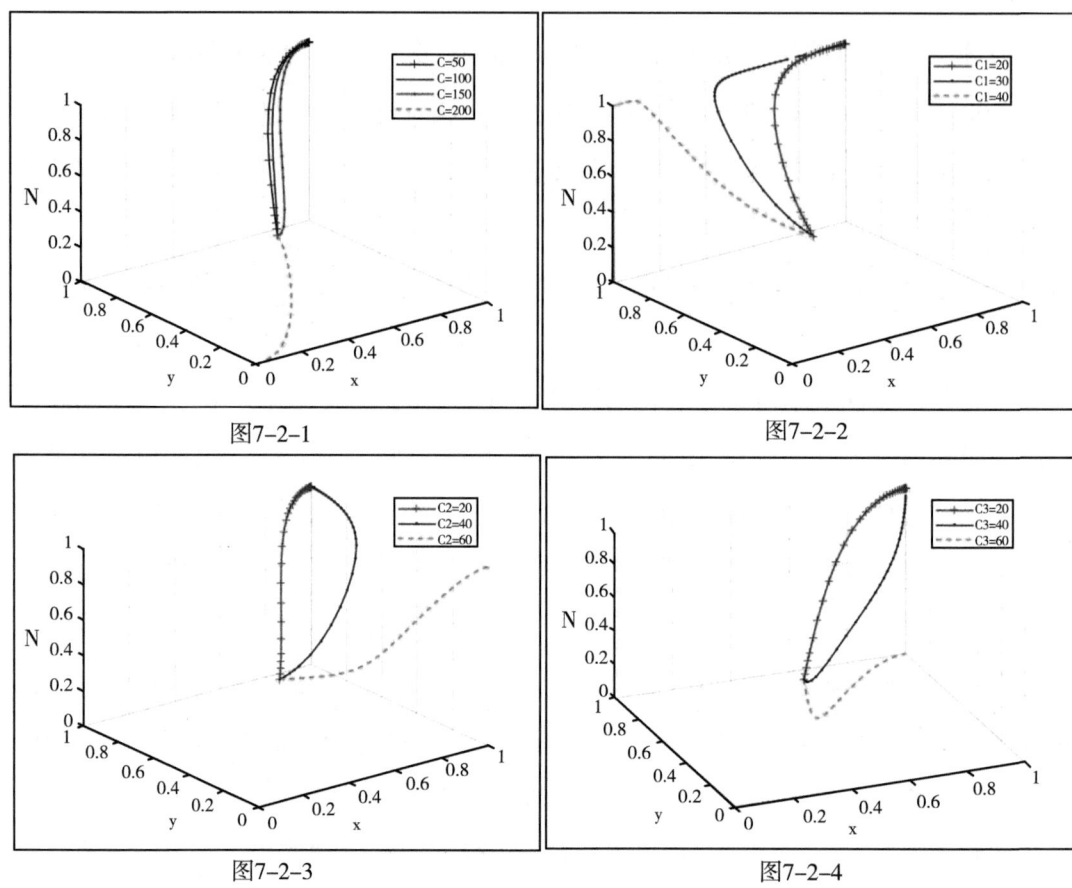

图7-2-1　　　　　　　　　　　图7-2-2

图7-2-3　　　　　　　　　　　图7-2-4

图7-2　参与成本对策略演化的影响

（3）收益分配比例对策略演化的影响

在农业科技成果转化的过程中，建立科学的利益分配机制，将会促进各参与主体科技创新与成果转化的积极性，科技成果转化的速度将会越快，效率将会越高，转化后的效益也将越高。在固定分配比例的假设条件下，分析分配比例对策略演化的影响，数组3设定如下：

$M_1=100$；$M_2=55$；$M_3=20$；$T_2=50$；$T_1=40$；$C=60$；$C_1=12$；$C_2=15$；$C_3=10$；$\varpi_1=0.2$；$\varpi_2=0.3$；$\varpi_3=0.5$；$L_1=20$；$L_2=25$；$L_3=10$；初始点(0.4　0.4　0.4)

如图7-3-1所示，固定平台中介的分配利润比例，关注平面xoz，随着供给主体分配比例的提升，供给主体参与意愿提升较快；在这种情况下，需求主体分配比例将会减少，参与意愿提升缓慢。如7-3-2所知，固定供给主体的分配比例，关注yoz平面，随着平台中介分配比例的提升，平台中介参与意愿将提升。

由此，分配比例影响策略演化的速度，某一主体分配比例越高，其选择"积极合作"的意愿将会越强烈，收敛于1的速度将会越快。农业科技成果转化是一个复杂困难兼具风险的过程，在利益的分配过程中，要充分考虑到所有主体的利益，这对于进一步提高成员的信息，增强合作的凝聚力、向心力，促进科研成果转化落地有长远意义。

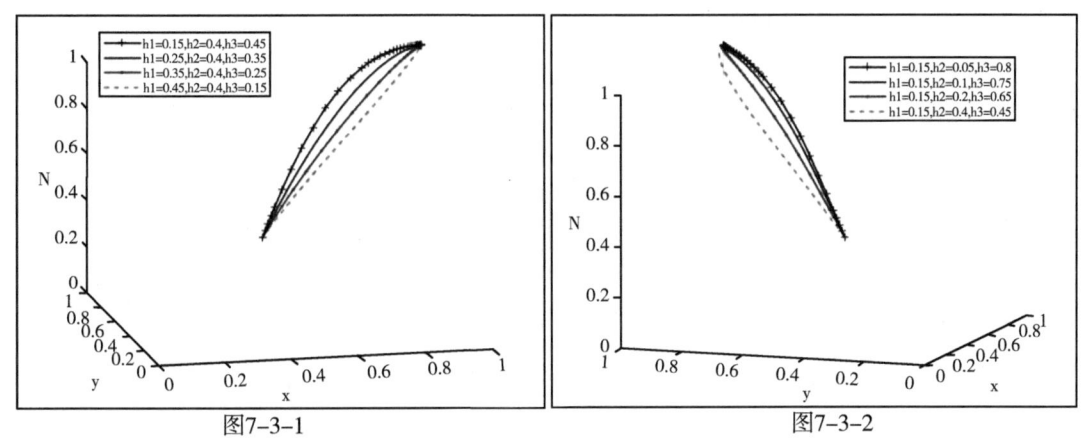

图7-3　分配比例对策略演化的影响

7.2.4.1　潜在损失对策略演化的影响

农业科技成果转化合作过程中，合作的主体大多处于"熟人社会"中，当出现"消极参与"的行为时，将会导致自身声誉受损。本文研究各主体"消极参与"潜在损失对策略演化的影响。涉及数据假设如数组4，代入复制动态方程组随时间演化50次，得到图7-4。

$$h_1=0.15; h_2=0.4; M_1=100; M_2=55; M_3=20; \varpi_1=0.2; \varpi_2=0.3; \varpi_3=0.5; T_1=40; T_2=50;$$
$$C=60; C_1=12; C_2=15; C_3=10; 初始点(0.4 \quad 0.4 \quad 0.4)$$

图7-4表明，在各主体演化稳定于1前，随着"消极参与"后潜在损失的增大，选择"积极参与"的意愿将会增大，各主体收敛于1的速度将会增快，博弈三方接近稳定点（1，1，1）的速度也更快。说明各主体选择"积极参与"的概率是"消极参与"后名誉等潜在损失的减函数。名誉受损、信誉降低导致的潜在损失，起到了督促监管的作用，是对消极行为的打击。因此，在农业科技成果转化的过程中，要建立监督监管机制，迫使各主体积极参与农业科技创新与成果转化。

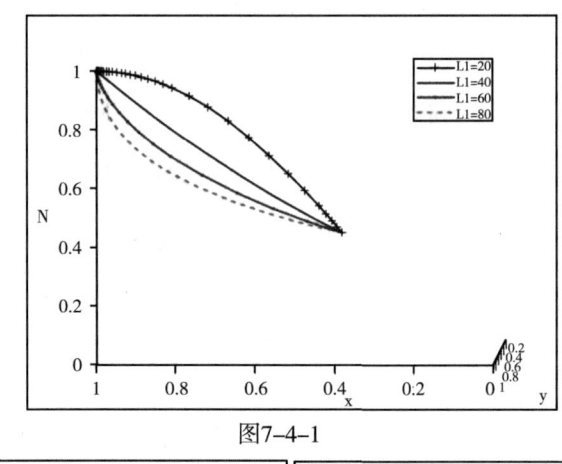

图7-4-1

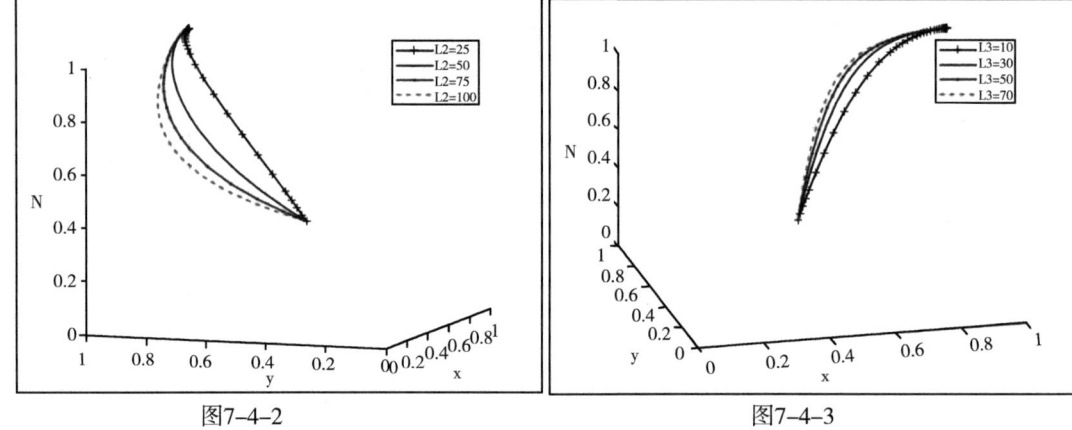

图7-4-2   图7-4-3

图7-4 潜在损失对策略演化的影响

7.2.4.2 农业科技成果转化多主体决策的研究结论

基于农业科技成果转化背景，以建立供给主体、平台中介、需求主体三者收益矩阵为依托，构建了三方共同参与农业科技成果转化的演化博弈模型，并利用MATLAB进行数值仿真分析影响供给主体、平台中介、需求主体策略演化的因素，得到以下结论。

第一，供给主体、平台中介、需求主体的初始意愿影响策略演化结果。初始意愿越大，三方选择"积极参与"概率越大，x，y，z 最后均收敛于1；任何一方的初始意愿越强烈，其余两方选择"积极参与"概率也会增加，从而促进农业科技成果转化。

第二，供给主体、平台中介、需求主体的合作成本影响策略演化结果。随着成本的增加，三方选择"积极参与"策略的概率越低，收敛于平衡点（1，1，1）的速度更慢；且超过临界值后，平衡点将是（0，0，0），即三方都将采取"消极合作"。同时，随着任一主体隐性成本的增加，该主体"积极参与"的意愿降低，三方合作将会逐渐变为双方合作。因此合作过程中，须制定科学的投资规则，理性投入，保障合作顺利。

第三，收益分配比例影响策略演化结果。任何主体分配比例越高，选择"积极参与"的意愿将越大。但随着某一主体分配比例过高，其他主体选择"积极参与"的意愿将会降低。因此，合理分配利益对促进多方主体合作十分重要，要充分考虑到所有主体的利益，保障合作顺利进行，促进农业科技成果转化。

第四，潜在损失影响策略演化结果。各主体选择"消极参与"策略后的潜在损失越大，选择"积极参与"的意愿将会越大。潜在损失能对各主体合作行为起督促作用。

本项研究在一定程度上揭示了农业科技成果转化主体行为演化的内在机制，为农业科技成果转化的主体行为研究提供了有益借鉴。本项研究的不足之处是未考虑政府政策对农业科技成果转化的影响。在未来的研究中将扩宽研究范围和条件，更加深入的研究不确定行为对农业科技成果转化的影响机理。

第 8 章　基于信息共享、价值共创的农业科技成果转化新模式研究

农业科技成果转化是连接农业科技创新与农业生产需求的桥梁，是推进现代农业发展、聚焦乡村振兴和坚持农业农村优先发展的重要环节（程泽强 等，2020）。农业科技成果转化的成功与否取决于是否有建立适宜的成果传递渠道与方法，即成果转化模式（Thomas Eponou，1993）。发达国家实践证明，构建或者选择最优的农业科技成果转化模式，可有效促进农业科技成果从"实验室"向"生产车间"转移，实现成果市场化和产业化，推动农业经济格局和产业形态深刻调整，进而促进农业经济高质量发展，（林青宁和毛世平，2018；周晓光，2016；高旺盛，2021）。然而，我国农业科技成果转化一直存在转化不力、不顺、不畅的痼疾，传统的"线性"成果转化模式在体制机制上存在部分障碍（林钟高，2018），无法从根本上解决我国长期存在的科技进步贡献率和成果转化率"双低"、农业技术与农业经济"两张皮"、农业科技供给与农业科技需求"最后一公里"的转化突出难题（熊桉，2019）。在新一轮科技革命和产业变革背景下，在国内国际双循环体系中，农业科技成果转化环境复杂多变，原有的成果转化瓶颈问题将更加突出（李润宜，2019），探索构建新时代下适合我国农情的农业科技成果转化模式不仅是政府部门为实现农业高质量发展亟待解决的要务之一，也是学术关注的重大课题之一，更是理论和实践研究解决农业科技成果转化率低问题的内在要求。

本项目重点研究了基于信息共享的农业科技成果转化模式以及基于价值共创的农业科技成果转化模式。

8.1　基于信息共享的农业科技成果转化模式

农业科技信息是指以文字、图片、声音、视频等多媒体形式存在的农业科技知识和现代实用技术。如果农业科技信息能够通过各种渠道传达到农民手中，那么便

能切实地满足农民生产需要、增加农民收入、解放农业生产力、促进农业经济发展。目前来看关于农业科技信息的研究主要集中在农村、农业、农民、信息服务、技术推广、产业化等，具体点有数字乡村建设、信息传播、信息资源开发利用、建设信息服务平台、农业信息服务模式探讨、农业科技信息推广等。本部分以广东金颖农业科技孵化有限公司为例，介绍农业科技信息是如何推动农业科技成果转化的。

8.1.1 金颖农科孵化器概况

为贯彻落实创新驱动发展战略和乡村振兴战略，广东省农业科学院于2017年11月28日全资组建广东金颖农业科技孵化有限公司（简称"金颖农科孵化器"），专门从事农业科技成果转化孵化，公司注册资金1000万元。经过3年多建设，金颖农科孵化器依托广东省农业科学院科技、人才优势，整合相关资源，打造了集"科技企业孵化、关键技术研发、科技人才创业、成果技术转化"四大功能于一体的农业科技成果转化孵化服务平台，构建"创业苗圃—孵化器—加速器"全链条孵化育成体系，为农业科技人员和企业提供全面专业的孵化加速服务，促进广东现代农业发展，助力乡村振兴。

截至2020年9月，金颖农科孵化器已累计吸引入驻企业150家，其中包括5家国家级重点农业龙头企业、12家省重点农业龙头企业、18家高新技术企业及115家初创农业科技企业；成功孵化17家毕业企业，累计为入驻企业融资2.5亿元，初步形成了农业科技集聚效应。先后荣获国家级星创天地、全国农村创新创业孵化实训基地、广东省现代农业产业技术成果转化基地、广东省高素质农民培育省级示范基地、广州市创新创业（孵化）示范基地等荣誉。

8.1.2 金颖农科孵化器信息共享服务模式

8.1.2.1 "2+N"服务模式

金颖农科孵化器创建"2+N"服务模式，与19家第三方专业服务机构签订战略合作协议，为企业提供一系列全面的创业、孵化加速服务。"2+N"服务模式是指以基础服务和增值服务为基础，并根据不同企业需求和发展情况量身定制多种专业化服务，实现"一个企业一个服务政策"。在优化孵化服务的基础建设中，突出强调标准化的服务体系和多样化的开展方式，创新服务模式，建立成长服务标准、物业服务标准等，切实提升孵化器管理服务水平，进一步助力企业成长与发展。

8.1.2.2 线上线下同步服务模式

为适应新形势发展,金颖农科孵化器组建了专门的线上服务团队,建有"广东省农业科技成果转化公共服务平台"、官网、微信公众号、微博、抖音等线上平台,将广东省农业科学院科技成果、专利、实用技术等都放到线上平台,定期制作系列创意短视频在抖音平台投放,主动为全省农业提供科技支撑服务。同时邀请专家通过 App、微信、抖音直播、农科大学堂等平台,及时为在孵企业解答技术问题,开展线上科技培训和服务。线下利用广东省农业科学院分院(促进中心)服务网络,主动联系企业,推动政策链、创新链、产业链、资本链的深入融合。探索建立了利益捆绑、利益共享、风险共担的成果转化激励机制,推动高新技术的前期育成孵化、加速成果转化和产业化。针对当前科技成果供需双方、中介服务机构对科技成果转化的迫切需求及科技成果转化面临的内外困境,依托广东省农业科学院科技人才优势,结合广东省农业科学院组建的"金颖农科孵化器"、广东省科技厅支持的"金颖农科国家级星创天地"等,整合相关资源,研究及建设广东省农业科学院科技成果转化和孵化服务平台,研究科技成果价值评估方法体系,提高农业科技成果转化和孵化服务规范化水平,积极探索线上线下服务新模式,汇聚科研院所、科技企业、评估交易机构、科技金融服务机构等各方力量,建立或依托现有平台,开展成果托管、展示发布、交易等工作,汇聚和培育科技中介服务主体,开展科技咨询、成果评估、知识产权代理等配套服务(图 8-1)。

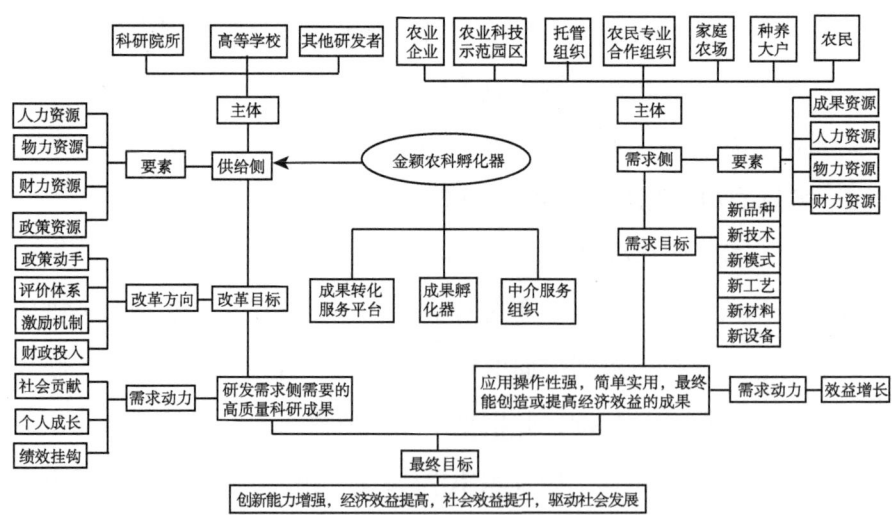

图 8-1 基于供给侧主体和需求侧主体需求动力的农业科技转化孵化服务平台框架

8.1.2.3 全程科技孵化服务链条服务模式

金颖农科孵化器通过"创业苗圃—孵化器—加速器"科技企业孵化链条建设，对企业孵化过程进行动态化培育。一是搭建创业苗圃促进链条前端建设，强调创业辅导、向前延伸创新创业的服务触角，增强和完善链条前端环节；二是对在孵企业从入孵到出孵之间的培育，通过投融资、科技创新、信息资源等平台提供增值服务，组织专家及创业导师分析和诊断企业有针对性地提供个性化服务；三是注重链条后端建设，实现产业集聚。

根据企业特点和需求不断完善加速服务内容和方式，落实跟踪毕业企业各种增值服务与发展情况。同时，根据在孵企业的主营业务，分门别类，专人服务，定期组织专家召开技术对接会，帮助企业成长发展，形成了具有鲜明特点的科技企业孵化育成服务体系（图8-2）。

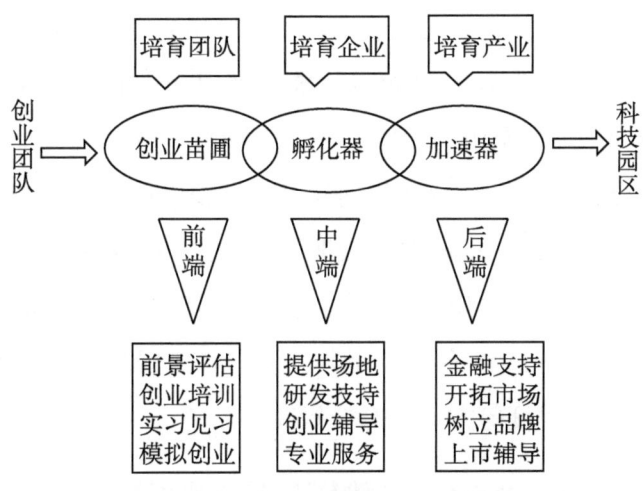

图8-2 全程科技孵化服务链条服务

"创业苗圃—孵化器—加速器"体系有效衔接的企业成长流动机制，实现成果转化、企业孵化和产业现代化的有机统一。一方面，搭建农业科技孵化器公共服务平台，完善孵化器的创新创业服务功能，形成"创业苗圃—孵化器—加速器"全过程产业链整体规划和统一管理。农业科技服务更加系统化、注重产业链、注重精准化。对农业科技企业孵化器的承接项目、业务范围、运行态势以及在孵企业的咨询服务提供基础性服务、增值性服务、个性化服务，加强高水平科技成果研究应用，推进质量兴农和农业绿色发展，实现孵化器的可持续发展。另一方面，构建孵化企业成长性和创新性评价体系。通过"创业苗圃—孵化器—加速器"科技创业孵化链条的构建，构建形成以在孵企业成长性、创新性、持续性为核心的评价体系，促进在孵企业成长毕业，同时也形成农业科技孵化器与在孵企业之间的良性互动，提升农业科技孵化器的孵化服务水平和能力。

8.2 基于价值共创的农业科技成果转化模式

8.2.1 以典型案例为代表的农业科技成果转化应用模式

为深入了解现行农业科技成果转化模式及转化过程中迫切需要解决的共性问题，本项研究以四川省内的成果转化案例为对象，深入调研了四川省农业科学院、四川农业大学、自贡市农业农村局、先正达中国种业西南分公司、四川天宇种业有限责任公司、恒通动保生物科技有限公司、光友薯业有限公司、广汉市新协和农机作业专合社、屏山县科技创新研究中心及县农业农村局等20余家具有代表性的行业机构，通过实证研究，梳理、总结、比较了以四川省为代表的农业科技成果转化主导模式，其中主要包括以政府农业科技推广部门为中心的转化模式（政府主导型），以龙头企业为中心的转化模式（企业主导型），以农民专业合作组织为中心的转化模式（专合组织主导型）和以科研院所/高校为中心的转化模式（科研机构主导型）等类型（表8-1）。调研结果表明：目前这些主要的成果转化模式均存在一些不足，主要表现为成果应用主体参与度低，在以成果为导向的单向转化链中处于被动参与地位，转化模式没有形成闭环，参与各方难以形成有效协同，在成熟度、实践性、推广应用程度等方面均有待提高。

表8-1 农业科技成果转化模式比较

模式	导向性	主要职能	主要特点	主要形式	存在的主要问题	典型案例
政府主导型	公益性	资金支持 政策保障 转化平台搭建	自上而下，资金、政策倾斜更多，具有强制性和无偿性	项目推广转化 政府自建平台 政府重大项目 政府+科研院所+涉农企业+合作社+农户 政府举办展会模式	项目单一、不可持续；成果复制成本高；难以有序推进转化进程	屏山"四级联动"模式

(续表)

模式	导向性	主要职能	主要特点	主要形式	存在的主要问题	典型案例
企业主导型	市场性	科技研发 商业化运用	紧跟市场需求，转化经济效益显著	企业+农户；企业+合作社+农户；企业+科研机构；中外农业企业合作；……	经费自筹，风险大，抑制科技创新，不利于可持续发展	中化现代农业四川有限公司的"MAP模式"；四川健康田园农业科技有限公司；四川光友薯业有限公司
科研机构主导型	科技性	科学研究 科技培训 科技咨询 科技服务	创新性强，有偿技术转让，社会效益显著	科研机构+企业；科研机构+新型经营主体；科研机构+科技园科研机构+政府+涉农企业；……	成果束之高阁，转化积极性不高，转化率低	四川农业大学国家现代农业产业技术体系水果创新团队
专合组织主导型	市场性	收购农产品 技术指导 技术培训	与农户紧密联系，带动性强	合作社+农户；企业+合作社+农户；……	经费支持不足且不稳定；推广规模受地域限制，难以规模化	四川恒通动保生物科技有限公司的"恒合社模式"；遂宁安居永丰绿色五二四红苕专业合作社

8.2.2 科技成果转化的三螺旋理论及应用研究

三螺旋理论由美国学者亨利·埃茨科维兹于20世纪90年代提出，是一种分析高校、企业、政府为实现知识、资本、政策三要素深度融合，如何共享、交融、平衡以形成发展合力的理论框架（樊小杰，2020）。三螺旋的本质是高校、企业、政府之间的合作互动自反关系（亨利·埃茨科威兹，2005），合作途径为科技园、产业联盟、孵化器、技术转移中心等形式的三方网络和混合型组织，并具有相互依赖、相互重叠、交叉发展、协同发展、资源共享等重要特征。从方法论的角度来看，该理论的启发意义在于超越了传统的简单线性创新转化过程，在科学、技术、转化、生产、需求等要素之间形成了一个复杂的反馈机制过程，跨越边界的互动提供了充分的沟通和合作机制，实现知识领域、生产领域和行政领域的三力合一，进而为经济发展和社会进步提供核心动力。

此后，美国在全国构建了以三螺旋理论为支撑的"三位一体"（大学—产业—政府）农业科技成果转化模式，这使得美国政府的宏观科技政策得到落实，高校和企业的科技创新转化能力快速提升（李岗生 等，2016），显著带动了美国农业经济的快速发展。自此三螺旋理论被学界认为是科技创新转化研究的新领域（张文亚等，2021），三螺旋模式成为风靡欧美国家的创新转化新模式。

我国对三螺旋理论的引入、研究相对较晚，2006年后有关三螺旋理论、模式及应用的研究才逐渐兴起。随着产业环境的开放，政府、大学、企业更加倾向于产业合作，学者们也开始应用三螺旋理论探索我国科技成果转化的三螺旋模式、运行机制及区域实践，并取得了一定的进展。在科技成果转化三螺旋模式构建方面：边学军等（2009）重视"大学—产业—政府"的平等合作关系，构建了"科技企业孵化器和官产学联盟"三重螺旋新模式，认为孵化器能更好推动研究成果商业化，官产学联盟是技术创新和成果转化的最有效形式之一。柳岸（2011）以中国科学院北京怀柔科教产业园为例，深入剖析我国科技成果转化适用的三重螺旋模式在实际应用中的表现模式及其运行不畅的原因，并给出政策建议。张铁男等（2011）阐述了大学科技园孵化活动的三螺旋演进方式，提出构建"产业基地"孵化三螺旋模式，旨在利用官—产—学合作的三螺旋效应实现区域创新转化能力的提高。汪芹等（2015）以中科大先进技术研究院为例，深入分析了其在科技成果转化不同阶段进行的创新实践，提出科技成果转化中三螺旋接口组织创新模式。李岗生等（2016）参照美国三螺旋农业技术推广服务模式及西北农林科技大学的农业技术推广"试验站"模式，建构"政府—大学—企业—农民"互动发展的四螺旋农业推广模式，以期有效破除当前河北省乃至全国农业技术推广服务面临的难题。兰筱琳等（2018）以中国科学院海西研究院在战略性新兴产业科技成果转移转化方面的探索与实践为例，分析了三螺旋模型在实际应用中的表现模式，提出适用于战略性新兴产业科技成果转移转化的新型三螺旋模型，并提出未来应用的改进建议。在科技成果转化三螺旋运行机制研究方面，赵蕾等（2013）借鉴三螺旋理论中官产学的互动机理，提出了科技成果转化运行机制的理论构架，强调应使转化过程中的每个环节之间相互衔接，保证科技成果转化系统形成一个有机整体。杨玉桢等（2016）从三螺旋视角对高校、政府、产业三方在高校科技成果转化过程中存在的问题进行深入研究，构建了大学—政府—产业的三螺旋科技成果转化运行机制，并提出促进高校科技成果转化的对策。周星星等（2016）以金颖农科孵化器作为实证研究案例，开展三螺旋理论视角下农业科技企业孵化机制研究。在基于三螺旋理论的技术转移体系研究方面：陈静等（2008）探讨三螺旋理论中关于技术转移和创业型大学的经典逻辑关系，指出我国技术转移中存在的主要问题，提出基于三螺旋视角以建立创业型大学为契机来构建技术转移新途径的政策建议。韩小腾（2021）引入三螺旋理论阐述政府、企业和高校在高校技术转移转化过程中的多重关系及协同作用，构建基于三螺旋理论的高校技术转移体系协同创新模型，为加快高校技术转移转化体系建设、提高高校科技成果转化效率提供参考。

目前，关于科技成果转化三螺旋模式及机制研究主要集中于高校、科研院所，而使用三螺旋理论构建农业科技成果转化模式的应用研究还不足，特别是农业科技成果转化三螺旋运行机制尚未得到有效的揭示（刘磊 等，2020）。由于农业科技成果地域性特征明显，美国"三位一体"三螺旋模式在中国发展的机理和程度会有所差异，需要融合我国农业科技创新转化的实践，构建符合我国国情的农业科技成果转化三螺旋模式。据此，本节研究结合四川农业科技成果转化实际情况，提出适用的"政府—专家团队—企业"农业科技成果转化三螺旋模式及运行机制，以期完善现有的三螺旋理论基础，为农业科技成果转化应用提供可复制可借鉴的新模式。

8.2.3　农业科技成果转化三螺旋模式的实证研究

8.2.3.1　三螺旋理论应用于农业科技成果转化的意义

自从美国学者亨利·埃茨科维兹于 20 世纪 90 年代提出三螺旋理论以来，探索三螺旋理论在科技成果转化领域的应用研究越来越多。对于农业科技成果转化而言，三螺旋理论在方法论上借鉴的意义主要体现在以下两个方面。

首先，三螺旋模式强调的是三元主体间的合作互动自反关系，信息、人员、资本要素在系统内循环流动。农业科技成果转化实质是知识形态历经"成果创新—成果转移—成果生产"的演变过程。在这个过程中，农业科技成果转化的高校/科研院所、政府、中介、企业主体，首先进行知识创造、转移、应用的分工合作，在现代农业科技示范园、产业示范基地等混合组织围绕主要目标形成合力，并互动协作，知识、信息、人员等要素在农业科技成果转化系统里同步流动和相互配合，促进农业科技成果转化的有效运行。因而农业科技成果转化系统与三螺旋理论所强调的多元交互、要素流动具有相通性。

其次，三螺旋理论突出跨越边界的互动，系统演化遵循优势互补、资源共享、互利共赢的基本原则。农业科技成果转化是基于多主体交互、协同，多机制联动，多要素协调而形成的一种复杂动态系统，政府、企业、专家团队各自发挥自身的政策、市场、技术优势，同时在混合组织中强化各自的作用和功能，形成资源共享、共创价值，这实际上就与三螺旋理论的基本原则具有类比性。

因此，三螺旋理论作为研究相互合作、相互作用的主体实现系统演变与优化的理论工具，其蕴含的方法论意义为理解农业科技成果转化提供了科学的理论启迪和方法论借鉴。

8.2.3.2 构建"政府—专家团队—企业"三螺旋的探索

针对四川农业科技成果转化案例的实证研究，本研究项目提出了构建"政府—专家团队—企业"农业科技成果转化的三螺旋模式（图8-3）。在该模式中，各主体以农业产业发展为核心，市场导向为目标，需求牵引为动力，良性互动为基础，共生合作，共创价值。政府通过提供项目经费、基地、专家工作站、制定产业发展政策等形式，支持专家的农业科技成果（新品种、新技术、新材料等）具体落地，同时促进专家与企业间的交流与合作，进而促进符合当地产业发展政策的龙头企业的健康发展，政府对农业科技成果转化过程进行鼓励、控制和调节。专家团队是农业科技成果的供给主体，一方面由于创新的需要，要进一步强化与社会的联系，包括参与政府政策及产业发展研究，与市场企业沟通交流，为企业研发新技术，提供技术服务和支持，促进成果落地；另一方面进行人才培养，肩负"农业科技特派员""农业科技成果推广员"的角色进行知识转移。企业是农业科技成果的需求主体和研发主体，通过与政府、专家团队的合作，满足自身对人才、技术、资本的需求，进而提升产业竞争力。每个主体在三螺旋模式中的作用得到了强化和扩展，并且通过农业科技示范园、示范基地、转化平台、孵化器等三边相互作用网络和混合组织形成合力，实现了知识、资本、政策要素的深度融合，形成了复杂的需求反馈、互动合作机制，行政链、生产链和科技链同步、交叉螺旋上升发展。

8.2.3.3 "政府—专家团队—企业"三螺旋的运行机制

"政府—专家团队—企业"三螺旋主体间在宏观上有着共同的产业发展目标，微观上又能彼此互相补充、增进合作，满足各自的主体功能和任务的诉求。协同转化、利益联结和价值共创成为"政府—专家团队—企业"三螺旋成果转化模式良好运行的关键。

（1）协同转化机制

协同转化即政府、专家团队、企业围绕同一个产业发展目标，能力互补、需求

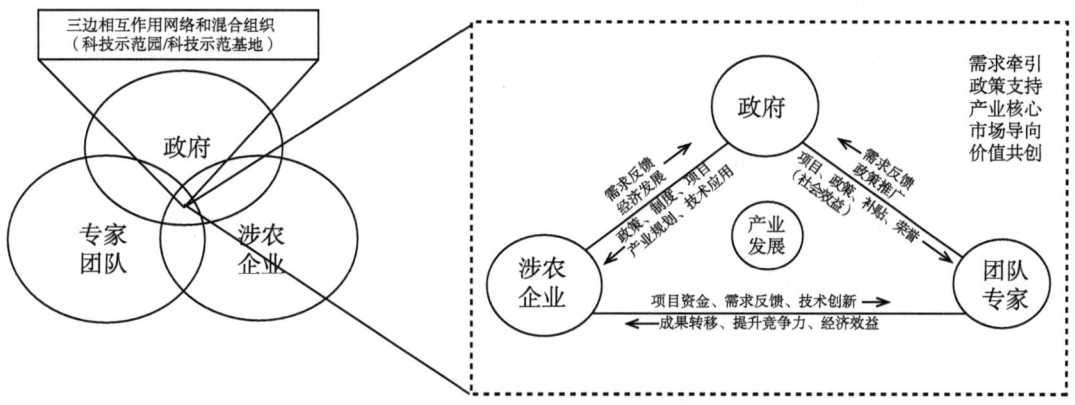

图 8-3　农业科技成果转化三螺旋模式

匹配、相互耦合、共同作用。单纯以科学发现导向的农业科技创新成果不一定为市场所接受，单纯以市场导向的农业科技创新成果却不一定具有先进性。农业科技成果转化过程就是农业科技创新同市场之间的耦合和互动过程，就是"研发—生产—推广—应用"等环节相互融合的过程。在协同理论视角下，农业科技成果转化三螺旋模式的高效运行，依赖于三螺旋体系之间的有效协同，三螺旋体系围绕着供给、需求，发挥各自的特定功能，但彼此之间又有交叉性，能够建立密切联系，形成协同网络，保证系统内部协同稳定性，从而推动整个农业科技成果转化大系统的整体目标。

（2）利益联结机制

政府作为行政管理机构，推动区域经济发展是其最直接的政治诉求。这需要引进和培养高尖人才和高新企业，将科研成果成功快速转化为现实生产力。因而融合专家团队的技术力量与企业的生产力量，为农业科技成果转化创造条件就成为政府的政治利益选择。专家团队的主要职能是科学研究、人才培养与服务社会。要实现服务社会的功能，最重要的就是将研究成果转化落地，然而专家团队不具备自行转化的实力与条件，通过政府、企业协作获得研发转化资金支持、实现人才培养、成果落地的目标，是专家团队与政府、企业合作的最大利益契合点。企业追求利益最大化，通过政府项目资金支持、适当有偿使用"专家人才""前沿技术"，可降低研发风险、人才培养成本，又能提升核心竞争力，是企业争取政府支持、与专家团队长期合作的根本所在，满足了企业的逐利性。

(3) 价值共创机制

农业产业价值共创是指产业链中利益相关者通彼此互动、信息交流、资源整合，达成共同目标，并在目标实现过程中，通过互动协作解决各自问题、实现各自价值提升。"政府—专家团队—企业"三螺旋系统中，政府将影响产业发展的企业、专家等利益相关者纳入价值共创体系中，整合产业链中的信息、技术、资金等资源，搭建"科技示范园""示范基地""转化平台""孵化器"等三边混合组织平台，协助专家团队、企业进行人员流动、信息传递、资金服务，并通过平台不断互动，逐渐增加团队、企业对系统的依赖，将系统内的资源、组织连接在一起，依靠技术、生产力量推动区域经济发展，实现区域产业价值的提升。企业通过三螺旋系统，获得前沿技术、项目资金、人员支持，实现产业化，在经济效益和核心竞争力方面实现价值增值。专家团队通过信息流动及时掌握市场求、企业人才需求，调整研发重点，形成科技创新的螺旋式增长。三螺旋系统中主体间通过"项目""合同""协议"等形式紧密联系，交叉互融、循环往复、不断调整，形成互惠关系，高效驱动价值共创，产生"1+1+1＞3"的共创效应。

8.2.3.4 "政府—专家团队—企业"三螺旋模式的应用实践——以屏山县"好实在"有限责任公司为案例的实证研究

(1) 三螺旋主体概况

企业主体概况。屏山县"好实在"有限责任公司是以果蔬种植、林苗培育与销售、线上线下果品推销为主要业务的公司。2017年在屏山镇蒋坝村、大桥村流转土地800亩左右，引进蜂糖李等20余种品种发展屏山李产业。在屏山党委、政府、蒋坝村两委及专家团队帮助下建成一个高标准科技示范基地"屏山千亩早熟李科技示范园"，拥有核心示范基地200亩，种植资源圃10亩，通过"公司+基地+农户+专家团队"的种植模式，辐射带动全县果农，为全县李子产业科学、健康、稳定发展起引领示范作用。

专家团队主体概况。国家现代农业产业技术体系水果创新团队和科技扶贫万里行水果产业技术服务团队，长期从事果树新品种选育、高品质生产全产业链重点领域关键共性技术研究及成果转化推广工作。在屏山建立了茵红李核心示范区及标准化生产基地，进行优质品种选育、土壤改良修复、精准肥水、保花保果、病虫害绿色防控等指导与试验示范，实现平山县水果增产。

屏山县委县政府产业政策概况：主要职能制定产业发展规划，以项目带动产业发展，通过"四级联动（省+市+县+镇）"机制精准对接专家及相关需求，通过各项政策扶持符合当地产业发展的龙头企业。

(2) 三螺旋主体角色及作用

屏山县委县政府是行政主体和主导推动力量。在屏山李产业发展中，针对屏山茵红李产业发展中存在的品种、技术、病害防控等问题，与专家团队签订"专家工作站"协议，设置工作站、专家大院，通过项目资金支持专家团队做相关研发与技术应用落地。扶持茵红李产业发展较好的龙头企业屏山县好实在电子商务有限责任公司（以下简称"好实在"公司），通过政策支持给予企业开荒补助、土地流转补助，并出资修建水利、公路、电站等基础设施；积极支持企业申报项目，运用项目资金帮助建立农业科技示范园区和高标准示范基地；同时搭台对接专家团队和企业，引入专家团队为企业做具体技术指导和示范，政府"带货"帮助企业在发达地区建立销售网点，把好产品带出去，帮助企业做大做强，带动屏山茵红李产业发展，促进当地经济发展。

国家现代农业产业技术体系水果创新团队（以下简称"四川水果创新团队"）是研发主体和技术力量。四川水果创新团队一方面与屏山县委县政府建立合作长效机制，获得政府专项支持经费，在屏山建立了茵红李核心示范区及标准化生产基地，进行优质品种选育、土壤改良修复、精准肥水、保花保果、病虫害绿色防控等指导与试验示范，为全县新型经营主体、相关企业进行线上线下大规模集中培训；另一方面与企业（"好实在"公司）签订合作协议，将自身研究成果应用在屏山县具有带动性的科技示范园、示范基地、种植大户；并对企业在关键环节实地进行示范基地建设指导，全产业链技术培训。在示范指导应用的过程中，不断发现当地茵红李品种、种植技术、品质、土壤等方面存在的问题以及农户、企业、政府的需求，从而调整自身的研究方向，推进技术不断创新；同时，将在技术示范推广过程中企业、农户面临的冷链仓储、农产品溯源、滴灌、电商、农资、品牌营销等问题反馈给屏山县政府，实现信息流动、人员流动。水果创新团队通过"建立一个基地，浓缩成一个样板，成为一个看点和亮点"，以"大户"带"小户"，以"点"带"面"的成果转化模式，实现技术推广全覆盖，带动一方产业，辐射整个行业。目前，水果创新团队在屏山带动新型经营主体240余户，推广面积约10万余亩，技术带动全县增效30%以上，累计增收3.0亿元以上。

屏山县"好实在"有限责任公司是应用主体和生产力量。公司依托政府政策项目支持，与专家团队合作，实施科技示范园茵红李"六统一"标准化生产，并与专家团队一起开展乡镇集中培训，把技术带到田间地头。目前，技术覆盖带动李种植面积2.2万亩，种植大户上百户，种植户每亩节本增效600元。同时企业将茵红李产业发展中遇到的销售、存储、农资、劳动力短缺等问题反馈给政府和专家，政府通过顶层设计、产业规划等方式，解决肥料、农药、销售问题，助力公司健康发展。

屏山"政府—专家团队—企业"三螺旋模式中，将具有不同价值体系的政府、企业和专家团队在屏山茵红李产业发展上统一起来，并在三边混合组织——屏山千亩早熟李科技示范园中形成行政领域、生产领域和知识技术领域的三力合一：水果创新团队的科技成果得到了具有落地应用，并产生了"项目支持""企业合作协议""专家大院"等形式的经济价值，获得了"吕水果""农户专家""全国劳模"的社会价值；"好实在"公司获得了政府项目政策支持，最新技术成果的应用，带动当地农户发展的同时带来可观经济效益，成为当地龙头企业，社会价值亦得到提升；屏山政府创造转化平台，引进专家团队、扶持企业发展，引导屏山李产业发展为当地的支柱产业，带动屏山农业经济发展。

（3）三螺旋模式发展面临的现实困境

屏山"政府—专家团队—企业"三螺旋农业科技成果转化模式解决了传统线性成果转化模式中技术供需发展不匹配和转化主体合作松散的问题，但也面临着发展的现实困境：

一是三螺旋主体地位不平等。在"三螺旋"理论中，专家团队、企业、政府组织关系应相对平等，但在现实发展中，政府政策影响并决定着专家团队和企业之间关系路径的选择，致使政府产生干预现象，三螺旋主体互动性减弱，三螺旋系统偏向政治需求，而非产业本身发展的实际需求，政府、专家团队和企业的政治、经济利益诉求无法达成一致，不利于紧密合作与可持续发展。

二是企业在农业科技成果转化中的主体作用欠缺。企业对政府的项目、政策支持依赖性强，"等、靠、要"思想严重；对专家技术的过于依赖，导致技术消化和创新能力明显不足，没有自身造血能力。资金、技术要素流动不同步，三螺旋系统运行不畅、不可持续发展。

三是专家团队在农业科技成果转化中的传播力量较弱。伴随着大数据等信息技术的迅速发展,"政府—专家团队—企业"三螺旋主体已不能负载和实现"信息、技术、管理"等服务要素及功能,需要一支相对独立的专业化、复合型的信息服务的力量,推动科技成果的转化落地、复制推广。

8.2.3.5 推进"政府—专家团队—企业"三螺旋模式的策略

（1）突出政府服务功能,夯实模式运行基础

政府作为农业科技成果转化的主要推动者,在三螺旋模式中易占据主导地位,导致三方合作出现不稳定、不可持续的现象。在"政府—专家团队—企业"三螺旋模式中,政府应坚持"三位一体"的理念,综合考虑政府、企业、高校三方的利益。首先,政府应制定明确的产业化目标,重视企业实际转化能力和市场需求,立项或选择支持科技项目与农业市场实践需求紧密相关,从而确保政府、专家、企业（以下简称"三主体"）在价值目标上达成统一,紧紧围绕同一农业产业目标发力。其次,制定有利于"三主体"协同转化的制度和标准,如制定当地促进农业科技成果转化的政策,农业科技、推广人员的利益分配制度,持续调动企业和专家团队的积极性,营造农业科技成果转化的良好环境,夯实三螺旋模式运行基础。最后,打造服务型政府,突出政府在三螺旋模式中科技链、生产链中的服务功能,做好信息、资金、市场等沟通协调工作,增强"三主体"的了解和信任,筑牢"三螺旋"模式运行基础。

（2）增强技术供给作用,培植企业造血能力

目前,大多涉农企业为中小型企业,自身技术创新和吸收能力较弱,影响农业科技成果的有效转化。在"政府—专家团队—企业"三螺旋模式中,企业应增强农业科技成果转化意识,树立正确的科研价值观,充分发挥三螺旋混合组织在产业资源、人才资源集聚和配置方面的优势,与政府、专家团队通过纵向和横向课题的方式建立紧密合作关系,对于市场需要的产业发展、急需的共性技术、品种、材料等开展联合研发、协同创新,并定期邀请专家团队派到企业交流与培训,实现人才资源、成果资源、信息资源的共享与循环,培植企业自身造血能力,促进农业科技成果的应用转化和企业技术能力提升。政府应始终以产业发展需求为导向,实施"政府补助、企业和专家攻关"的组织机制,激发企业和专家

团队的合作活力，鼓励企业增加科研投入，增强企业科研力量。专家团队在推广农业科技成果的同时，与企业共同承接产业发展急需的共性技术的开发与应用，共同培养面向产业发展的专业技术人才，形成促进农业科技成果转化的内生动力，为企业增强技术供给。

（3）培育科技中介机构，增强成果转化力量

三螺旋模式中，专家团队自身规模、传播和服务功能已无法负载大数据时代下农业科技成果转化的信息流和农业科技服务需求，需要政府引导科研机构专家团队积极投身农业科技成果转化中试、推广和服务工作；充分发挥当地土专家、农业科技特派员、三区人才等人才队伍的示范、培训作用；在三螺旋混合组织区域，如现代农业产业园区、现代农业科技园区、科技示范基地等，建立农业企业、新型经营主体培训基地，从而提高人才、资源配置效率，补充三螺旋模式中传播服务力量。同时，积极培育农业科技中介机构并强化其服务功能，为农业科技成果产业化发展提供全过程、全方位、高标准、精细化的专业化服务，包含咨询、搭平台、融资、农事指导、农业社会化服务等，提升"政府—企业""政府—专家团队""企业—专家团队""政府—专家团队—企业"既有的协同度，发挥支撑、纽带、催化、优化作用，为既有的"政府—专家团队—企业"三螺旋模式增添农业科技成果转化力量。

8.3 复合三螺旋农业科技成果转化模式的构建及运行机制研究

8.3.1 复合三螺旋农业科技成果转化模式的构建

鉴于"政府—专家团队—企业"三螺旋农业科技成果转化模式存在的局限性，本项目研究在三螺旋理论及"政府—专家团队—企业"模式的基础上，率先提出构建由"政府—专家—农业企业—农业服务商—专业大户/家庭农场主"5个主体参与，由"创新双三螺旋"和"推广双三螺旋"构成的"复合三螺旋"模式（图8-4）。该模式中各主体以农业产业发展为核心，市场导向为目标，需求牵引为动力，良性互动为基础，畅通信息链，闭合产业链，提升价值链，促进创新链，实现五链同步、交叉、协同发展，主体间共生合作，共创价值，共享利益。

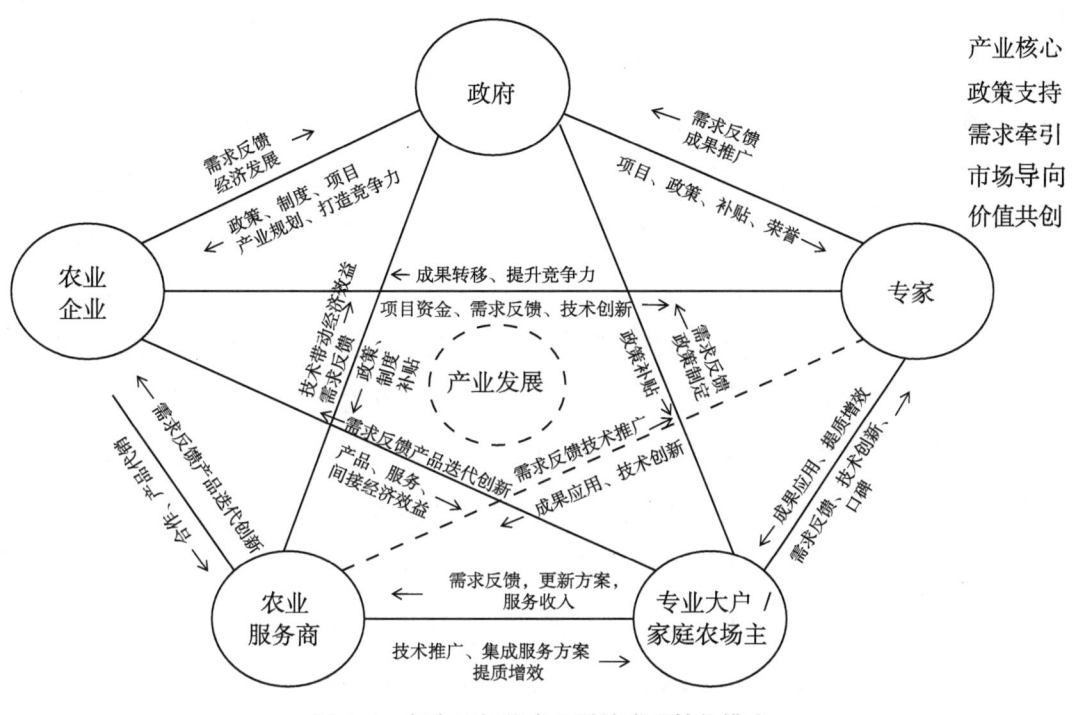

图 8-4 复合三螺旋农业科技成果转化模式

8.3.2 "政府—专家—企业—农业服务商—专业大户/家庭农场主"复合三螺旋成果转化模式主体角色及作用

8.3.2.1 政府是行政主体和引导力量,具有驱动作用

在复合三螺旋模式中,"政府"不再是成果转化主要推动力量,更多的是"经纪人"角色,主要完成塑造良好创新转化环境的任务。提供各种项目、资金、政策的支持,作为"引导资金"介入成果转化,减少农业科技成果研发、推广、应用主体的成本,调动科研机构、涉农企业、农业服务商和新型经营主体四大主体的积极性。制定政策法规、产业发展规划,引导"四大主体"参与到复合三螺旋模式建设上来,为有着共同产业发展目标的四大主体"牵线搭桥",形成各主体间的互动;搭建政策咨询、信息沟通、技术咨询与支持、技术转移平台等便利服务渠道,促进复合三螺旋主体间的深度交流与合作。政府通过资金支持、项目管理、"搭台"协调,加速各主体更快地融入模式、形成互动,推进成果市场化进程,在复合三螺旋系统中政府服务职能更加突出,驱动作用显著。

8.3.2.2 企业是转化主体和生产力量,具有主导作用

企业作为农业科技成果的需求方和转化方,直接面向市场,将科技与经济联系

在一起，实现成果快速商业化，进而创造价值获得盈利。在政府支持和自身发展需求下，企业同政府一起打造地方产业，创造就业岗位，带动当地社会、经济效益发展，并在政府"牵线"下，通过合作研发、代理研发、项目资金支持等形式，与专家团队进行科技成果创新与转化的对接，拉动"研发供给"向"市场需求"调整，同时依靠专家前沿技术保持自身核心竞争力。企业与农业服务商建立提成、分红等形式的利益连接机制，通过服务商"卖产品送技术""卖方案送培训"等服务方式，发掘"专业大户""家庭农产主"等成果转化最终受体，迅速占领市场；与转化最终受体直接建立入股分红、"统标统销""保底收购"等形式的利益机制，扩大产业规模，壮大集体经济，产业链形成闭环。与此同时，农业服务商和成果转化最终受体将自身发展的信息、技术需求反馈给企业或者专家，便于企业或专家及时掌握市场发展动态，信息链得以延伸并形成畅通循环，突破信息不对称壁垒。农业服务商或成果转化最终受体则通过企业或者专家培训获得"新技术新技能"，实现成果产品的提质增效，创新链的延续。在整个复合三螺旋模式中，企业是螺旋主线处于核心地位，将研发—生产—推广—应用环节的关键主体通过目标、价值契合，利益联机制融为一体，深度耦合，各主体在产业链的不同环节价值得以提升，政策、市场、技术等信息和技术人员在复合三螺旋系统中循环流动。信息链，产业链，价值链，创新链，行政链协同发展，企业成为实现农业科技成果成功转化最关键的环节。

8.3.2.3　科研机构专家团队是成果研发主体和创新力量，具有支撑作用

科研究构与专家团队肩负科研创新、人才培养的使命，在进行科研活动时，产出科技成果，是复合三螺旋模式中的创新主体。专家团队以"项目、政策、示范基地"等为抓手，为政府提供产业发展决策咨询，并借助政府的"牵线"引导职能，与企业建立合作机制，为企业提供技术支撑、人才支持和研发成果，对接企业实际需求，在帮助企业解决产业发展过程中的技术难题时，调整创新方向，迭代更新转化成果；为使科研成果更好地落地应用，免费为专业大户/家庭农场主、农业服务商提供咨询、培训服务，获取转化需求信息，把握研发动向；通过"科技示范园区、示范基地"等载体，与企业、专业大户/家庭农场主产生更多、更深层次的互动和合作，提供技术、人才支撑，不断修正、更新创新成果，保障复合三螺旋体系中创新链的良好运行。

8.3.2.4 专业大户或家庭农场主是成果承受主体和应用力量，发挥实证作用

专业大户或家庭农场主是成果转化最终受体，与企业、专家团队、农业服务商紧密相连，无偿获得最新前沿技术，实现减本提质增效。从自身需求出发，及时沟通反馈需求信息，主动和被动地影响企业和专家团队研发创新方向，从而实现农业科技创新的可持续发展；同时又获得政府宏观政策的倾斜，积极参与科技成果转化具体落地实施，验证科技成果的针对性和实用性，充分发挥最终受体在农业推广中的作用，有效地缩短农业科技成果转化的进程。

8.3.2.5 农业服务商是成果推广主体和服务力量，发挥推广作用

农业服务商是在中国农村空心化、老龄化，农业信息化的背景下诞生的新型"农业中介机构"，在农业科技成果转化复合三螺旋模式中承担着农事咨询管理、农事"保姆"服务的角色，肩负着科技创新成果的培训、技术推广、农业优质生产全程服务的职责。通过获得政府政策扶持、项目支持经费以及免费为基层培训的形式将企业或专家成果推广到当地专业大户或家庭农场主乃至散户，弥补政府、专家显著不足的推广力量，带动成果转化最终受体获得最新的技术，提升产品质量，提高经济效益；同时借助培训以"农资+农技+农机+农事+咨询"打包的形式推广销售企业或专家研发成果及自身服务，一边帮助成果最终受体降本增效，一边实现自身经济利益最大化。在复合三螺旋模式中，农业服务商成为信息、技术"承上（企业/专家）启下（成果最终受体）"的关键纽带，起着承上启下的作用，关乎着成果推广的规模效应。

8.3.3 "政府—专家—企业—农业服务商—专业大户/家庭农场主"复合三螺旋成果转化模式构成

复合三螺旋由两个"创新三螺旋"和两个"转化三螺旋"三螺旋构成，彼此独立又相互联系，包含科技成果转化系统的供给端、需求端、服务端，是农业科技创新与成果转化协同演进的产物。

8.3.3.1 创新双三螺旋构成及主题

创新双三螺旋是由"政府—科研机构专家团队—企业"和"政府—科研机构专家团队—专业大户/家庭农场主"两个三螺旋构成（图8-5），强调在创新成果产出活动中这些三螺旋主体间的协同创新，其协同活动所围绕的核心是"产业导向"下的"科技创新"。科研机构专家团队和企业是科技创新的主体亦是科研成果产出

的主体，以科技驱动产业发展，处于创新双三螺旋的核心地位；政府主导系统创新活动的方向朝"产业目标"发展，并提供资源支持，保障创新活动的高效开展，处于辅助地位；专业大户/家庭农场验证科技创新成果的实用性，并实现产业化发展，且其需求反馈信息影响着创新和转化的方向及模式。产业战略协同和信息协同是创新双三螺旋主体的主要协同机理。

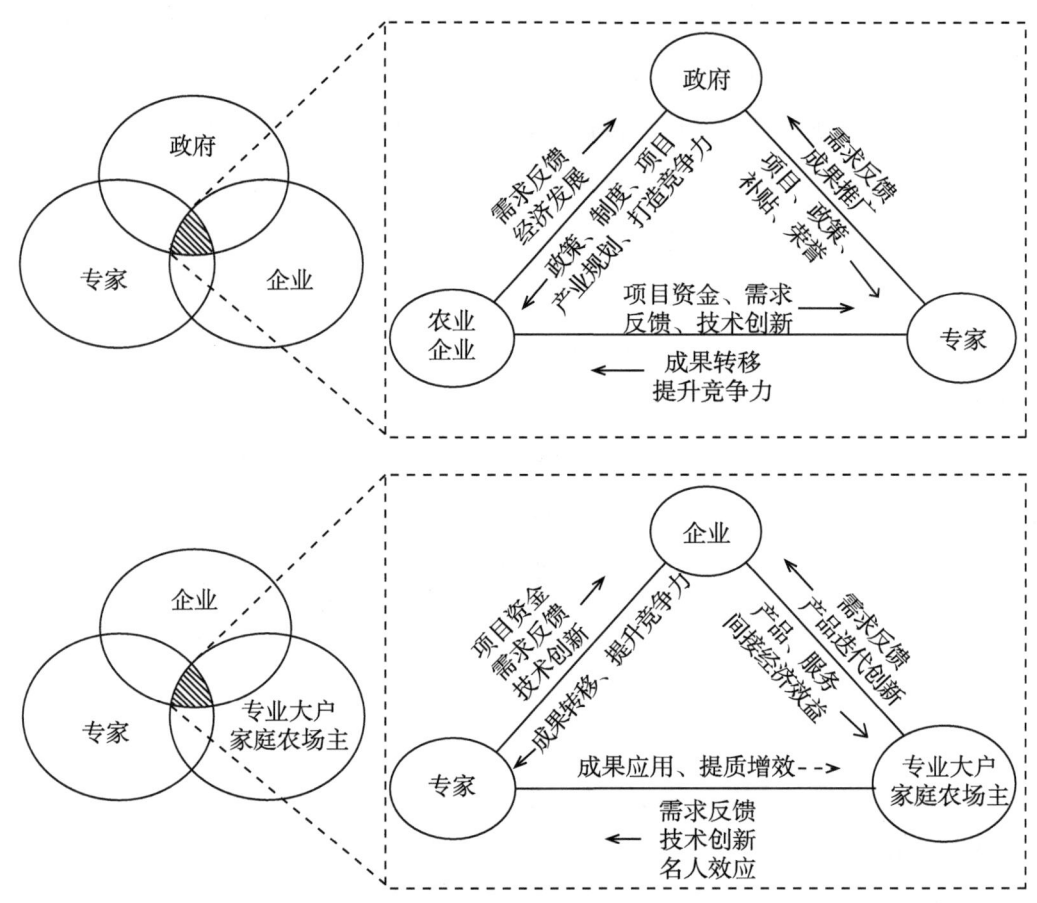

图 8-5　创新双三螺旋构成及模式

8.3.3.2　转化双三螺旋构成及主题

转化双三螺旋是由"政府—科研机构专家团队—专业大户/家庭农场主"和"政府—农业服务商—专业大户/家庭农场主"两个三螺旋构成（图8-6），促进产业经济发展是"转化双三螺旋"最核心的主题。专业大户/家庭农场主是成果转化的最终受体，处于转化双三螺旋的核心地位。政府、科研机构专家团队和农业服务商三大主体围绕专业大户/家庭农场的"需求"协同合作。政府通过政策导向、沟通协同、投融资等方式，解决专业大户或家庭农场主部分资源需求，发挥服务协调作用；科研机构专家团队则重点解决专业大户或家庭农场主关于生产、技术等方面的需求问题；农业服务商通过构建信息网络、提供指导培训等服务，解决成果推广人才短缺、成果落地应用效果不佳的问题，是科技成果转化推广的中坚力量。专业大户/家庭农场通过对创新成果的使用或思考，形成需求信息并会传达给政府、专家团队、农业服务商，而后者会因此改善或改变自身的成果创新目标或产业发展战略。需求协同成为推广双三螺旋的主要协同机理。

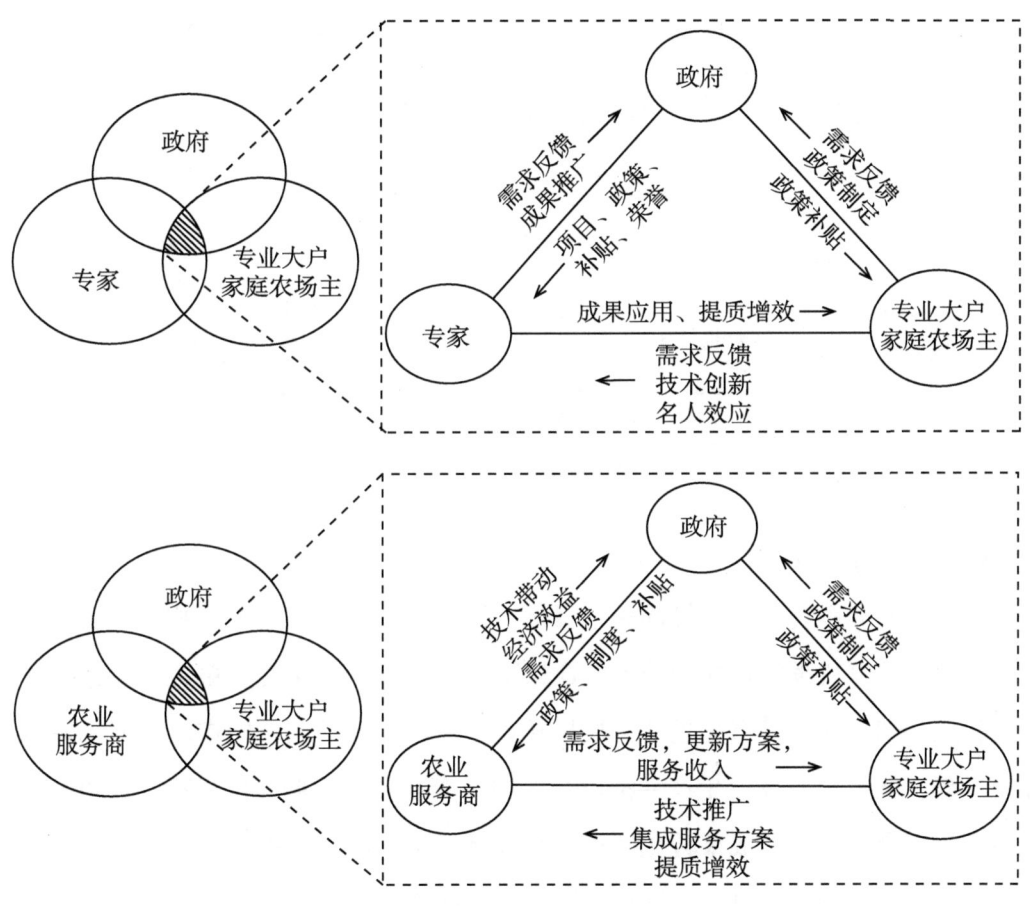

图 8-6 转化双三螺旋构成及模式

8.3.4 复合三螺旋模式运行机理

8.3.4.1 动力机理

在复合螺旋模式中，创新三螺旋的主题是技术创新和经济的发展，是一个"主动轮"，其价值取向为利益的最大化。推广三螺旋的主题是技术落地应用和经济发展的可持续发展，其价值取向是抑制利益最大化的纯粹追求，是"带动轮"，用需求去拉动协同转化系统向正确的方向发展。在"主动轮"和"带动轮"之间存在既符合技术进步和经济发展的最新方向、又符合用户需求，还符合投资目标要求的驱动力，即"持续发展轮"，紧紧围绕产业链，从研发—生产—推广—应用，形成产业闭环良性循环（图8-7）。

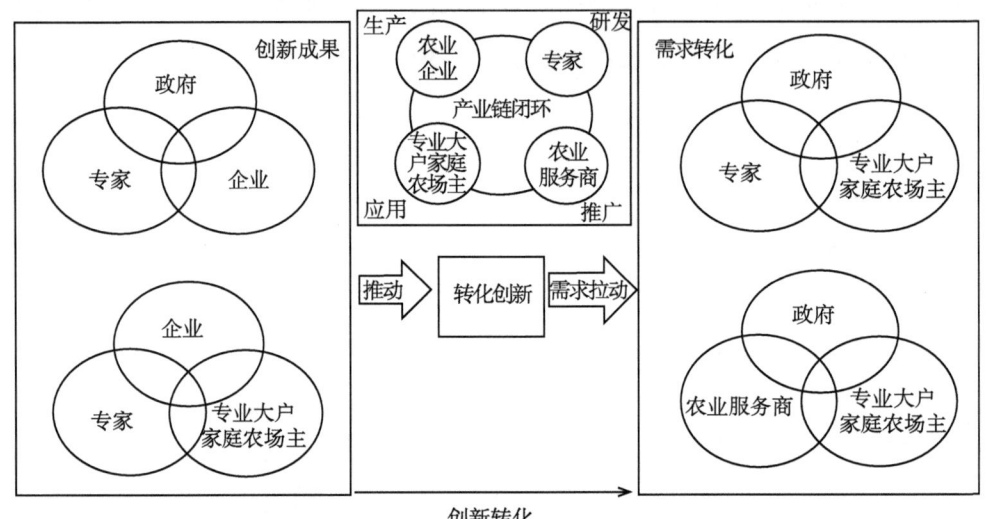

图8-7 复合螺旋模式动力机理

8.3.4.2 协同机理

所谓协同即系统各方围绕同一个目标，能力互补，需求匹配、相互耦合、共同作用。单纯的以科学发现导向的创新成果不一定为市场所接受，单纯的以市场导向的创新成果却不一定具有先进性。成果转化过程就是科学创新同市场之间的耦合和互动过程，就是"研发—生产—推广—应用"等环节相互融合的过程。在协同理论视角下，复合三螺旋的成果转化模式的高效运行，依赖于三螺旋体系之间的有效协同，三螺旋体系围绕着供给、需求、服务，发挥各自的特定功能，但彼此之间又有交叉性，能够建立密切联系，形成协同网络，保证系统内部协同稳定性，从而推动整个农业科技成果转化大系统的整体目标。

8.3.5 复合三螺旋模式案例实证研究——四川健康田园农业科技有限公司成果转化模式

政府。主要给予相关政策、项目支持。首先为企业投入基础设施的建设，如沟、路、渠的建设；其次通过土地流转等政策，公司获得了300亩土地的经营权及产权，解决了公司后续发展的后顾之忧；最后政府根据企业性质，将企业设为国家职业农民培训点，给予企业培训补贴，请企业做农技人员、种植大户、专合社等技术培训，推广创新成果，以期通过技术带动柑橘果品提质增效，从而促进当地柑橘产业的发展。

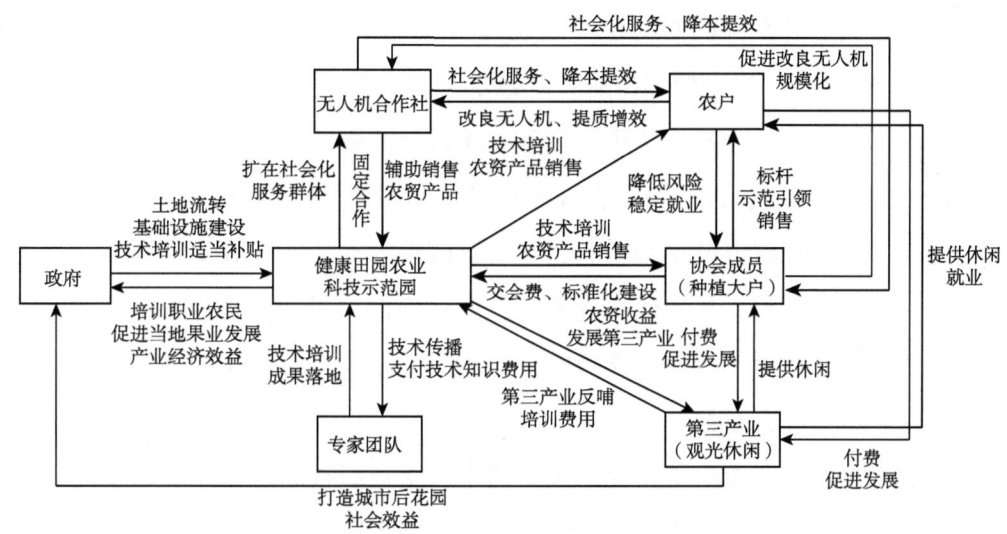

图 8-8　四川健康田园农业科技有限公司运行模式

农业服务商。四川省健康田园农业科技有限公司（以下简称公司）以农业特色产业为基础，开展农业观光、科普教育、农业培训等活动，提供"农资+农技+农机+农事"形式的"专业服务""综合方案"，实现自身利益最大化。公司园区占地300亩，投资3 000多万元，园区以一三产业为主（其中一产业以水果为主，三产业以休闲观光为主），承担着优质生产全程服务商的角色，是一个典型农业服务型企业。在市场需求驱动下，公司主动关注经营范围内的新科技成果、寻找市场上可用的科技成果，增强自身技能培训，与中国农业科学院柑橘研究所著名专家团队建立长效合作机制（技术合同），形成知识、信息交互。每月定期给农户、种植大户（以下简称用户）做培训，一方面将农业科技成果转化形式从"让你干"变成"请你看"，通过示范园区新技术、新品种的展示激发用户的兴趣，利用主动提供免费的农业技术以及后续的配套服务的策略，达到用户"看了想学，学了包会"的效果，实现科技成果的落地生成和规模化；与此同时获得需求反馈信息，传递给专家团队，共同促进成果创新紧贴市场需求。另一方面通过示范培训、示范园区的展示，将自身的"农资农机农技农事"等作物全程托管、降本提质增效的特色"综合方案"销售出去，获得相应利益；帮助用户对接销售渠道，获得用户口碑，将用户变为自身的"铁粉"，用户也因销售渠道的拓宽获得更多利益。公司、专家、用户通过示范园这个混合组织，形成良好的互动，并在需求牵引下，通过技术、信息分享，共创价值，共获利益。

此外公司又通过专合社的身份，以联营、入股等形式吸引种植大户/家庭农场主入社（服务对象），建立捆绑机制，既稳定了自身的服务对象，又间接地通过服务对象分担了技术推广的投入费用及风险；而入社的服务对象也能多获取一份除种植农业以外的"分红"，公司与专合社社员形成利益共享机制。

公司又通过代理农资产品的获利，在政府政策的支持下打造"农旅"项目：建设健康田园科技示范园，集现代农业展示、教育培训、观光旅游为一体，带动第三产业发展，并又通过第三产业来支持第一产业的发展（补贴培训费用），形成良性循环，获得经济、社会效益。

公司成为了农业科技成果转化的关键纽带，上连新技术的生产者，下连新技术的使用者，助力农业科技成果转化持续生效，带动当地经济发展。与此同时将"用户"需求反馈给其他主体，促进技术、产品创新满足"用户"需求，政策导向更加利于当地柑橘产业发展。

科研院所专家团队。中国农业科学院柑橘研究所专家团队与四川健康田园农业科技有限公司签署技术服务协议并获取知识服务费用。一方面按公司要求每月给公司、农技人员、专业大户/家庭农场主、散户做技术指导及培训；并同时推广自身研发的最新成果、技术，应用公司这个平台扩散自身研究成果的落地应用，塑造"专家技术品牌"；另一方面通过培训对象的信息反馈，了解当地生产技术等"农民痛点"问题，通过国家、省部级或市级项目立项，公司培训费用的补贴等多种形式，针对性地开展研发，促进自身科研成果的迭代更新，解决农业生产中的问题，带动培训对象的发展，从而促进经济发展，亦获得相应的社会效益。

专业大户/家庭农场主。一方面通过免费培训，了解有利于农业生产的新技术新品种新成果，及时获得技术、市场需求、市场价格等动态信息，自愿选择成果的应用，间接提高经济效益；同时将自身需求反馈给其他主体，完成信息传递、扩散与交互，促进了农业科技信息与成果转化的发展与完善；另一方面加入公司（合作社)结成利益共同体,改进农业生产的形式,获得稳定的产品销售渠道及收益。

农业企业。一是获得政府在政策、制度、项目方面的支持;二是改变传统的运营模式,由"渠道商—零售商"向"服务商—推广服务人员"转变,建立层级利益联结机制,给予服务商更大的利润空间,将服务商变成公司产品的代理商,通过销售产品及售后配套系列服务占领更大的市场空间,获得更大利润;三是与专家建立合作关系,并通过其他主体的信息反馈来不断更新自身产品,提升核心竞争力。

8.3.6 基于价值共创的复合三螺旋模式研究结论

8.3.6.1 "政府—专家—企业—农业服务商—专业大户/家庭农场主"复合三螺旋模式的特点

在复合三螺旋视角下,科技成果转化过程中,专家、企业、政府、农业服务商、种植大户/家庭农场主(用户),五个主体在科技成果转化过程中形成良性互动。政府不再处于主导地位,给予更多的是政策支持而非资金、项目的支持,而其他主体的"等、靠、要"思想逐渐褪去因而更具有独立性,增加了其他主体市场的竞争力,政府营造了一个良好的创新环境。专家通过与政府、企业农业服务商的合作,在进行成果产出的同时,促进了成果落地应用,并形成了当地的专家品牌效应,拥有社会经济效益。企业对通过专家、服务商、用户获得技术、人才、市场的需求,致使自身研发能力提升,产业核心竞争力提升。农业服务商与专家、企业、用户、政府建立紧密联系,成为该体系中关键的纽带,既通过培训获得政府的支持,弥补了专家、企业在技术推广与服务上的"人才"短板,又与"用户"通过构建合作社、农事管理、产销对接等形式建立利益联结机制;在科技带动、组织合作方面发挥了重要作用,获得经济、社会效益。复合三螺旋成果转化模式通过多方主体的良性互动,既促进了生产链、创新链协同转化,又延伸价值链的内涵,完善了信息链;多方主体携手螺旋上升发展,促进了农业科技信息与成果转化的发展与完善。

8.3.6.2 复合三螺旋成果转化模式的局限性

(1)复合三螺旋体系主体多重角色,利益分配机制有待完善

三螺旋成果转化模式,主体少且固化,利益机制相对明确。复合三螺旋成果转化模式涉及主体较多,并且这些主体在成果转化的过程中扮演着多个角色利益分配不明晰,由于缺乏组织化的联结机制及利益分配机制,易导致各主体间利益不均,

造成独家通吃的局面,从而影响各主体间的"自反",进而影响体系的螺旋上升。如农业服务商是农资产品代理商、技术推广培训机构、专合社、协会的集合体,如何以不同的角色与其他主体建立利益联结机制,保障大家共创价值、利益共享。

(2) 复合三螺旋体系资本投入、风险分担机制有待完善

资本对创新转化主体间的交流、技术的合作开发、资源的合理分配有突出的协调作用。农业科技成果的创新转化的高风险、周期长、不确定性,导致农业企业、服务商研发投入少,用户着重眼前利益成果落地应用难,农业融资贷款难,阻碍了成果转化进程及产业规模化生产。复合三螺旋如何融入资本因素,完善风险机制,有待进一步研究。

合理的农业科技成果转化模式是促进成果转化的关键所在,是科技成果顺利转化为社会实际生产力的有力保障。本章先以金颖农科孵化器为实证研究案例,剖析基于信息共享的农业科技成果转化的"2+N"模式、线上线下模式;再以三螺旋理论为支撑,构建"政府—专家团队—企业"农业科技成果转化三螺旋模式,该模式中各主体以农业产业发展为核心,市场导向为目标,需求牵引为动力,良性互动为基础,畅通信息链,提升价值链,促进创新链,有效促进三螺旋主体间的互动、交叉,螺旋发展,主体间共生合作,共创价值,共享利益。"政府—专家团队—企业"模式是政府主导型的三螺旋模式,企业大多为中小型企业,较为适用于经济欠发达区域。但企业对政府依赖性过强,"农业科技中介机构""专业大户/家庭农场主"关键主体要素缺失,"政府—科研机构专家团队—企业"主体不能负载和实现信息、服务要素及功能,这些因素很影响"政府—专家团队—企业"模式的稳定性和持续性。因而,本节研究在原有模式的基础上,构建由"创新双三螺旋"和"推广双三螺旋"构成的复合三螺旋农业科技成果转化模式,并设计了双三螺旋的推广、转化模式下的动力和协同机理。研究表明复合双三螺旋农业科技成果转化模式可弥补传统三螺旋模式短板,螺旋主体间形成战略、信息、需求协同,社会、经济价值提升,解决了螺旋主体合作不紧密、市场终端需求主体缺位,科技成果有效需求不足的问题。复合三螺旋模式是新时代下农业科技创新与成果转化动态演进的产物,适用区域更广,可为农业科技成果转化的真正落地提供理论依据与模式借鉴。

第 9 章　基于修正 Shapley 值法的农业科技成果转化利益分配机制研究

在农业技术研发和成果转化过程中，我国主要以各级政府财政拨款和项目推动的方式发挥着主导作用。随着市场机制日趋完善，政府主导的农业科技成果转化方式下由于市场主体缺位所引起的"市场失灵"愈发明显，由此产生的农业科技分工不明、成果供需失衡、配套性差、创新主体协同不足等问题长期制约着我国农业科技成果转化效率（黄季焜，2018；蒋和平 等，2020；林青宁 等，2018）。为此，亟需以市场机制疏通农业科技成果转化"堵点"，形成政府、农业企业、科研单位、经销商、零售商、合作社、家庭农场、农户等不同主体参与的产学研用充分融合、上中下游协同一体的农业科技成果转化模式。农业科技成果转化涉及多方主体，作为农业科技成果转化的制度供给者和资金支持者，追求社会利益最大化，农业企业、科研单位、经销商、零售商、合作社、家庭农场、农户等作为农业科技成果转化中不同环节的各参与主体，追求私人利益最大化，这就需要构建科学合理的利益分配机制，通过价值共创、利益共享，确保合作各方实现共赢，维持稳定的合作关系。概言之，形成稳定运作的农业科技成果转化模式，构建科学合理的利益分配机制，是提升农业科技成果转化率的关键所在。

9.1　理论研究

随着我国农业科技成果产出数量不断增加，相对于农业科技的投入以及成果存量，农业科技成果的应用价值尚未充分发挥，如何推动农业科技成果有效转化倍受学界关注。张学军（2007）基于新制度经济学理论，认为农业科技成果转化的本质是一种交易契约形成、履行的过程，成果转化的高风险性、高投入性和较强外部性将会导致科技成果的研发和转化的成本与收益不对称，引起科技资源配置的"市场失灵"，导致由市场自发提供的农业科技成果转化数量小于"帕累托最优状态"。

而有效的农业科技成果转化模式可以使成果转化中各利益主体的产权得到明确界定和有效保护，抑制交易双方的机会主义行为，激励双方提供足够的信息，缓解交易双方的信息不对称，进而降低不确定性，最大限度地实现外部收益内部化，降低交易费用，实现资金、人才、技术与环境等科技资源的优化配置，提升研发效率和成果转化绩效（陈学云 等，2011；林青宁 等，2018）。为此，围绕农业科技成果转化模式，学者们从不同角度展开了诸多研究。李惠芬等（2009）、徐士铁等（2011）、林青宁等（2018）根据农业科技成果转化性质和转化主体的视角，提出政府主导型、企业主导型、农业科研院所主导型、专业协会主导型、协同转化等多种模式；熊桉（2019）基于技术属性和专利保护程度，将农业科技成果转化模式分为经营性、公益性、准公益性三类；袁伟民等（2022）从农业科技成果转化路径角度，将现有转化模式归纳为农业科研院校自建或校（院）地合作共建成果转化模式、市场化途径的成果转化模式和组建专业化平台服务成果转化模式；另有学者从创新链、产业链视角进行剖析，提出促进新技术扩散的创新型农业产业价值链整合模式（黄钢 等，2008；李宇 等，2017）。

为了形成稳定有效的农业科技成果转化模式，关键是构建有利于促进科技成果从供给方转移到需求方的利益分配机制（张学军，2007；刘家树 等，2012；刘兴斌 等，2014）。由于利益分配问题是典型的不完全信息下最优合约安排问题（鲁若愚 等，2003），国内外学者多采用委托代理理论研究如何设计利益分配契约来激励合作方共同努力（马亚男，2008；Crama 等，2008；Lai 等，2009；贺一堂 等，2017；危怀安 等，2022）。相关研究主要运用博弈分析法探讨产学研协作创新利益分配机制（黄波 等，2011；刘勇 等，2015；贺一堂 等，2017）以及农产品供应链的利益分配机制（Rhee 等，2010；李惠杰 等，2011；卜祥龙，2012），不少学者还采用 Shapley 值法及其修正模型对农产品供应链联盟（赵晓飞 等，2008；高强 等，2015；周业付，2018）、植物品种权价值链（高洁 等，2012）以及稻米、蔬菜、猪肉、液态奶、乳品、鲜食葡萄、棉花等（寇光涛 等，2017；陈红华 等，2011；黄勇，2017；钱贵霞 等，2013；郭迎春 等，2020；邓磊 等，2016）不同产业链各主体之间的利益分配机制进行实证分析。然而，直接针对农业科技成果转化利益分配机制的研究尚为数不多，如雷声芳等（2010）基于农产品供应者、政府和消费者三方的博弈分析，构建了农产品供应链环境下全社会帕累托最优状态的利益分配模型；刘兴斌等（2014）通过建立技术推广部门、政府部门和农户三方主体动态博弈模型，提出农业科技成果转化与推广过程各方主体间的利益协调机制；陈湘东等（2015）就农业科技成果转化所涉及的成果供给方、需求方和调控方三者之间的利益关系展开博弈分析，提出协调各主体利益诉求的相关建议；熊桉（2019）针对促进农业科技成果转化，提出构建要素收益分享与风险共担的技术研发和成果转化的内生机制。

虽然已有研究涉及对农业科技成果转化模式及其利益分配机制的分析，但现有研究尚存在以下不足。一方面，现有对农业科技成果转化模式的研究以理论分析居多，针对典型模式调查的实证研究较少；另一方面，直接针对农业科技成果转化利益分配机制的研究较少，少量研究主要是采用博弈论方法的理论分析，缺乏针对不同农业科技成果转化模式的定量化利益分配分析。Shapley值法是用于利益分配机制研究的常用方法，但已有研究的对象主要是农产品供应链和农业产业链，鲜有应用于农业科技成果转化利益分配机制问题的研究。

因此，本研究基于实地调研，总结农业科技成果转化的典型模式，建立科学合理的农业科技成果转化利益分配机制，可为农业科技成果转化模式推广应用提供实践参考，也为收益分配机制的相关研究提供借鉴。本研究的特点主要有两点，第一，基于调研获取的一手资料，总结不同农业科技成果转化模式，贴切地刻画了农业科技成果转化模式的实际状况，为拓展农业科技成果转化模式的研究提供了有益的参考；第二，综合考虑参与主体的风险承担、技术创新、合作程度等因素，通过修正传统的Shapley值法，对不同农业科技成果转化模式下的收益分配机制展开实证分析，为研究农业科技成果转化收益分配机制提供了新的思路。

9.2 实证研究

9.2.1 农业科技成果转化的典型模式

本研究于2021年4—9月深入四川省宜宾市屏山县、成都市金堂县、广安市武胜县、成都市崇州市、自贡市自流井区、成都市双流区、雅安市名山区、绵阳市涪城区等20余个县（市、区），涉及以种植业、养殖业、种业、农资行业为代表的农业科技成果转化相关主体的实地调研，发现各参与方通过优势互补，在农业科技成果研发、推广和应用的不同阶段发挥着积极作用。不同阶段参与主体的主要职能及基本特征情况分别如表 9-1、表 9-2 所示。

表 9-1　农业科技成果转化的参与主体及主要职能

	参与主体	主要职能
研发阶段	政府、科研单位、农业企业	农业科技成果发明和创新
推广阶段	农业企业、政府、经销商、零售商	农业科技成果传播和推广
应用阶段	农业企业、合作社、家庭农场、农户	农业科技成果转化和落地

表 9-2　农业科技成果转化主体基本统计特征

主体	数量	指标	最大值	最小值	平均值	标准差
企业	8	资产规模（万元）	12 000	500	5 831.55	—
		研发人数（人）	40	4	14.13	—
		科研资金占销售收入比例	20%	8.33%	14.75%	—
科研单位	2	人均科研投入（万元）	32.97	27.13	30.90	—
		科技人数	1 304	716	1 010	—
经销商/零售商	36	销售收入（万元）	3 780	20	276.13	656
		销售人数（人）	65	2	8.41	—
		科技成果推广服务投入资金占销售收入比例	30%	0%	14.51%	0.087 8
村集体经济组织	3	年产值（万元）	54	19	32	—
		组织成员数（人）	916	526	754.33	—
合作社/家庭农场/农户	192	销售收入（万元）	5 896	1	241.71	562.63
		生产经营人数（人）	1 843	2	63.31	239.89
		购买新产品/农资/技术资金占利润比例	100%	0	26.60%	0.229 5

注：调研发现，农业科技成果转化的不同模式中，经销商/零售商、合作社/家庭农场/农户数量较多，而企业、科研单位、村集体经济组织数量较少，对于数量较少的参与主体，标准差不具有意义，故采用"—"表示缺省值。

调查表明，农业科技成果转化模式主要包括"政府+科研单位+农业企业+合作社/家庭农场/农户""政府+农业企业+经销商/零售商+合作社/家庭农场/农户""政府+科研单位+农业企业+经销商/零售商+合作社/家庭农场/农户""科研单位+农业企业+经销商/零售商+合作社/家庭农场/农户""科研单位+农业企业+村集体经济组织+农户" 5 种模式，具体可以分为 3 类。

（1）公益性科技成果转化模式。即以"政府+科研单位+农业企业+合作社/家庭农场/农户"为代表的公益性科技成果转化模式。该模式下政府搭建平台，提供资金、政策、公益服务等，为促进农业科技创新和成果转化起到引导、支持和保障作用；科研单位和农业企业在资金和政策支持下开展科技创新，并且科研单位在财政经费保障下，为农业企业、合作社、家庭农场、农户等提供公益性的技术支持；农业企业、政府、经销商和零售商将创新技术和产品向合作社、家庭农场、农户等进行推广，同时合作社、家庭农场、农户、经销商和零售商经由农业企业，将市场需求反馈给科研单位，推动科研单位进行技术和产品更新，更好地实现农业科技成果转化。

（2）经营性科技成果转化模式。即以"政府+农业企业+经销商/零售商+合作社/家庭农场/农户""政府+科研单位+农业企业+经销商/零售商+合作社/家庭农场/农户""科研单位+农业企业+经销商/零售商+合作社/家庭农场/农户"为代表的经营性科技成果转化模式。该模式以市场需求为导向，农业企业为主导，通过从经销商、零售商、合作社、家庭农场、农户等搜集用户实际生产问题和需求，企业自主或委托科研单位开展应用型研究，获取整体技术解决方案，农业企业依托经销商和零售商将技术和产品推广给合作社、家庭农场、农户等，实现农业科技成果与市场需求的有效对接。

（3）具有扶贫性质的农业科技成果转化模式。"科研单位+农业企业+村集体经济组织+农户"为代表的、具有扶贫性质的农业科技成果转化模式。该模式通过成果转化带动产业发展，农户由村集体经济组织起来，获取土地流转金、农业企业务工收入和产品销售分红，确保农户获得持续稳定的收入。

9.2.2 基于修正 Shapley 值法的农业科技成果转化利益分配机制分析

（1）Shapley 值法

假设农业科技成果转化参与主体的集合为 $N=\{1, 2, \cdots, n\}$，s_i 表示参与主体 i 的所有子集，子集中元素的个数为 $|s|$。$V(s)$ 为子集 S 进行合作后的收益，$V(s/i)$ 为子集 s 中除去主体 i 后进行创新转化的收益，每个主体单独创新转化的收益为 $V(i)$，当主体间进行合作后获得的总收益为 $\Phi(v)$，此时参与主体 i 获得的利益分配为 Shapley 值，用表 $\varphi_i(v)$ 表示。

农业科技成果转化各主体参与科技创新和成果转化时，需要满足以下条件：

$$\sum_{i=1}^{n} \varphi_i(v) = \Phi(v) \qquad 式（9-1）$$

$$\Phi(v) \geqslant \sum_{i=1}^{n} V(i) \qquad 式 (9-2)$$

$$\varphi_i(v) \geqslant V(i) \qquad 式 (9-3)$$

式（9-1）表示各主体参与合作的总收益等于单个主体总收益之和；式（9-2）表示各主体参与合作后的总收益不低于合作前各主体单独行动时的收益之和；式（9-3）表示各主体参与合作后得到的收益高于单独行动时获得的收益。满足式（9-1）、式（9-2）、式（9-3）后，可以进行 Shapley 值法的计算。

$$\varphi_i(v) = \sum_{S \subseteq S_i} \delta(|s|) [V(s) - V(s/i)] \qquad 式 (9-4)$$

其中，$\delta(|s|) = \dfrac{(n - |s|)!\,(|s| - 1)!}{n!}$，$\delta(|s|)$ 为加权因子，表示主体 i 参与某个子集 s_i 的概率。

（2）修正 Shapley 值法

Shapley 值法对各参与主体在合作中的不同贡献作了充分考虑，将其引入农业科技成果转化利益分配之中，能较好地激发各参与主体的合作积极性。但需要指出的是不同参与主体在农业科技成果转化过程中所面临的环境风险、决策风险、市场风险等风险大小不同，但 shapley 值法缺乏对风险差异的考量，造成利益分配与风险承担水平不匹配，有违风险共担的市场运行规则。技术创新是支撑农业科技成果转化的重要因素，利益分配还需要考虑技术创新，在技术创新方面做出较大贡献的参与主体应增加其收益分配，而对技术创新缺乏贡献的参与主体减少其收益分配。此外，由于各参与主体在合作中的积极性和努力程度表现不一，对合作稳定性的贡献不同，因此在进行利益分配时也需要予以考虑，对于参与合作积极性和努力程度较高的成员应增加其收益分配，反之则减少其收益分配。根据以上分析，本研究在 Shapley 值法的基础上，纳入对参与主体风险承担、技术创新、合作程度等因素的考量，构建基于修正 Shapley 值法的农业科技成果转化利益分配模型，以使利益分配更加合理。上述 3 个影响因素在利益分配中发挥着不同的作用，可通过科学计算赋值不同的权重。层次分析法是对定性指标进行定量分析的一种简便且实用的决策方法，因此本研究采用层次分析法对农业科技成果转化利益分配机制的影响因素进行评价。本研究基于文献查阅、问卷调查、专家座谈等多种方式，确定了由 16 项二级指标所构成的农业科技成果转化利益分配机制影响因素评价体系，具体如图

9-1 所示。

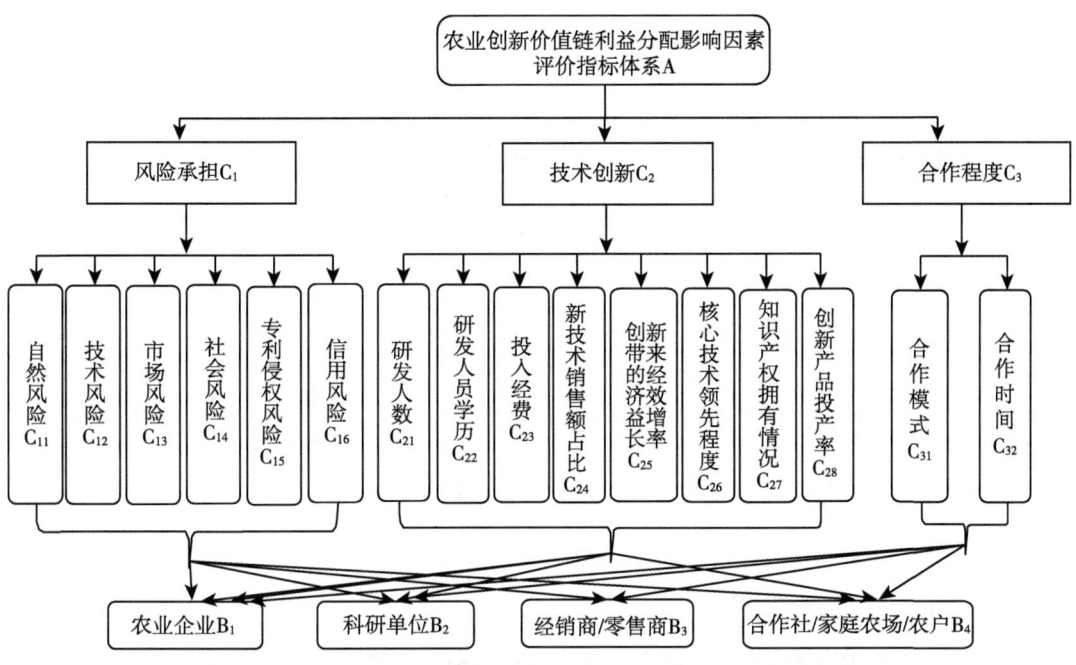

图 9-1　农业科技成果转化利益分配机制的影响因素评价指标体系

通过构建比较判断矩阵并对判断矩阵进行一致性检验，确定风险承担、技术创新、合作程度的权重，令风险承担系数 $\overline{R}_i$、技术创新系数 $\overline{G}_i$、合作程度系数为 $\overline{F}_i$ 分别为：

$$\overline{R} = w_{c_1} \cdot T_{c_1} \qquad \text{式（9-5）}$$

$$\overline{G} = w_{c_2} \cdot T_{c_2} \qquad \text{式（9-6）}$$

$$\overline{F} = w_{c_3} \cdot T_{c_3} \qquad \text{式（9-7）}$$

每一主体 i 对应的风险承担系数 α_i、技术创新系数 β_i、合作程度系数 γ_i 分别为：

$$\alpha_i = \overline{R}_i / \sum_i^n \overline{R}_i \qquad \text{式（9-8）}$$

$$\beta_i = \overline{G}_i / \sum_i^n \overline{G}_i \qquad \text{式（9-9）}$$

$$\gamma_i = \overline{F}_i / \sum_i^n \overline{F}_i \qquad \text{式（9-10）}$$

在合作收益分配中，风险承担、技术创新、合作程度的权重采用 $\omega = (\omega_1, \omega_2, \omega_3)$ 表示，可得参与主体 i 的各因素综合评价值 c_i 为：

$$c_i = (\alpha_i, \beta_i, \gamma_i)\begin{pmatrix} \omega_1 \\ \omega_2 \\ \omega_3 \end{pmatrix} \quad\quad 式（9-11）$$

参与主体 i 的实际影响因素与理论均摊因子 $\frac{1}{n}$ 的差值 ξ_i 为：

$$\xi_i = c_i - \frac{1}{n} \quad\quad 式（9-12）$$

由此修正模型可表示为：

$$\varphi'_i(v) = \sum_{S \subseteq S_i} \delta(|s|)\,[V(s) - V(s/i)] + \Phi(v)\left(c_i - \frac{1}{n}\right) \quad\quad 式（9-13）$$

式中，$\varphi'_i(v)$ 表示修正后第 i 个参与主体的利益分配值。

（3）基于修正 Shapley 法的利益分配机制实证分析

Shapley 值法的算例求解。

政府主要追求社会效益，不直接参与利益分配，因此农业科技成果转化中参与利益分配的合作主体仅包括农业企业、科研单位、经销商/零售商、村集体经济组织、合作社/家庭农场/农户。根据调研情况，不同农业科技成果转化模式的利益分配比例及收益增长情况如表 9-3 所示，可以看出农业企业分配比例最高，其次分别是经销商/零售商、科研单位、合作社/家庭农场/农户；从利益增长来看，合作社/家庭农场/农户增长最快。

表 9-3 不同农业科技成果转化模式的收益分配比例及收益增长描述分析

模式	主体	收益分配比例			收益增长比例		
		最大值	最小值	平均值	最大值	最小值	平均值
政府+科研单位+农业企业+合作社/家庭农场/农户	政府	0	0	0	0	0	0
	科研单位	0	0	0	0	0	0
	农业企业	85%	50%	79.60%	15%	3%	5.37%
	合作社/家庭农场/农户	30%	6%	20.42%	30%	10%	11.69%
政府+农业企业+经销商/零售商+合作社/家庭农场/农户	政府	0	0	0	0	0	0
	农业企业	80%	55%	65.12%	16%	4%	7.33%
	经销商/零售商	35%	15%	24.77%	15%	5%	7.73%
	合作社/家庭农场/农户	12%	4%	10.15%	60%	10%	15.70%

（续表）

模式	主体	收益分配比例			收益增长比例		
		最大值	最小值	平均值	最大值	最小值	平均值
政府+科研单位+农业企业+经销商/零售商+合作社/家庭农场/农户	政府	0	0	0	0	0	0
	科研单位	15%	3%	8.42%	6%	0	2.14%
	农业企业	75%	50%	60.47%	12%	3%	10.24%
	经销商/零售商	45%	20%	23.81%	20%	5%	8.89%
	合作社/家庭农场/农户	15%	5%	7.22%	24%	7%	16.25%
科研单位+农业企业+经销商/零售商+合作社/家庭农场/农户	科研单位	16%	5%	8.76%	10%	3%	4.21%
	农业企业	65%	35%	56.16%	30%	5%	11.03%
	经销商/零销商	55%	6%	27.43%	20%	5%	9.75%
	合作社/家庭农场/农户	14%	4%	7.65%	25%	6%	16.45%
科研单位+农业企业+村集体经济组织+农户	科研单位	7%	2%	4.92%	6%	1%	2.74%
	农业企业	70%	55%	58.33%	20%	2%	8.48%
	村集体组织	15%	6%	11.26%	20%	5%	8.85%
	农户	30%	10%	25.24%	30%	10%	18.92%

计算不同合作模式下的农业企业利益分配情况，假设农业企业、科研单位、经销商/零售商、村集体经济组织、合作社/家庭农场/农户参与合作前的收益分别为 m_1、m_2、m_3、m_4、m_5，基于利益增长比例的平均值数据，利用 Shapley 算法计算不同模式下各参与主体的利益分配情况。"政府+科研单位+农业企业+合作社/家庭农场/农户"模式中，科研单位提供公益性的技术支持，不参与该模式的利益分配。各模式下的分配情况如表 9-4 至表 9-8 所示。

表 9-4 "政府+科研单位+农业企业+合作社/家庭农场/农户"模式利益分配情况

s	农业企业		合作社/家庭农场/农户	
	农业企业	农业企业+合作社/家庭农场/农户	合作社/家庭农场/农户	农业企业+合作社/家庭农场/农户
$V(s)$	m_1	$1.0537m_1+1.1169m_5$	m_5	$1.0537m_1+1.1169m_5$
$V(s/i)$	0	m_5	0	m_1
$\|s\|$	1	2	1	2
$\delta(\|s\|)$	0.5	0.5	0.5	0.5
$\delta(\|s\|)(V(s)-V(s/i))$	$0.5m_1$	$0.5269m_1+0.0585m_5$	$0.5m_5$	$0.0537m_1+0.5585m_5$
$\varphi(v)$		$1.0269m_1+0.0585m_5$		$0.0537m_1+1.0585m_5$
$\Phi(v)$		$1.0806m_1+1.117m_5$		

表 9-5 "政府+农业企业+经销商/零售商+合作社/家庭农场/农户"模式利益分配情况

s	农业企业	农业企业+经销商/零售商	农业企业+合作社/家庭农场/农户	农业企业+经销商/零售商+合作社/家庭农场/农户
$V(s)$	m_1	m_1+m_3	$1.053\,7m_1+1.116\,9m_5$	$1.073\,3m_1+1.077\,3m_3+1.157m_5$
$V(s/i)$	0	m_3	m_5	m_3+m_5
$V(s)-V(s/i)$	m_1	m_1	$1.053\,7m_1+0.116\,9m_5$	$1.073\,3m_1+0.077\,3m_3+0.157m_5$
$\lvert s \rvert$	1	2	2	3
$\delta(\lvert s \rvert)$	$\dfrac{1}{3}$	$\dfrac{1}{6}$	$\dfrac{1}{6}$	$\dfrac{1}{3}$
$\delta(\lvert s \rvert)(V(s)-V(s/i))$	$\dfrac{m_1}{3}$	$\dfrac{m_1}{6}$	$\dfrac{1.053\,7m_1+0.116\,9m_5}{6}$	$\dfrac{1.073\,3m_1+0.077\,3m_3+0.157m_5}{3}$
$\varphi(v)$			$1.039\,3m_1+0.025\,8m_3+0.093\,5m_5$	

s	经销商/零售商	农业企业+经销商/零售商	经销商/零售商+合作社/家庭农场/农户	农业企业+经销商/零售商+合作社/家庭农场/农户
$V(s)$	m_3	m_1+m_3	m_3+m_5	$1.073\,3m_1+1.077\,3m_3+1.157m_5$
$V(s/i)$	0	m_1	m_5	$1.053\,7m_1+1.116\,9m_5$
$V(s)-V(s/i)$	m_3	m_3	m_3	$0.019\,6m_1+1.077\,3m_3+0.040\,1m_5$
$\lvert s \rvert$	1	2	2	3
$\delta(\lvert s \rvert)$	$\dfrac{1}{3}$	$\dfrac{1}{6}$	$\dfrac{1}{6}$	$\dfrac{1}{3}$
$\delta(\lvert s \rvert)(V(s)-V(s/i))$	$\dfrac{m_3}{3}$	$\dfrac{m_3}{6}$	$\dfrac{m_3}{6}$	$\dfrac{0.019\,6m_1+1.077\,3m_3+0.040\,1m_5}{3}$
$\varphi(v)$			$0.008\,5m_1+1.025\,8m_3+0.013\,4m_5$	

s	合作社/家庭农场/农户	农业企业+合作社/家庭农场/农户	经销商/零售商+合作社/家庭农场/农户	农业企业+经销商/零售商+合作社/家庭农场/农户
$V(s)$	m_5	$1.053\,7m_1+1.116\,9m_5$	m_3+m_5	$1.073\,3m_1+1.077\,3m_3+1.157m_5$
$V(s/i)$	0	m_1	m_3	m_1+m_3
$V(s)-V(s/i)$	m_5	$0.053\,7m_1+1.116\,9m_5$	m_5	$0.073\,3m_1+0.077\,3m_3+1.157m_5$
$\lvert s \rvert$	1	2	2	3
$\delta(\lvert s \rvert)$	$\dfrac{1}{3}$	$\dfrac{1}{6}$	$\dfrac{1}{6}$	$\dfrac{1}{3}$
$\delta(\lvert s \rvert)(V(s)-V(s/i))$	$\dfrac{m_5}{3}$	$\dfrac{0.053\,7m_1+1.116\,9m_5}{6}$	$\dfrac{m_5}{6}$	$\dfrac{0.073\,3m_1+0.077\,3m_3+1.157\,0m_5}{3}$
$\varphi(v)$			$0.036\,4m_1+0.025\,8m_3+1.110\,2m_5$	
$\Phi(v)$			$1.084\,2m_1+1.077\,4m_3+1.217\,1m_5$	

表 9-6 "政府+科研单位+农业企业+经销商/零售商+合作社/家庭农场/农户"模式利益分配情况

s	农业企业	科研单位+农业企业	农业企业+经销商/零售商	农业企业+合作社/家庭农场/农户
$V(s)$	m_1	$m_1 + m_2$	$m_1 + m_3$	$1.0537m_1 + 1.1169m_5$
$V(s/i)$	0	m_2	m_3	m_5
$V(s) - V(s/i)$	m_1	m_1	m_1	$1.0537m_1 + 0.1169m_5$
$\lvert s \rvert$	1	2	2	2
$\delta(\lvert s \rvert)$	$\dfrac{1}{4}$	$\dfrac{1}{12}$	$\dfrac{1}{12}$	$\dfrac{1}{12}$
$\delta(\lvert s \rvert)(V(s) - V(s/i))$	$\dfrac{m_1}{4}$	$\dfrac{m_1}{12}$	$\dfrac{m_1}{12}$	$\dfrac{1.0537m_1 + 0.1169m_5}{12}$

s	科研单位+农业企业+经销商/零售商	科研单位+农业企业+合作社/家庭农场/农户	农业企业+经销商/零售商+合作社/家庭农场/农户	科研单位+农业企业+经销商/零售商+合作社/家庭农场/农户
$V(s)$	$m_1 + m_2 + m_3$	$m_1 + m_2 + m_5$	$1.0733m_1 + 1.0773m_3 + 1.157m_5$	$1.1024m_1 + 1.0214m_2 + 1.0889m_3 + 1.1625m_5$
$V(s/i)$	$m_2 + m_3$	$m_2 + m_5$	$m_3 + m_5$	$m_2 + m_3 + m_5$
$V(s) - V(s/i)$	m_1	m_1	$1.0733m_1 + 0.0773m_3 + 0.157m_5$	$1.1024m_1 + 0.0214m_2 + 0.0889m_3 + 0.1625m_5$
$\lvert s \rvert$	3	3	3	4
$\delta(\lvert s \rvert)$	$\dfrac{1}{12}$	$\dfrac{1}{12}$	$\dfrac{1}{12}$	$\dfrac{1}{4}$
$\delta(\lvert s \rvert)(V(s) - V(s/i))$	$\dfrac{m_1}{12}$	$\dfrac{m_1}{12}$	$\dfrac{1.0733m_1 + 0.0773m_3 + 0.157m_5}{12}$	$\dfrac{1.1024m_1 + 0.0214m_2 + 0.0889m_3 + 0.1625m_5}{4}$
$\varphi(v)$			$1.0191m_1 + 0.0054m_2 + 0.0287m_3 + 0.0785m_5$	

s	科研单位	科研单位+农业企业	科研单位+经销商/零售商	科研单位+合作社/家庭农场/农户
$V(s)$	m_2	$m_1 + m_2$	$m_2 + m_3$	$m_2 + m_5$
$V(s/i)$	0	m_1	m_3	m_5
$V(s) - V(s/i)$	m_2	m_2	m_2	m_2
$\lvert s \rvert$	1	2	2	2
$\delta(\lvert s \rvert)$	$\dfrac{1}{4}$	$\dfrac{1}{12}$	$\dfrac{1}{12}$	$\dfrac{1}{12}$
$\delta(\lvert s \rvert)(V(s) - V(s/i))$	$\dfrac{m_2}{4}$	$\dfrac{m_2}{12}$	$\dfrac{m_2}{12}$	$\dfrac{m_2}{12}$

(续表)

s	科研单位+农业企业+经销商/零售商	科研单位+农业企业+合作社/家庭农场/农户	科研单位+经销商/零售商+合作社/家庭农场/农户	科研单位+农业企业+经销商/零售商+合作社/家庭农场/农户
$V(s)$	$m_1 + m_2 + m_3$	$m_1 + m_2 + m_5$	$m_2 + m_3 + m_5$	$1.0214m_1 + 1.1024m_2 + 1.0889m_3 + 1.1625m_5$
$V(s/i)$	$m_1 + m_3$	$m_1 + m_5$	$m_3 + m_5$	$1.0133m_1 + 1.0773m_3 + 1.157m_5$
$V(s) - V(s/i)$	m_2	m_2	m_2	$0.0091m_1 + 1.0214m_2 + 0.0116m_3 + 0.0055m_5$
$\|s\|$	3	3	3	4
$\delta(\|s\|)$	$\dfrac{1}{12}$	$\dfrac{1}{12}$	$\dfrac{1}{12}$	$\dfrac{1}{4}$
$\delta(\|s\|)(V(s) - V(s/i))$	$\dfrac{m_2}{12}$	$\dfrac{m_2}{12}$	$\dfrac{m_2}{12}$	$\dfrac{0.0091m_1 + 1.0214m_2 + 0.0116m_3 + 0.0055m_5}{4}$
$\varphi(v)$			$0.0028m_1 + 1.0051m_2 + 0.0029m_3 + 0.0134m_5$	

s	经销商/零售商	科研单位+经销商/零售商	农业企业+经销商/零售售	经销商/零售商+合作社/家庭农场/农户
$V(s)$	m_3	$m_2 + m_3$	$m_1 + m_3$	$m_3 + m_5$
$V(s/i)$	0	m_2	m_1	m_5
$V(s) - V(s/i)$	m_3	m_3	m_3	m_3
$\|s\|$	1	2	2	2
$\delta(\|s\|)$	$\dfrac{1}{4}$	$\dfrac{1}{12}$	$\dfrac{1}{12}$	$\dfrac{1}{12}$
$\delta(\|s\|)(V(s) - V(s/i))$	$\dfrac{m_3}{4}$	$\dfrac{m_3}{12}$	$\dfrac{m_3}{12}$	$\dfrac{m_3}{12}$

s	科研单位+农业企业+经销商/零售商	科研单位+经销商/零售商+合作社/家庭农场/农户	农业企业+经销商/零售商+合作社/家庭农场/农户	科研单位+农业企业+经销商/零售商+合作社/家庭农场/农户
$V(s)$	$m_1 + m_2 + m_3$	$m_2 + m_3 + m_5$	$1.0733m_1 + 1.0773m_3 + 1.157m_5$	$1.0214m_1 + 1.1024m_2 + 1.0889m_3 + 1.1625m_5$
$V(s/i)$	$m_1 + m_2$	$m_2 + m_5$	$1.0537m_1 + 1.1169m_5$	$m_1 + m_2 + m_5$
$V(s) - V(s/i)$	m_3	m_3	$0.0733m_1 + 1.0773m_3 + 0.157m_5$	$0.1024m_1 + 0.0214m_2 + 1.0889m_3 + 0.1625m_5$
$\|s\|$	3	3	3	4
$\delta(\|s\|)$	$\dfrac{1}{12}$	$\dfrac{1}{12}$	$\dfrac{1}{12}$	$\dfrac{1}{4}$
$\delta(\|s\|)(V(s) - V(s/i))$	$\dfrac{m_3}{12}$	$\dfrac{m_3}{12}$	$\dfrac{0.0733m_1 + 1.0773m_3 + 0.157m_5}{12}$	$\dfrac{0.1024m_1 + 0.0214m_2 + 1.0889m_3 + 0.1625m_5}{4}$
$\varphi(v)$			$0.0317m_1 + 0.0054m_2 + 1.0222m_3 + 0.0587m_5$	

（续表）

s	合作社/家庭农场/农户	科研单位+合作社/家庭农场/农户	农业企业+合作社/家庭农场/农户	经销商/零售商+合作社/家庭农场/农户
$V(s)$	m_5	m_2+m_5	$1.0537m_1+1.1169m_5$	m_3+m_5
$V(s/i)$	0	m_2	m_1	m_3
$V(s)-V(s/i)$	m_5	m_5	$0.0537m_1+1.1169m_5$	m_5
$|s|$	1	2	2	2
$\delta(|s|)$	$\dfrac{1}{4}$	$\dfrac{1}{12}$	$\dfrac{1}{12}$	$\dfrac{1}{12}$
$\delta(|s|)(V(s)-V(s/i))$	$\dfrac{m_5}{4}$	$\dfrac{m_5}{12}$	$\dfrac{0.0537m_1+1.1169m_5}{12}$	$\dfrac{m_5}{12}$

s	科研单位+农业企业+合作社/家庭农场/农户	科研单位+经销商/零售商+合作社/家庭农场/农户	农业企业+经销商/零售商+合作社/家庭农场/农户	科研单位+农业企业+经销商/零售商+合作社/家庭农场/农户
$V(s)$	$m_1+m_2+m_5$	$m_2+m_3+m_5$	$1.0733m_1+1.0773m_3+1.157m_5$	$1.1024m_1+1.0214m_2+1.0889m_3+1.1625m_5$
$V(s/i)$	m_1+m_2	m_2+m_3	m_1+m_2	$m_1+m_2+m_3$
$V(s)-V(s/i)$	m_5	m_5	m_5	$0.1024m_1+0.0214m_2+0.0889m_3+1.1625m_5$
$|s|$	3	3	3	4
$\delta(|s|)$	$\dfrac{1}{12}$	$\dfrac{1}{12}$	$\dfrac{1}{12}$	$\dfrac{1}{4}$
$\delta(|s|)(V(s)-V(s/i))$	$\dfrac{m_5}{12}$	$\dfrac{m_5}{12}$	$\dfrac{0.0733m_1+0.0773m_3+1.157m_5}{12}$	$\dfrac{0.1024m_1+0.0214m_2+0.0889m_3+1.1625m_5}{4}$
$\varphi(v)$	\multicolumn{4}{c}{$0.0362m_1+0.0054m_2+0.0287m_3+1.0686m_5$}
$\Phi(v)$	\multicolumn{4}{c}{$1.0898m_1+1.0213m_2+1.0825m_3+1.2192m_5$}

表9-7 "科研单位+农业企业+经销商/零售商+合作社/家庭农场/农户"模式利益分配情况

s	农业企业	科研单位+农业企业	农业企业+经销商/零售商	农业企业+合作社/家庭农场/农户
$V(s)$	m_1	m_1+m_2	m_1+m_3	$1.0537m_1+1.1169m_5$
$V(s/i)$	0	m_2	m_3	m_5
$V(s)-V(s/i)$	m_1	m_1	m_1	$1.0537m_1+0.1169m_5$
$|s|$	1	2	2	2
$\delta(|s|)$	$\dfrac{1}{4}$	$\dfrac{1}{12}$	$\dfrac{1}{12}$	$\dfrac{1}{12}$
$\delta(|s|)(V(s)-V(s/i))$	$\dfrac{m_1}{4}$	$\dfrac{m_1}{12}$	$\dfrac{m_1}{12}$	$\dfrac{1.0537m_1+0.1169m_5}{12}$

(续表)

s	科研单位+ 农业企业+ 经销商	科研单位+ 农业企业+ 合作社/家庭 农场/农户	农业企业+经销商/ 零售商+合作社/ 家庭农场/农户	科研单位+农业企业+ 经销商/零售商+ 合作社/家庭农场/ 农户
$V(s)$	$m_1 + m_2 + m_3$	$m_1 + m_2 + m_5$	$1.0733m_1 + 1.0773m_3 + 1.157m_5$	$1.1103m_1 + 1.0421m_2 + 1.0975m_3 + 1.1645m_5$
$V(s/i)$	$m_2 + m_3$	$m_2 + m_5$	$m_3 + m_5$	$m_2 + m_3 + m_5$
$V(s) - V(s/i)$	m_1	m_1	$1.0733m_1 + 0.0773m_3 + 0.157m_5$	$1.1103m_1 + 0.0421m_2 + 0.0975m_3 + 0.1645m_5$
$\lvert s \rvert$	3	3	3	4
$\delta(\lvert s \rvert)$	$\dfrac{1}{12}$	$\dfrac{1}{12}$	$\dfrac{1}{12}$	$\dfrac{1}{4}$
$\delta(\lvert s \rvert)(V(s) - V(s/i))$	$\dfrac{m_1}{12}$	$\dfrac{m_1}{12}$	$\dfrac{1.0733m_1 + 0.0773m_3 + 0.157m_5}{12}$	$\dfrac{1.1103m_1 + 0.0421m_2 + 0.0975m_3 + 0.1645m_5}{4}$
$\varphi(v)$			$1.0382m_1 + 0.0035m_2 + 0.0308m_3 + 0.064m_5$	

s	科研单位	科研单位+ 农业企业	科研单位+ 经销商/零售商	科研单位+合作社/ 家庭农场/农户
$V(s)$	m_2	$m_1 + m_2$	$m_2 + m_3$	$m_2 + m_5$
$V(s/i)$	0	m_1	m_3	m_5
$V(s) - V(s/i)$	m_2	m_2	m_2	m_2
$\lvert s \rvert$	1	2	2	2
$\delta(\lvert s \rvert)$	$\dfrac{1}{4}$	$\dfrac{1}{12}$	$\dfrac{1}{12}$	$\dfrac{1}{12}$
$\delta(\lvert s \rvert)(V(s) - V(s/i))$	$\dfrac{m_2}{4}$	$\dfrac{m_2}{12}$	$\dfrac{m_2}{12}$	$\dfrac{m_2}{12}$

s	科研单位+ 农业企业+ 经销商/ 零售商	科研单位+ 农业企业+ 合作社/家 庭农场/农户	科研单位+经销商/ 零售商+合作社/ 家庭农场/农户	科研单位+农业企业+ 经销商/零售商+ 合作社/家庭农场/ 农户
$V(s)$	$m_1 + m_2 + m_3$	$m_1 + m_2 + m_5$	$m_2 + m_3 + m_5$	$1.1103m_1 + 1.0421m_2 + 1.0975m_3 + 1.1645m_5$
$V(s/i)$	$m_1 + m_3$	$m_1 + m_5$	$m_3 + m_5$	$1.0133m_1 + 1.0773m_3 + 1.157m_5$
$V(s) - V(s/i)$	m_2	m_2	m_2	$0.037m_1 + 1.0412m_2 + 0.0202m_3 + 0.0075m_5$
$\lvert s \rvert$	3	3	3	4
$\delta(\lvert s \rvert)$	$\dfrac{1}{12}$	$\dfrac{1}{12}$	$\dfrac{1}{12}$	$\dfrac{1}{4}$
$\delta(\lvert s \rvert)(V(s) - V(s/i))$	$\dfrac{m_2}{12}$	$\dfrac{m_2}{12}$	$\dfrac{m_2}{12}$	$\dfrac{0.037m_1 + 1.0412m_2 + 0.0202m_3 + 0.0075m_5}{4}$
$\varphi(v)$			$0.0093m_1 + 1.0103m_2 + 0.0051m_3 + 0.0021m_5$	

（续表）

s	经销商/零售商	科研单位+经销商/零售商	农业企业+经销商/零销售	经销商/零售商+合作社/家庭农场/农户
$V(s)$	m_3	m_2+m_3	m_1+m_3	m_3+m_5
$V(s/i)$	0	m_2	m_1	m_5
$V(s)-V(s/i)$	m_3	m_3	m_3	m_3
$\|s\|$	1	2	2	2
$\delta(\|s\|)$	$\dfrac{1}{4}$	$\dfrac{1}{12}$	$\dfrac{1}{12}$	$\dfrac{1}{12}$
$\delta(\|s\|)(V(s)-V(s/i))$	$\dfrac{m_3}{4}$	$\dfrac{m_3}{12}$	$\dfrac{m_3}{12}$	$\dfrac{m_3}{12}$

s	科研单位+农业企业+经销商/零售商	科研单位+经销商/零售商+合作社/家庭农场/农户	农业企业+经销商/零售商+合作社/家庭农场/农户	科研单位+农业企业+经销商/零售商+合作社/家庭农场/农户
$V(s)$	$m_1+m_2+m_3$	$m_2+m_3+m_5$	$1.0733m_1+1.0773m_3+1.157m_5$	$1.1103m_1+1.0421m_2+1.0975m_3+1.1645m_5$
$V(s/i)$	m_1+m_2	m_2+m_5	$1.0537m_1+1.1169m_5$	$m_1+m_2+m_5$
$V(s)-V(s/i)$	m_3	m_3	$0.0733m_1+1.0773m_3+0.157m_5$	$0.1103m_1+0.0412m_2+1.0975m_3+0.1645m_5$
$\|s\|$	3	3	3	4
$\delta(\|s\|)$	$\dfrac{1}{12}$	$\dfrac{1}{12}$	$\dfrac{1}{12}$	$\dfrac{1}{4}$
$\delta(\|s\|)(V(s)-V(s/i))$	$\dfrac{m_3}{12}$	$\dfrac{m_3}{12}$	$\dfrac{0.0733m_1+1.0773m_3+0.157m_5}{12}$	$\dfrac{0.1103m_1+0.0412m_2+1.0975m_3+0.1645m_5}{4}$
$\varphi(v)$		$0.0337m_1+0.0103m_2+1.0308m_3+0.0552m_5$		

s	合作社/家庭农场/农户	科研单位+合作社/家庭农场/农户	农业企业+合作社/家庭农场/农户	经销商/零售商+合作社/家庭农场/农户
$V(s)$	m_5	m_2+m_5	$1.0537m_1+1.1169m_5$	m_3+m_5
$V(s/i)$	0	m_2	m_1	m_3
$V(s)-V(s/i)$	m_5	m_5	$0.0537m_1+1.1169m_5$	m_5
$\|s\|$	1	2	2	2
$\delta(\|s\|)$	$\dfrac{1}{4}$	$\dfrac{1}{12}$	$\dfrac{1}{12}$	$\dfrac{1}{12}$
$\delta(\|s\|)(V(s)-V(s/i))$	$\dfrac{m_5}{4}$	$\dfrac{m_5}{12}$	$\dfrac{0.0537m_1+1.1169m_5}{12}$	$\dfrac{m_5}{12}$

（续表）

s	科研单位+农业企业+合作社/家庭农场/农户	科研单位+经销商/零售商+合作社/家庭农场/农户	农业企业+经销商/零售商+合作社/家庭农场/农户	科研单位+农业企业+经销商/零售商+合作社/家庭农场/农户
$V(s)$	$m_1+m_2+m_5$	$m_2+m_3+m_5$	$1.0733m_1+1.0773m_3+1.157m_5$	$1.1103m_1+1.0421m_2+1.0975m_3+1.1645m_5$
$V(s/i)$	m_1+m_2	m_2+m_3	m_1+m_2	$m_1+m_2+m_3$
$V(s)-V(s/i)$	m_5	m_5	m_5	$0.1103m_1+0.0421m_2+0.0975m_3+1.1645m_5$
$\|s\|$	3	3	3	4
$\delta(\|s\|)$	$\dfrac{1}{12}$	$\dfrac{1}{12}$	$\dfrac{1}{12}$	$\dfrac{1}{4}$
$\delta(\|s\|)(V(s)-V(s/i))$	$\dfrac{m_5}{12}$	$\dfrac{m_5}{12}$	$\dfrac{0.0733m_1+0.0773m_2+1.157m_5}{12}$	$\dfrac{0.1103m_1+0.0421m_2+0.0975m_3+1.1645m_5}{4}$
$\varphi(v)$			$0.0382m_1+0.0105m_2+0.0308m_3+1.101m_5$	
$\Phi(v)$			$1.1194m_1+1.0346m_2+1.0975m_3+1.2223m_5$	

表9-8 "科研单位+农业企业+村集体经济组织+农户"模式利益分配情况

s	农业企业	科研单位+农业企业	农业企业+村集体经济组织	农业企业+农户
$V(s)$	m_1	m_1+m_2	m_1+m_4	$1.0537m_1+1.1169m_5$
$V(s/i)$	0	m_2	m_4	m_5
$V(s)-V(s/i)$	m_1	m_1	m_1	$1.0537m_1+0.1169m_5$
$\|s\|$	1	2	2	2
$\delta(\|s\|)$	$\dfrac{1}{4}$	$\dfrac{1}{12}$	$\dfrac{1}{12}$	$\dfrac{1}{12}$
$\delta(\|s\|)(V(s)-V(s/i))$	$\dfrac{m_1}{4}$	$\dfrac{m_1}{12}$	$\dfrac{m_1}{12}$	$\dfrac{1.0537m_1+0.1169m_5}{12}$

s	科研单位+农业企业+农户	科研单位+农业企业+村集体经济组织	农业企业+村集体经济+农户	科研单位+农业企业+村集体经济组织+农户
$V(s)$	$m_1+m_2+m_5$	$m_1+m_2+m_4$	$m_1+m_4+m_5$	$1.0848m_1+1.0274m_2+1.0885m_4+1.1892m_5$
$V(s/i)$	m_2+m_5	m_2+m_4	m_4+m_5	$m_2+m_4+m_5$
$V(s)-V(s/i)$	m_1	m_1	m_1	$1.0848m_1+0.0274m_2+0.0885m_4+0.1892m_5$
$\|s\|$	3	3	3	4
$\delta(\|s\|)$	$\dfrac{1}{12}$	$\dfrac{1}{12}$	$\dfrac{1}{12}$	$\dfrac{1}{4}$
$\delta(\|s\|)(V(s)-V(s/i))$	$\dfrac{m_1}{12}$	$\dfrac{m_1}{12}$	$\dfrac{m_1}{12}$	$\dfrac{1.0848m_1+0.0274m_2+0.0885m_4+0.1892m_5}{4}$
$\varphi(v)$		$1.0257m_1+0.0069m_2+0.0221m_3+0.0579m_5$		

(续表)

s	科研单位	科研单位+农业企业	科研单位+村集体经济组织	科研单位+农户
$V(s)$	m_2	m_1+m_2	m_2+m_4	m_2+m_5
$V(s/i)$	0	m_1	m_4	m_5
$V(s)-V(s/i)$	m_2	m_2	m_2	m_2
$\|s\|$	1	2	2	2
$\delta(\|s\|)$	$\dfrac{1}{4}$	$\dfrac{1}{12}$	$\dfrac{1}{12}$	$\dfrac{1}{12}$
$\delta(\|s\|)(V(s)-V(s/i))$	$\dfrac{m_2}{4}$	$\dfrac{m_2}{12}$	$\dfrac{m_2}{12}$	$\dfrac{m_2}{12}$

s	科研单位+农业企业+村集体经济组织	科研单位+农业企业+农户	科研单位+村集体经济组织+农户	科研单位+农业企业+村集体经济组织+农户
$V(s)$	$m_1+m_2+m_4$	$m_1+m_2+m_5$	$m_2+m_4+m_5$	$1.0848m_1+1.0274m_2+1.0885m_4+1.1892m_5$
$V(s/i)$	m_1+m_4	m_1+m_5	m_4+m_5	$m_1+m_4+m_5$
$V(s)-V(s/i)$	m_2	m_2	m_2	$0.0848m_1+1.0274m_2+0.0885m_4+0.1892m_5$
$\|s\|$	3	3	3	4
$\delta(\|s\|)$	$\dfrac{1}{12}$	$\dfrac{1}{12}$	$\dfrac{1}{12}$	$\dfrac{1}{4}$
$\delta(\|s\|)(V(s)-V(s/i))$	$\dfrac{m_2}{12}$	$\dfrac{m_2}{12}$	$\dfrac{m_2}{12}$	$\dfrac{0.0848m_1+1.0274m_2+0.0885m_4+0.1892m_5}{4}$
$\varphi(v)$	$0.0212m_1+1.0069m_2+0.0221m_3+0.0528m_5$			

s	村集体经济组织	科研单位+村集体经济组织	农业企业+村集体经济组织	村集体经济组织+农户
$V(s)$	m_4	m_2+m_4	m_1+m_4	m_4+m_5
$V(s/i)$	0	m_2	m_1	m_5
$V(s)-V(s/i)$	m_4	m_4	m_4	m_4
$\|s\|$	1	2	2	2
$\delta(\|s\|)$	$\dfrac{1}{4}$	$\dfrac{1}{12}$	$\dfrac{1}{12}$	$\dfrac{1}{12}$
$\delta(\|s\|)(V(s)-V(s/i))$	$\dfrac{m_4}{4}$	$\dfrac{m_4}{12}$	$\dfrac{m_4}{12}$	$\dfrac{m_4}{12}$

(续表)

s	科研单位+ 农业企业+ 村集体经 济组织	科研单位+ 村集体 经济组织+ 农户	农业企业+ 村集体经济组织+农户	科研单位+农业企业+ 村集体经济组织+农户
$V(s)$	$m_1 + m_2 + m_4$	$m_2 + m_4 + m_5$	$m_1 + m_4 + m_5$	$1.0848m_1 + 1.0274m_2 + 1.0885m_4 + 1.1892m_5$
$V(s/i)$	$m_1 + m_2$	$m_2 + m_5$	$1.0537m_1 + 1.1169m_5$	$m_1 + m_2 + m_5$
$V(s) - V(s/i)$	m_4	m_4	$-0.0537m_1 + m_4 - 0.1169m_5$	$0.0848m_1 + 0.0274m_2 + 1.0885m_4 + 0.1892m_5$
$\|s\|$	3	3	3	4
$\delta(\|s\|)$	$\frac{1}{12}$	$\frac{1}{12}$	$\frac{1}{12}$	$\frac{1}{4}$
$\delta(\|s\|)(V(s)-V(s/i))$	$\frac{m_4}{12}$	$\frac{m_4}{12}$	$\frac{-0.0537m_1 + m_4 - 0.1169m_5}{12}$	$\frac{0.0848m_1 + 0.0274m_2 + 1.0885m_4 + 0.1892m_5}{4}$
$\varphi(v)$		$0.0167m_1 + 0.0069m_2 + 1.0221m_4 + 0.0406m_5$		

s	农户	科研单位+ 农户	农业企业+ 农户	村集体经济组织+农户
$V(s)$	m_5	$m_2 + m_5$	$1.0537m_1 + 1.1169m_5$	$m_4 + m_5$
$V(s/i)$	0	m_2	m_1	m_4
$V(s) - V(s/i)$	m_5	m_5	$1.0537m_1 + 1.1169m_5$	m_5
$\|s\|$	1	2	2	2
$\delta(\|s\|)$	$\frac{1}{4}$	$\frac{1}{12}$	$\frac{1}{12}$	$\frac{1}{12}$
$\delta(\|s\|)(V(s)-V(s/i))$	$\frac{m_5}{4}$	$\frac{m_5}{12}$	$\frac{0.0537m_1 + 1.1169m_5}{12}$	$\frac{m_5}{12}$

s	科研单位+ 农业企业+ 农户	科研单位+ 村集体 经济组织+ 农户	农业企业+ 村集体经济组织+农户	科研单位+农业企业+ 村集体经济组织+农户
$V(s)$	$m_1 + m_2 + m_5$	$m_2 + m_4 + m_5$	$m_1 + m_4 + m_5$	$1.0848m_1 + 1.0274m_2 + 1.0885m_4 + 1.1892m_5$
$V(s/i)$	$m_1 + m_2$	$m_4 + m_2$	$m_1 + m_4$	$m_1 + m_2 + m_4$
$V(s) - V(s/i)$	m_5	m_5	m_5	$0.0848m_1 + 0.0274m_2 + 0.0885m_4 + 1.1892m_5$
$\|s\|$	3	3	3	4
$\delta(\|s\|)$	$\frac{1}{12}$	$\frac{1}{12}$	$\frac{1}{12}$	$\frac{1}{4}$
$\delta(\|s\|)(V(s)-V(s/i))$	$\frac{m_5}{12}$	$\frac{m_5}{12}$	$\frac{m_5}{12}$	$\frac{0.0848m_1 + 0.0274m_2 + 0.0885m_4 + 1.1892m_5}{4}$
$\varphi(v)$		$0.0257m_1 + 0.0069m_2 + 0.0221m_4 + 1.0674m_5$		
$\Phi(v)$		$1.0893m_1 + 1.0276m_2 + 1.0884m_4 + 1.2187m_5$		

由表 9-4 至表 9-8 可知，各主体参与到不同农业科技成果转化模式后，所得到的收益均大于未参与之前的收益；并且，各主体由不同转化模式联结成为利益共同体之后，整体收益也大于之前各主体的收益之和。这是由于合作模式下交易费用降低，专业分工带来了技术效率提升，由规模扩张产生了规模经济效应和范围经济效应。首先，根据交易成本理论，由于信息不对称、有限理性等因素的存在，不同主体间实现创新成果转化的交易活动会产生交易费用，而形成紧密的利益共同体之后，可以节约交易费用，提高内部转化效率；其次，根据专业分工理论，专业分工可以极大地提高技术效率，带来资本增长和产量提升。当农业科技成果转化模式下的不同主体结成更紧密的组织形态，外部分工转化成细致的内部分工时，有利于提升利益共同体的产出效率和促进产出规模的扩大，并由此带来规模经济效应；再次，根据范围经济理论，产出规模扩大还会带来产出范围的扩张。当不同参与主体的紧密联合，会增进核心资源共享，进一步降低成果转化成本，提高了要素利用率，由此产生范围经济。对比各个模式的整体收益，可以看出农业科技成果转化链条越长，总体收益越高，这表明更长链条的转化模式下，不同参与主体之间能共享更多资源和优势互补，从而更有利于降低交易费用、提升技术效率，实现规模经济和范围经济。

修正 Shapley 值法的算例求解。

根据农业科技成果转化利益分配机制的影响因素评价指标体系，采用层次分析法对反映风险承担、技术创新、合作程度的各项指标进行计算，可得风险承担、技术创新、合作程度的权重为 $\omega = (0.297\ 0\quad 0.539\ 6\quad 0.163\ 4)$。在构造判断矩阵的基础上，采用层次分析法计算得到自然风险、技术风险、市场风险、社会风险、专利侵权风险、信用风险的权重如下。

$w_{c_1} = (0.061\ 3\quad 0.195\ 8\quad 0.213\ 5\quad 0.041\ 2\quad 0.400\ 6\quad 0.087\ 6)$；

同理得到技术创新、合作程度的权重因子为：

$w_{C_2} = (0.070\ 9\quad 0.023\ 6\quad 0.157\ 2\quad 0.047\ 7\quad 0.230\ 7\quad 0.331\ 3\quad 0.032\ 7\quad 0.105\ 9)$

$w_{C_3} = (0.25\quad 0.75)$

以"政府+科研单位+农业企业+经销商/零售商+合作社/家庭农场/农户"为例，计算各风险因子下的农业企业、科研单位、经销商/零售商、合作社/家庭农场/大户的权重矩阵 T_{c_1} 如下。

$$T_{c_1} = \begin{pmatrix} 0.195\ 8 & 0.213\ 5 & 0.041\ 2 & 0.087\ 6 \\ 0.307\ 4 & 0.098\ 4 & 0.175\ 9 & 0.418\ 4 \\ 0.350\ 9 & 0.109\ 1 & 0.350\ 9 & 0.189\ 1 \\ 0.350\ 9 & 0.189\ 1 & 0.350\ 9 & 0.109\ 1 \\ 0.292\ 8 & 0.521\ 9 & 0.113\ 7 & 0.071\ 5 \\ 0.095\ 4 & 0.160\ 1 & 0.277\ 2 & 0.095\ 4 \end{pmatrix}$$

根据式（9-5），并经归一化处理后得到农业企业、科研单位、经销商/零售商、合作社/家庭农场/大户的风险承担系数 α_i 为（0.305 8　0.205 1　0.208 9　0.180 2）。同理得到农业企业、科研单位、经销商/零售商、合作社/家庭农场/农户的技术创新系数 β_i 和合作程度系数 γ_i 分别为（0.281 2　0.341 5　0.159 2　0.218 1）、（0.294 4　0.488 8　0.135 5　0.081 3）。

同理计算得到其他模式的风险承担系数、技术创新系数、合作程度系数，根据式（9-11）、式（9-12）计算可得综合评价值、修正评价值，如表9-9所示。

表9-9　农业科技成果转化模式参与主体利益分配修正值

模式	主体	风险承担系数	技术创新系数	合作程度系数	综合评价系数 c_i	修正系数 ξ_i
政府+科研单位+农业企业+合作社/家庭农场/农户	农业企业	0.600 0	0.700 0	0.500 0	0.804 9	0.137 6
	合作社/家庭农场/农户	0.400 0	0.300 0	0.500 0	0.195 1	-0.137 6
政府+农业企业+经销商/零售商+合作社/家庭农场/农户	农业企业	0.671 6	0.704 9	0.539 6	0.668 0	0.334 7
	经销商/零售商	0.062 9	0.210 9	0.297 0	0.181 0	-0.152 3
	合作社/家庭农场/农户	0.265 4	0.084 1	0.164 3	0.151 1	-0.182 3
政府+科研单位+农业企业+经销商/零售商+合作社/家庭农场/农户	科研单位	0.205 1	0.341 5	0.488 8	0.334 5	0.084 5
	农业企业	0.305 8	0.281 2	0.294 4	0.299 6	0.049 6
	经销商/零售商	0.208 9	0.159 2	0.135 5	0.175 4	-0.074 6
	合作社/家庭农场/农户	0.180 2	0.218 1	0.081 3	0.190 5	-0.190 5
科研单位+农业企业+经销商/零售商+合作社/家庭农场/农户	科研单位	0.060 4	0.319 0	0.113 7	0.208 6	-0.041 4
	农业企业	0.508 5	0.501 9	0.292 8	0.469 7	0.219 7
	经销商/零销商	0.146 6	0.139 3	0.521 9	0.204 0	-0.046 0
	合作社/家庭农场/农户	0.284 4	0.039 9	0.071 5	0.117 7	-0.132 3

（续表）

模式	主体	风险承担系数	技术创新系数	合作程度系数	综合评价系数 c_i	修正系数 ξ_i
科研单位+农业企业+村集体经济组织+农户	科研单位	0.065 0	0.284 0	0.071 8	0.184 3	-0.065 7
	农业企业	0.239 8	0.516 0	0.135 2	0.463 7	0.121 7
	村集体组织	0.146 6	0.042 3	0.558 7	0.157 7	-0.092 3
	农户	0.549 5	0.157 6	0.228 0	0.193 5	0.035 5

表9-9中的修正系数大于0表示考虑风险承担、技术创新、合作程度这3个影响因素后，参与主体具有较好表现，应增加其利益分配额，小于0意味着参与主体的表现低于全体平均水平，应调低其利益分配额。综合考虑不同模式下农业企业、科研单位、经销商/零售商、村集体经济组织、合作社/家庭农场/农户的风险承担、技术创新和合作程度情况，农业企业在不同模式下的修正系数均为正，表明农业企业基于修正Shapley值法的利益分配值都得到提高，其原因是农业企业在产品开发上的能力较强，在生产运作和市场推广方面也具有丰富的经验，主要承担了后创新阶段和市场推广的风险，并且主导农业科技成果转化的全过程。科研单位在"政府+科研单位+农业企业+经销商/零售商+合作社/家庭农场/农户"模式中的修正系数为正，表明科研单位在该模式下，基于修正Shapley值法的利益分配值提高，这是因为在该模式下科研单位发挥了较强的创新作用，是创新成果产出的主体，承担了来自前创新阶段的主要风险；但科研单位在"科研单位+农业企业+经销商/零售商+合作社/家庭农场/农户"模式中和"科研单位+农业企业+村集体组织+农户"模式中的修正系数均为负，表明科研单位在以上两种模式下，基于修正Shapley值法的利益分配值下降，这是因为上述两种模式中的科技创新以企业为主、科研单位为辅，科研单位在技术创新和风险承担方面的作用弱化，由此导致利益分配值也有所下降。经销商/零售商在不同模式下的修正系数均为负，表明经销商/零售商基于修正Shapley值法的利益分配值都下降了，其原因是零售商/经销商在信息收集和处理方面的能力较强，主要为合作创新提供推广服务，但承担的风险和对创新的贡献低于农业企业和科研单位。村集体经济组织在"科研单位+农业企业+村集体组织+农户"模式下的修正系数正，表明村集体经济组织基于修正Shapley值法的利益分配值提高，该模式下的农业科技成果转化收入部分归于村集体经济组织，带动了村集体经济组织的发展壮大。合作社/家庭农场/农户在"政府+科研单位+农业

企业+合作社/家庭农场/农户"模式、"政府+农业企业+经销商/零售商+合作社/家庭农场/农户"模式、"政府+科研单位+农业企业+经销商/零售商+合作社/家庭农场/农户"模式和"科研单位+农业企业+经销商/零售商+合作社/家庭农场/农户"模式下的修正系数为负,表明以上4种模式下,合作社/家庭农场/农户基于修正Shapley值法的利益分配值均有所下降,这是因为合作社/家庭农场/农户作为农业科技成果的应用主体,承担的风险较小,对创新的贡献也较为有限。但农户在"科研单位+农业企业+村集体经济组织+农户"模式下的修正系数为正,表明该模式下农户基于修正Shapley值法的利益分配值提高,这与该模式具有扶贫性质有关,该模式下的农业科技成果转化为农户带来了显著的增收效果。

可见,修正模型结果更加符合客观实际,农业企业应是农业科技成果转化收益的主要获利者,同时为激发科研单位的创新动力,企业应向科研单位分配与其在创新过程中的贡献及承担的风险相应的收益。经销商/零售商虽然没有直接参与科技创新,但仍然是合作创新中必需的参与主体,可适度减少其收益分配,但也应该为其创造良好的发展环境,以便及时有效地为合作社/家庭农场/农户提供创新产品和技术服务。村集体经济组织发挥着联农带农作用,合作社/家庭农场/农户是市场需求主体,它们都有利于引导下一步的创新活动。

9.3 农业科技成果转化利益分配机制研究结论与启示

9.3.1 研究结论

农业科技成果有效转化关键在于建立稳定运作的农业科技成果转化模式和科学合理的利益分配机制。本研究通过调查分析,从实证角度对农业科技成果转化模式和利益分配机制进行了探讨,得出以下三点主要结论:①政府、科研单位、农业企业、村集体经济组织、合作社/家庭农场/农户等农业科技成果转化主体形成了公益性科技成果转化模式、经营性科技成果转化模式和具有扶贫性质的农业科技成果转化模式,不同模式下各合作主体之间资源共享、优势互补、协同发展,有利于降低交易成本、提高专业分工效率、实现规模经济和范围经济,创造出更高的整体收益,各参与主体也获得更多的个体收益;②农业企业在技术和市场衔接中居于关键主体地位,构建以农业企业为主导的农业科技成果转化模式,可以形成更高的科技资源配置效率和市场供求效率,有利于推进农业科技成果转化;③与传统的

Shapley 值法相比,考虑参与主体风险承担、技术创新、合作程度 3 个因素的基于修正 Shapley 值法的利益分配模型,更能体现按贡献分配利益的原则,使利益分配方案更加科学合理。对于在合作关系中,创新能力更强、创新投入更多、承担风险更大、合作程度更深的主体贡献更大,理应获得更多的利益分配,从而有利于维持合作的长期稳定。

9.3.2 研究启示

第一,加大对农业企业主导科技创新的政策支持。在农业科技成果转化过程中,虽然市场对资源配置发挥着主要作用,但由于农业领域的创新风险较大,农业科技成果转化带来的不仅有经济效益也有社会效益,因此政府应为农业科技成果转化提供必要的政策支持。尤其是农业企业在农业科技成果转化过程中处于主导地位,政府更应加大对农业企业的支持力度,通过完善产业、信贷、财政、税收、知识产权、土地流转等政策和相关的配套措施,加大对农业企业主导研发突破性成果和经营性成果的支持,降低农业企业在引领农业科技成果转化过程中研发的高风险性及转化收益的不确定性。

第二,增强不同主体间合作创新的协同作用。在农业科技创新复杂性和不确定性不断增大的情况下,减少风险损失、提高创新成功率和成果转化率的有效途径是推动农业创新链、产业链和价值链融合发展,通过链条上中下游成员之间的合作创新,降低创新成本和市场风险,提升创新能力,推动农业科技成果有效转化。在合作过程中,各参与主体应从整体和长远角度出发,加强沟通和协调,以实现经济效益和社会效益为目标,在合作中增强信任,形成良好的合作氛围,实现多方共赢和整体利益最大化。

第三,建立科学合理的利益分配机制。在农业科技成果转化中,由于各参与主体对农业科技成果转化效益的贡献不同,因此需要科学界定各参与主体在农业科技成果转化中的实际分配份额,对贡献突出的参与主体在利益分配时给予更多的倾斜,形成贡献程度与利益分配相协调的分配机制。不同主体间可以采取合同式、股份式、合作式等多种利益分配方式,但无论以何种方式进行利益分配,都需要基于科学合理的原则,才能使各主体之间形成稳定的利益共同体关系。

第 10 章 农业科技成果转化策略研究

农业科技成果转化涉及研发、资本、组织、管理、市场、政策等各种要素的相互协调和配合，是一个复杂的系统工程，需要创新主体、需求主体、中介、政府等多方协同创新、价值共创共享，使农业科技成果价值最大化，为农业科技成果转化提供持续动能和活力。本研究探讨基于信息共享、价值共创共享的农业科技成果转化推进策略，对破解农业科技成果转化难题、促进农业科技成果转化持续健康发展具有重要的指导意义。

10.1 农业科技成果转化机制

10.1.1 农业科技成果转化耦合互动机制

（1）宏观调控机制

政府在农业科技成果转化的过程中发挥的作用是为成果能够顺利转化创造完善的制度和政策法规，政府在制定农业科技成果转化相关政策时应采取协调配合的方式。农业经济的发展由于行业、主体、领域、阶段等的不同，为使各项计划能按农业科技产业系统的规律发展，制定成果转化的计划时也应分别定位。政府和市场在农业科技成果转化的过程中发挥着不同的作用。从实际情况来看，农业科技成果转化的力度和速度需依靠政府的宏观调控作用。越是接近科技成果的形成起点，科技成果的转化对政府的调控力度越依赖；越是接近科技成果转化的终点，对市场的要求就越高。政府在农业科技成果转化的整个过程中还发挥着控制和监督的作用，使成果鉴定和评判方式更加完善，成果的质量不断提升；使成果中介市场更加健全，中介主体的行为更加合规；使农业科技成果转化的交易成本和风险降低；使农业科技成果转化的效率得以提升。

（2）供求均衡机制

农业科技成果转化的供给和需求之间是互相作用、互相依赖的，是农业科技成果转化过程中最基本的要素。农业科技成果供给和成果需求需达到均衡状态，如不能实现均衡，成果的使用价值就不能实现，也不能达到农业经济发展对农业科技成果的要求。构建农业科技成果转化的市场供求均衡机制有两个必要条件：一是根据市场对科技成果的需求来研究开发科技成果，使农业科技成果供给系统和需求系统能统一协调；二是不断完善科技成果转化市场，使农业科技成果能有序规范地在市场中进行有偿交换和农业科技成果的供需数量能统一协调。

（3）市场需求导向机制

农业科技成果从科研领域到生产领域转移的条件就是农业科技成果符合市场的需要。不论农业科技成果的转化是有偿的还是无偿的，是政府规划的还是市场交换的，只有满足转移的条件才能完成转化。构建市场需求导向机制可以让农业科技成果转化系统更加顺利有效地运行。有了市场需求机制的引导，科研开发系统可以根据农业经济发展的实际需求选择项目，使农业科技成果的转化符合社会经济规律和科技发展规律，使农业科技成果转化系统的"重研究、轻转化"的问题得以改善。研究成果符合农民对科技的需求，就降低了成果的剩余，实现农业科技成果市场的良性循环。市场需求导向机制还可以有效结合成果研发单位、成果转化人员和涉农企业、农民的利益，不仅让科技人员能积极参与转化，而且农民也更愿意接纳应用农业科技成果。

（4）农业科研合作机制

由于农业科技成果的运行机制和管理模式都还不是很健全，所以应加强农业科研单位的合作和交流。同时，农业科研单位也应不断地借鉴和学习国外成功的农业科研成果管理模式和运行机制。

（5）信息传递机制

目前，面对农业科技成果转化过程中的信息沟通不畅、信息不对称等问题，需要农业科技中介机构发挥其作用，使农业科技成果的相关信息准确无误地走进农户家庭。为促进农业科技成果转化的信息共享服务组织发展，应包括两方面：一是建立反映需求的信息服务组织，该组织通过搜集、整理、分析，让涉农企业和农民的需求信息快速反映到农业科技系统中来，农业科技系统按照生产需要来制定相应的项目。二是建立满足需求的传播渠道，把农业科技系统的成果及时无误地传达给农民，让农业科技成果满足经济生产需要的同时不断提升其适应性，为后续的研究提供实践经验,促进农业科技成果更加广泛地转移和发展。

10.1.2 农业科技成果转化增值机制

农业科技成果转化过程实际是一条从创新来源、原创构想、技术设计、实验原型、技术孵化、技术商品、标准产品到市场开发的创新价值链,在从技术创新源到技术市场化开发的过程中,创新价值链价值不断得到提升,最终达到创新价值链的创新价值最大化目标,成功实现成果转化。实践表明,一个成功的、完整的创新价值链的增值过程大体可以分为五级,因此从五级增值角度对农业科技成果转化增值机制作出分析。

(1) 一级增值:技术创新项目化

技术创新项目化是指将技术创新的构想、创意、方案、设计等处于技术创新过程中的阶段性进展及成果以项目资助的形式给予资金支持。项目资金支持对处于各个阶段的技术创新都是十分必要的。研发创新阶段的项目资金支持是技术创新实现一级价值增值的基础。从创新来源到原创构想,若没有项目资金支持,技术创新不可能进行。从应用研究、技术开发到产业化示范,需要的项目资金大幅度增加,国际上一般称为10倍投资定理,即技术创新越接近产业化,所需的投资就越多。基于创新价值链的一级价值增值原理,科研院所科技创新转化管理的首要任务是争取大量的项目资金支持。用这一规律来考察我国农业科技投入现状,农业科技成果转化项目投资少是其最大的体制性问题。农业科研院所得到的资助一般多为研究项目,真正可用于开发的技术孵化和产业化开发的项目经费很少,这是制约我国农业科技成果转化率提高的"瓶颈",也是农业科研院所科技成果转化工作难度大的主要原因之一。

(2) 二级增值:技术创新产权化

技术创新产权化是指技术创新的阶段性成果以知识产权的形式明确创新者的创新权利,这是实现创新价值增值的第二步。技术创新形成的知识产权越多,得到进一步的项目支持和开发投资的机会也越多,实现技术转移的概率也越高。创新价值链的生成、构建、运转、升值的过程,需要多元化创新主体之间的协同创新,需要知识产权在多元化创新主体之间的转移升值,因此知识产权保护的本质是为促进技术创新而设置的产权利益及交易规则。知识产权包括技术创新的所有权、处置权、使用权、监护权、名誉权、转让权、收益权等。知识产权既有普遍性、排他性、可转让性等一般财产权特性，又有其特殊性，包括占先性、无形性、流动性、时间性、可复制性、地域性、唯一性及有限性等。正因为有知识产权保护制度，才使投资者、经营者、创新者对技术创新具有内生的驱动力，才有可能在创新价值链的各个阶段，不断地有新的投资者、经营者、创新者进入或退出，才有可能通过技术创新各阶段成果的技术交易实现技术转移和资源重组。知识产权数量和质量是考核科技竞争力最重要的指标之一，科研院所及科研团队的知识产权越多，其科技竞争力越强，争取的科研项目越多，获得的科技开发投资越多，科技成果转化效果就越好。

（3）三级增值：技术创新产品化

技术创新产品化是指以新产品试验原型或中试孵化产品或技术商品的形式所体现的阶段性创新成果。实验原型即中试产品原型，是通过技术研发，将技术设计概念具体化为一种工作模型或商业化产品的初始模型。在实验原型开发过程中，需要进行多次原型测试、产品经济性测试及技术经验评价。实验原型加上知识产权进一步提升了技术创新的价值。这一阶段最重要的工作是将实验原型或中试产品进行技术孵化。技术孵化是指对实验原型产品或中试产品进行工业化或规模化开发。创新的重点是实验原型产品或中试产品的生产工艺创新，完成实验室技术向产业部门的技术转移，实验原型向规模化批量生产产品的转移和市场测试，确认创新产品、工艺或服务的经济可行性和产业技术可行性。技术孵化的创新成果主要是定型的工业化新产品、新工艺和新服务，以及一系列专有技术、专利、品种权、商标等。技术商品是指创新产品或创新技术的初次商业化开发的功能节点。在这一阶段，创新成果以技术商品或服务的形态投放市场。随着销售量的增加，原有小批量生产的设备及组织形式已不适应，需更换高效率的专用设备。生产线和生产运作组织也进行相应调整，产品结构已渐趋定型，工艺创新处于更重要的地位。在大规模工业化生产条件下，降低成本、提高质量和生产效率，以及完善产品的定型设计是其主要内容。在孵化创新阶段，创新组织以企业为主，在合作创新形式下，大学、科研院所的科学家、技术人员往往起着重要的指导作用，通过多种途径加强技术孵化平台建设，强化产学研协同创新，推动技术创新与产业创新的紧密结合。

（4）四级增值：技术创新产业化

技术创新产业化是指通过创新产品或技术、服务的市场化开发过程进一步提升创新成果的价值。本阶段从技术发育的角度讲，创新技术已基本成熟，以初步商品化的形态进入市场，进入技术成长期，其功能节点包括标准产品和市场开发。在这一阶段，随着主导设计和主导产品的定型，生产工艺日益标准化，新产品生产制造规模迅速扩大，销售量日趋上升，按照新的工艺标准，生产过程、生产设备和企业组织日趋专业化、操作程序化，产品创新和工艺创新速度迅速下降，主要是围绕降低成本，提高效率，确保质量标准而进行一些小的技术改进，技术创新逐步进入稳定期。实现技术创新成果市场化，其产业开发成功的临界指标是创新收益大于创新成本，并促进了企业品牌的提升、经营规模的扩大和效益提高。

(5) 五级增值：技术创新资本化

技术创新资本化是指技术创新的重大成果和核心技术，以无形资产形式作为资本投入到开发该技术成果的高科技企业，实现该技术成果与金融资本的一体化融合。高科技成果与金融资本的一体化融合，奠定了该技术产业快速和可持续发展的坚实基础，有利于加快高技术创新的速度，提高技术创新的效率，快速推进技术创新产业化进程，快速提升该技术产业的核心竞争力。

10.1.3 农业科技成果转化共享机制

农业科技成果转化系统内各主体之间构成的利益关系和相互作用形成了科技成果转化的驱动力，不同主体利益目标的差异和现实需求是农业科技资源和成果转化价值共享机制形成的内在动因，包括利益驱动的共享机制、绩效驱动的共享机制和价值驱动的共享机制。

(1) 利益驱动的共享机制

在利益驱动下，通过资源和价值共享，能够提高多主体协同创新能力及各方投资报酬收益（科研收益、经济利润收益、客户价值收益），促进多方共建、共享及共赢的实现。首先，通过科技资源共享，个体或组织隐性知识公开（显性化），不同主体的知识交汇碰撞，通过整合转化，产生新的创新成果，实现创新报酬；其次，科技成果应用于企业、行业和产业组织，促进新工艺、新方法的实施和管理方法的改善，提高全要素生产率和产出价值，实现经济效益；再次，产品或服务能够更好地满足市场需求，实现客户价值，从而实现企业目标，更有动力参与并回馈科技创新共享平台，以进一步提升科技创新能力。各方在农业科技成果转化价值中取得的效益，应取决于其对共享系统整体目标的贡献度。同时，科技资源和成果转化价值的共享有助于克服单个主体创新和投资的不确定性及潜在风险，提高资源使用效率和成果转化效率，并扩大其应用空间。

(2) 绩效驱动的共享机制

农业科技创新中各主体的资源和价值共享，有利于推动协同创新和科技成果应用，进而实现绩效目标，反过来又促进资源和价值共享，进一步形成共享机制的路径依赖。对企业而言，共享优势资源和成果价值，可增强产品或服务的市场竞争优势，更好地满足市场需求，提高经营绩效。对高校及科研机构而言，共享科技资源，便于充分利用、整合转化及广泛应用，实现科研绩效，同时共享成果价值，有助于提升研发投入，增强科技创新能力，提高科研创新效率。对政府而言，通过资源和价值共享，促进社会化专业分工，提高劳动效率，促进经济增长，实现政绩目标。

(3) 价值驱动的共享机制

基于共创共享、协同创新的价值观念，各主体一方面通过资源共享，促进资源的转移、整合创新及转化，可以实现技术供求结构的重新匹配，有效解决"供需错位"的难题；另一方面，通过价值共享，各主体之间形成稳定的利益共同体，可以实现多方共赢和整体利益最大化。

10.2 农业科技成果转化策略

10.2.1 农业科技成果转化的原则

(1) 共赢原则

从技术创新源到市场开发的农业科技成果转化过程中，涉及多个利益主体，如果相关利益方未能形成利益共同体，技术供需方仅仅是科技专家为农民或其他技术需求方提供单纯农业技术服务或进行政府组织的科技扶贫或实行短期的"送科技下乡"等活动，就不能实现基于价值共创共享下的农业科技成果转化长效运行机制。利益共同体的形成使农业科技成果转化具有一种内生的可持续性，具备了自主运行、自我生存和自我发展的能力。因此，坚持共赢原则可避免技术供需方在成果转化过程中由于动力不足造成短期行为的问题。

(2) 一体化原则

政府、农业企业、科研单位、经销商、零售商、合作社、家庭农场、农户等不同主体形成产学研用融合、上中下游协同的农业科技成果转化联合体,可以有效地避免农业科技成果转化过程中存在的科技信息传递载体障碍、渠道不畅、转化效率不高等问题,坚持一体化原则有助于推动农业科技成果供需实现真正对接。

(3) 科技引领原则

农业科技成果是转化的核心,也是农业生产发展的动力,因此科技在成果转化中起着决定性的作用。以供需对接、信息交流和互动为主的双向互动型转化机制,使科技与农业生产需求结合更加紧密,科技融入生产中,农业生产安全、高效,农业产业化进程加快,科技支撑和科技引领作用明显增强。

10.2.2 农业科技成果转化的策略

(1) 优化多元主体参与转化机制

鉴于农业科技成果具有公益性、准公益性和农业经营性等三大层面的属性,因而需要按照其不同的技术属性和专利技术保护程度,分类别地针对性建立促进农业科技成果转化政策法规,发挥不同转化主体作用,支撑农业科技成果转化,完善和优化成果供给、需求相联结的转化机制。

一是针对公益性质的农业科技成果,建立以政府为主体的无偿推广应用和转化机制。这主要是基于科技成果属性的考虑。公益性质的农业科技成果主要包括农业生产技术标准、小麦、薯类、果树与经济林木等各类常规作物新品种、动植物疫病防治、栽培养殖技术、耕作方法、农业灾害处置和环保技术等。由于以上农业科技成果的公益性浓厚,适用范围广,专利保护程度低,容易导致农业经营主体免费"搭便车",酿成"公地悲剧",因而倘使单纯依靠市场调节恐难以保证此类公益性质的农业科技成果的可持续有效供给,从而使得转化机制运行达到社会最优状态。由此,对于公益性科技成果转化、应用与推广应当重点发挥政府主体作用,一方面是提供财政转化资金予以支持,另一方面是完善多层级的多层级的农业科技推广体系,利用行政手段予以推广应用和实施。

二是针对市场经营性的农业科技成果,建立以涉农企业为主体的有偿转化机制。具备市场经营性的农业科技成果一般具有可物化、可控性强等基本特征,主要包括水稻、玉米、油菜与蔬菜等杂交作物新品种与畜禽新品种、肥料农药、兽药疫苗、智能农机装备等。这主要是基于以上成果具备技术专利商品化特征和较强的排他性,因而在转化形式方面与公益性质的农业科技成果也必须采取差别化对待的方式。该类成果转化以市场自主经营为主,通常可采用有偿性参与市场转化的形式。在转化主体方面以非政府组织主体为主,包括农业企业、科研院所、农业院校、农业专业协会等,具体形式是通过以农业科技市场交易中心等平台和形式进行市场化公平交易来实现其转化和应用。转化的组织主体一般是以赢利为目的的单位,为强化转化效率、分散市场风险、降低转化成本,转化主体往往倾向于选择具备市场盈利前景、转化经济效益高、转化风险并不太大的科技成果作为目标对象,而对成果转化的社会和生态效益等方面不会考虑太多。其参与转化工作的主要方式是以市场化机制导向下的技术开发、技术咨询、技术服务和技术转让等活动,核心和旨向是参与新增效益分配。

三是针对农业准公益性成果,如水稻、玉米、小麦等大宗粮食作物品种、大中型节水灌溉与水肥一体化技术与装备,先进加工技术、冷链物流与农机装备等,需建立政府与市场结合的转化机制。这是由于准公益性(混合性)成果本质上具备较强技术属性,专利保护程度也较高,因此也具有一定排他性,但同时该类技术成果转化应用对于农业生产经营意义重大,应当进行大规模、广覆盖的推广,单纯依靠市场机制运作会产生"正外部扩散效应",因而有必要由政府进行适度干预和引导,采用补偿、补贴农业新技术的采用者(农业企业、农户等)的方式,激励该类准公益性质的农业科技成果转化与社会市场需求相适应,从而达到有效转化应用的目的。

(2) 完善产学研一体的区域协同和组织联动机制

农业科技成果转化主体如何紧密联合进行有效运行也是转化环节的核心问题。农业科技成果转化主体未能实现有效联合,科技成果产出、中间试验、市场化转化应用等环节分割导致成果转化不畅。中国现有科技体制是建立在计划经济基础之上的。在此前提下,现行农业科技成果转化机制也呈现出行政色彩浓郁的特点,转化主体各自相对独立导致了可转化农业科技成果产出供给、农业科技成果转化人才的培养教育、农业科技成果推广应用三者相分离、各成体系,需要强化政府、农业企业、科研单位、经销商/零售商、合作社/家庭农场/农户等不同参与主体在农业科技成果转化中的协同性和联动作用,将农业科技成果产出、转化和市场需求三者进行有效连接,提高科技成果转化成功率。也即是,科研院所是成果产出源,农业企业在技术和市场衔接中居于成果转化关键主体地位,农业经营主体则是市场化导向下成果转化应用的主体，经销商、零售商等中介组织是从"产出到应用转化"的黏合剂，政府的主要功能是为成果产出和转化应用提供政策法治环境与必要的补贴。

(3) 完善科技成果产出和转化的内生长效激励机制

目前我国农业科技成果市场化需求和可转化成果有效供给双重不足，促进农业科技成果转化急需在扩大有效供给、刺激有效需求两方面下功夫，完善内生性长效激励机制，促进科技成果产出和转化。

一是培育农业企业成为经营性农业技术成果产出和成果转化的主体。农业企业以追求利润最大化为动力，其规模化生产方面具备优势，因而十分贴合市场机制导向下农业科技成果的产出和转化。将农业企业培育成为经营性农业技术成果产出和成果转化的主体、需要强化政府职能发挥。一方面，政府应引导民间资本向农业企业（特别是有创新发展需求的科技型企业）投资，引导银行、股市、债券等金融机构扩大对科技型企业信贷支持，激励农业企业加大对于科技成果研究和成果转化应用的资金投入，推动农业科研企业成为自主创新主体，推动企业与科研机构联合，共同成为技术创新和成果供给主体；另一方面，政府的财政资金要发挥强化科技资源配置的作用，通过综合运用风险补偿金、贷款贴息、担保补贴和无偿资助等资金投入方式，构建农业技术成果产出和成果转化激励机制，选取具有规模效益的农业企业作为重点培育对象，使其成为科技成果的市场供给与需求交易的主体。

二是激励研究机构成为面向农业一线的农业科技成果转化主体。一般而言，农业科研机构和涉农高校对于促进自身科技成果转化更多的是基于社会声望、学术地位和社会责任等方面的考虑，因而应当更加强化其对于农业科技成果转化的经济效益、社会效益与生态效益等方面的作用，激励其进入农业科技成果转化领域，最大限度提供与成果转化配套的必要条件，鼓励以农业专家大院和省、县、乡、村多层级农业科技示范基地为载体，充分发挥农业科研机构和涉农高校的科技资本和人才资本的优势，促进农业科技成果转化为现实生产力；同时以转化链条为依托，建立市场主体合作共赢的利益联结机制，满足研究机构作为转化主体对于经济利益的需求。在农作物与畜禽新品种、种子种苗种畜种禽繁育技术、动植物病虫害防治防疫、智能农机装备等技术成果转化方面，引导农业科研机构、涉农高校与相关农业企业联营，按照政策采取收取技术转让费、利润分成、产品销售额提成等方式，使得各主体在转化中共同获益。

三是培育各类农业科技转化服务中介组织参与转化。需要积极培育各类公立和民营、营利性和非营利性农业科技转化中介服务机构，为其提供经费支持、服务管理和法律保障，充分发挥农业科技转化中介服务机构在成果转化中的作用；建立并完善从国家到地方多层级的促进农业技术、信息、人才、资金等资源合理流动的公共转化交易服务平台。

10.3 推进农业科技产业化的主要措施

（1）纳入国家农业科技创新体系

我国农业科技创新体系建设的根本目标是为了增强我国农业科技自主创新能力和提升国家农业竞争力，因此，应将农业科技产业化纳入国家农业科技创新体系建设的重要组成部分。我国农业科技创新体系应包括农业知识创新、农业技术创新两大子系统。知识创新子系统以农业科研院所和大学为主体，技术创新子系统以农业科技企业为主体，两大子系统都要强调产学研府民多元化创新主体之间的协同创新，都必须以发展现代农业为目标。知识创新子系统形成的科技成果分别进入公共推广系统和企业推广系统。技术创新子系统的科技成果则以企业推广系统为主渠道。因此，必须坚决打破旧体制产学研相分离的体制性障碍，构建产学研府民紧密结合的现代农业科技产业体系。

农业科技产业链创新管理是将从技术创新源到科技成果大规模产业化应用的多节点链接而成的链条集合体作为一个有机整体，通过企业技术创新与体制、机制、制度创新相结合，对其技术创新及人、财、物、信息等要素的系统管理，以期实现创新增值最大化的目的。因此，农业科技产业链创新管理是以科技产业链全体成员创新效益最大化为目标，以市场为导向，以核心企业为主导的，产学研府民紧密结合的农业科技产业链系统管理。从我国农业技术创新资源分布的实际情况看，农业科研院所和大专院校是重大农业技术创新的源头，是中国农业产业化龙头企业的核心技术研发基地。农业产业化龙头企业是我国农业科技成果转化和产业创新的主体，也是农业技术创新的主体之一。因此，一方面，要大幅度增加对农业科技创新源头单位的投入力度，大力提升我国农业科技自主创新能力。另一方面，要大力培育和扶持农业产业化龙头企业的技术创新能力，大力推进农业技术创新与产业创新的紧密结合，充分发挥龙头企业、科研院所、大学及农民经合组织等多元化创新主体的协同创新作用。

在国家农业科技创新体系的科技投入方面，农业应用基础研究、公益性应用技术研究示范和农业产业化技术创新各自都应有合理的比例，并适当加大对农业科技产业化项目的支持力度。产业化技术创新投资应由国家财政和企业投资等多元化投资构成。

（2）建立统筹发展协调领导机制

针对我国农业科技产业的特点和发展阶段，应充分发挥政府在我国农业科技产业化发展中的统筹协调作用。一是统筹协调农业科技产业的机制创新和体制创新；二是统筹协调农业科研教学机构、企业和中介组织开展技术创新与成果转化活动；三是统筹协调领导全国农业科技产业化发展，选择产业基础好、创新能力强、市场化水平高、开放性强的地区建设一批农业科技产业化示范基地。

建议在农业农村部成立农业科技产业统筹发展的协调领导机构，组织编制农业产业发展规划，根据农业高新技术的成熟度及发展趋势，按近期、中期、长期发展目标，制定不同区域、不同层次的农业科技产业化发展规划；按照农业高新技术及其产业化长期性、地域性和高投入、高风险、高效益等特点，及时出台与制定符合其发展规律的农业科技产业化政策，促进我国农业科技产业又好又快地发展。

建议由农业农村部牵头组建农业科技产业发展专家委员会，就农业科技产业发展有关重大问题及农业科技产业发展专项规划提出专家咨询意见，以解决推进农业科技产业发展的问题和困难。

（3）改革农业科研选题立项机制

提升自主创新能力的关键在于企业拥有丰富的技术创新源和具有独创性、先进性的核心技术。然而，创新技术供应方与创新技术需求方存在着相当程度的技术供需错位，造成技术供需错位的主要原因是体制性障碍。技术供需错位首先源于供需双方技术创新选题立项机制不同。我国政府的农业科技投入主要投向科研机构、大学，项目实行专家推荐制，编写项目指南、项目投标与评标都是专家评审制。科研机构和大学的专家意见得到了相对较多的体现，而企业的需求和市场的需求在立项中反应较少。同时，由于我国企业长期不重视技术创新，自主研发投入占比小且很少向科研教学单位委托研究投资。这就形成了多年来专家主导型的政府科技项目选题立项机制。

解决企业技术创新中普遍存在的技术供需错位问题，必须从破解制约农业技术创新的体制性障碍着手，在农业科技创新选题立项机制、成果评价体系和促进产学研合作创新等方面采取重大改革措施。在国家农业产业化技术创新选题立项招投标过程中，要更多地吸收优秀农业产业化龙头企业的代表参与，更多地反映各行业龙头企业的技术需求，优先支持产学研结合的农业科技产业化重大项目。

进入 21 世纪以来，我国农业科技产业呈现出规模化、专业化、高科技化、集团化的发展势头。从我国农业科技产业发展的实践看，院所科技企业对中国特色的农业科技事业的持续健康发展具有重要的促进作用，是适合中国国情的理性选择，是建设中国农业科技创新体系不可分割的重要组成部分。

因此，必须毫不动摇地加大对院所农业科技企业的政策扶持。一是长期坚持"一院两体、一院两制"的农业科技体制改革方向不变，推进农业科技创新源头单位进一步深化改革。二是长期坚持鼓励科技人员在农业科技产业化第一线创新创业的政策不变。创造条件，鼓励科技人员自主创业，其事业单位职工身份不变；加强农业科技产业化人才培养，改革农业科技人员职称评定办法，鼓励科技人员在科技成果转化与产业化一线建功立业，其业绩可以作为职称评定的依据；转变人才培养模式，重视在农业科技产业化第一线中青年科技人才的培养；鼓励产、学、研深层次融合。三是择优支持一批院所优秀科技企业的科技产业化开发项目，从中培育一批具有国际竞争力的股份所有制的农业高科技企业集群。

（4）扶持农业科技产业重点项目

以"技术跨越、产业提升"为目标，选择一批影响国家农业科技重大成果作为产业化重大项目给予重点扶持，培育有国际竞争力的中国农业科技龙头企业集群，重点扶持技术高、效益优、规模大、竞争力强的农业产业化龙头企业，重点扶持农业高新科技领先龙头企业，重点扶持面向国际市场、具有国际竞争力的农业产业化龙头企业。实施"走出去"，大力推进中国国家级农业产业化龙头企业的全球化发展。

（5）加快建设技术交流转移平台

应抓住农业科技产业发展的有利时机，不断提升政府的服务职能，加快建设高水平的农业技术交流和技术转移信息平台，并使其成为国家农业科技产业化创新体系的重要组成部分。通过农业技术的网络信息交流，建立中介服务机构和在企业建设中试孵化基地等方式,加强企业与农业科研教学机构的信息对接和技术对接,加快农业产业化企业的技术升级和农业科研教学机构的成果转化。

(6) 构建农业科技产业中试基地

加快建设国家级农业科技产业化中试孵化基地,构建高水平的农业企业技术创新平台,并使其成为国家农业科技创新体系的重要组成部分。加强产业共性技术的研究开发平台建设,增强农业科技产业的自主创新能力。加强关键技术和配套适用技术的研究和推广,支持技术研究与农业科技产业化发展的关联性项目。完善农业科技专业孵化器,培育农业科技中小企业集群。促进各类现代农业服务型企业的成长,增强企业之间的协同创新。

(7) 完善农业科技产业融资渠道

在研究开发和创新能力的基础建设方面,加大国家各级财政的扶持力度,作为社会主义新农村建设资金使用的重要部分。设立风险投资基金,加强对农业企业技术创新重点领域的科技产业化项目支持,多渠道增加对农业高新技术研发和产业化的投入。鼓励多元化创业投资发展,把多元化社会资金导入促进农业科技产业发展的轨道。

充分运用财政支持、金融信贷、引进外资、风险投资等渠道,解决农业科技产业化发展的资金问题。建立国家农业科技产业化发展专项资金,支持重点农业科技产业化发展项目建设,引导社会资金投向农业科技产业。允许可评估的农业科技专利技术在银行办理抵押贷款,促进政策性银行开辟中小型农业科技企业贷款渠道、鼓励商业银行加大对农业科技产业化企业的贷款规模。鼓励企业或个人设立农业科技产业化发展基金(捐款允许税前列支)。允许重点农业科技产业化企业试点发行非上市公司可转换债券。制定有利于风险投资进入及退出农业科技产业的相应政策,选择具有自主知识产权并有一定市场规模的农业科技产业化企业发行股票。

(8) 制定农业科技产业优惠政策

积极协调有关部门,对农业科技产业化企业实行免税、减税和低税政策。从事农业科技产业化开发的农业科技型企业都应享受国家创新型企业试点政策。允许农业科技企业在税前按销售收入计提一定比例的技术开发基金,并把实际投入技术创新和产品开发的相关费用抵扣税金。鼓励企业采用新技术和新设备,并允许部分购买费用的抵扣税金。对投资或再投资于高新农业科技企业给予税收优惠。适当延长所得税优惠年限，或新创办农业科技企业自获认定年度起，享受企业所得税"两免三减半"优惠政策，以适应农业科技企业投资回报期长的特点。允许农业科技企业将薪金和培训费用按实际发生额在所得税税前列支。

(9) 加强农业科技产业法制建设

加强有利于农业科技产业发展的立法工作，尤其应健全和完善农业知识产权保护法规和农业科技产业规制。尽快制定和完善农业科技产业化技术安全管理、农业技术创新和知识产权保护、农业技术产品市场准入以及农业科技产品市场监管等方面的法律法规。研究制定既符合我国国情，又与国际接轨的农业科技产品专利保护法规，在农业科技产品的研发、生产和销售等环节加强对知识产权的保护力度，并加大对侵权者的惩罚力度。

第 11 章　结论与展望

农业科技的进步源于创新性的农业科研成果,而把科研成果从知识形态的潜在生产力转变为物质形态的现实生产力,则是促进农业供给侧结构性改革的重要驱动力,也是助推乡村振兴战略有效实施的关键环节。但相对于农业科技的投入以及成果存量,科技成果服务现代农业和乡村振兴的巨大潜力仍未充分发挥。如何利用好农业科技成果并通过将其有效转化促进新技术、新产业、新业态的形成,克服论文多、专利多、成果多而转化少的尴尬局面,真正形成农业科技成果对农业高质量绿色发展的强力助推,是解决目前农业科研与农业生产"两张皮"的重点和堵点。对此,本书基于价值共创理论,围绕农业科技成果转化模式与利益分配机制展开深入研究。通过建立灰色关联模型和演化博弈模型,分析农业科技成果转化的主要影响因素,揭示供给主体、平台中介、需求主体等不同主体之间合作的内在机制;基于典型案例调研,分析现有模式与利益联结机制的优劣势,探索构建由政府、专家、企业、农业服务商、专业大户/家庭农场主 5 个成果转化主体要素集成、协同转化的"复合三螺旋"模式;采用风险承担、技术创新和合作程度等因素建立修正的 Shapley 值法利益分配模型,解决多主体合作模式下各主体利益分配问题,实现各方利益共享;根据理论与实证研究结果,提出基于价值共创的农业科技成果转化策略。本书基于价值共创理论对农业科技成果转化模式与利益分配机制进行了开创性的研究,为保障国家粮食安全、促进重要农产品稳产保供、全面推进乡村振兴的科技支撑提供了理论与实践价值。

11.1　主要结论

本书围绕农业科技成果转化问题,基于价值共创理论探讨农业科技成果转化模式与利益分配机制,通过现状与问题探讨、理论与实证分析,得出如下主要结论。

(1) 科研立项与市场需求紧密度、农技推广人员专业素质、农技推广政策是影响农业科技成果转化的关键制约因素

从农业科技成果转化多主体要素切入，运用灰色关联度分析，结果表明：科研立项与市场需求紧密度是影响当前农业科技成果转化的最关键微观制约因素。农技推广人员专业素质和农技推广政策的关联度仅次其后，也是影响农业科技成果转化的重要因素。但研发主体、政府主体不是制约农业科技成果转化的主要内在因素，而推广主体才是促进农业科技成果转化的核心主体。需求主体关联度分析中，新型经营主体文化素质、对新成果新技术的接受程度与农业科技成果转化呈显著正向作用。但由于农业科技成果转化具有区域性特征，不同地区实施政策不同，相关政策仍需不断改进与调整，具体实施成效还有待提高。

(2) 需求方、供应方、中介方是农业科技成果转化的三方核心利益主体，其合作水平跟初始意愿、合作成本、收益分配比例、潜在损失密切相关

以建立供给主体、平台中介、需求主体三者收益矩阵为依托，构建三方共同参与农业科技成果转化的演化博弈模型，利用 MATLAB 进行数值仿真分析影响供给主体、平台中介、需求主体策略演化的因素。结果表明：供给主体、平台中介、需求主体的初始意愿越大，三方选择"积极参与"的概率就越大，且任何一方的初始意愿越强烈，其余两方选择"积极参与"概率也会增加，从而促进农业科技成果转化。随着成本的增加，三方选择"积极参与"策略的概率越低，且超过临界值后，三方都将采取"消极合作"，同时随着任一主体隐性成本的增加，该主体"积极参与"的意愿降低，三方合作将会逐渐松散。任一主体的分配比例越高，选择"积极参与"的意愿将越大，但随着该主体的分配比例过高，其他主体选择"积极参与"的意愿将会降低，因此合理分配利益对促进多方主体稳定合作十分重要；各主体选择"消极参与"策略后的潜在损失越大，选择"积极参与"的概率将会越大，故潜在损失能对各主体合作行为起到督促作用。

(3) 复合三螺旋视角下，专家、企业、政府、农业服务商、种植大户/家庭农场主（用户）五个主体在农业科技成果转化过程中形成良性互动

借鉴三螺旋理论，基于大量的四川农业科技成果转化案例调研，构建复合三螺旋农业科技成果转化模式，设计了双三螺旋的推广、转化模式下的动力和协同机理，并利用农业龙头企业典型案例予以佐证。结果表明：传统三螺旋农业科技成果

转化模式中政府干预过多,是影响成果转化的关键主体,而农业中介机构、新型经营主体缺失,导致螺旋主体对接不精准等问题。复合三螺旋农业科技成果转化模式可以弥补传统三螺旋模式的短板,促进行政链、生产链、创新链的协同转化,完善了信息链,延伸了价值链的内涵,促进了农业科技信息与成果转化的发展与完善。

(4) 修正 Shapley 值法的利益分配模型体现按贡献分配利益的原则,有利于推动农业科技成果有效转化

通过实地调研以种植业、养殖业、种业、农资行业为代表的农业科技成果转化涉及的相关主体,总结典型的转化模式。基于此,采用风险承担、技术创新和合作程度 3 个因素构建修正 Shapley 值法的利益分配模型,对农业科技成果转化中各主体的利益分配机制进行理论与实证分析。结果表明:政府、科研单位、农业企业、经销商/零售商、村集体经济组织、合作社/家庭农场/农户等农业科技成果转化主体形成了公益性科技成果转化模式、经营性科技成果转化模式和具有扶贫性质的农业科技成果转化模式,不同模式下各合作主体之间资源共享、优势互补、协同发展,有利于降低交易成本、提高专业分工效率、实现规模经济和范围经济,创造出更高的整体收益,各参与主体也获得更多的个体收益;农业企业在技术和市场衔接中居于关键主体地位,构建以农业企业为主导的农业科技成果转化模式,可以形成更高的科技资源配置效率和市场供求效率,有利于推进农业科技成果转化;修正后的利益分配方法纳入参与主体风险承担、技术创新和合作程度的影响,体现按贡献分配利益的原则,更符合实际,有利于合作的长期稳定。

11.2 未来研究

虽然农业科技成果转化的理论与实证研究较为丰富,但受疫情的影响和时间的局限,本书仅在这方面做了一些抛砖引玉的初步探索,尚有许多问题有待深入研究。

(1) 进一步完善复合三螺旋成果转化模式

三螺旋成果转化模式,主体少且固化,利益机制相对明确。复合三螺旋成果转化模式涉及主体较多,并且这些主体在成果转化的过程中扮演着多个角色,利益分配不明晰,由于缺乏组织化的联结机制及利益分配机制,易导致各主体间利益不均,造成独家通吃的局面,从而影响各主体间的"自反",进而影响体系的螺旋上

升。如农业服务商是农资产品代理商、技术推广培训机构、专合社、协会的集合体，如何以不同的角色与其他主体建立利益联结机制，保障各参与主体价值共创、利益共享有待进一步研究。同时，农业科技成果转化的高风险、周期长、不确定性，导致农业企业、服务商研发投入少，用户着重于眼前利益，成果落地应用难、农业融资贷款难，阻碍了成果转化进程及产业规模化生产。复合三螺旋如何融入资本因素，完善风险机制，也有待深入研究。

（2）进一步改进农业科技成果转化利益分配机制模型

本研究在分析农业科技成果转化利益分配机制中，主要考虑的是参与主体的风险承担能力、技术创新能力、合作程度等市场因素，缺乏对制度因素的考察，若将这一因素纳入农业科技成果转化利益分配机制的分析之中，或将使研究更为完善。

（3）进一步扩大农业科技成果转化分析的调研样本数据

四川是农业大省，也是科技大省，以四川省为例开展农业科技成果转化模式分析，具有典型性和代表性。但农业生产活动及其创新成果转化具有地理空间特性，不同区域的农业科技成果转化模式难免存在差异，若进一步扩大样本数量，研究结论或更具科学性和全面性。

参考文献

白瑶,2019.杨凌示范区农业科技成果转化模式研究[D].咸阳:西北农林科技大学.

柏宗春,孟洪,李梦涵,等,2019.当前我国农业科技成果转化调研分析[J].农业科技管理,38(5):1-5,15.

鲍新中,徐丹,王道平,2009.产学研合作收益分配的博弈分析[J].数学的实践与认识,39(19):76-83.

毕倩,2018.农业科技成果推广的影响因素研究——以眉县红阳猕猴桃推广为例[D].咸阳:西北农林科技大学.

边伟军,2009.基于三螺旋模型的官产学合作创新机制与模式[J].科技管理研究,29(2):4-6,3.

卜祥龙,2012.农产品供应链联盟的利润分配博弈分析[J].物流技术,31(9):338-342.

蔡彦虹,李仕宝,饶智宏,等,2014.我国农业科技成果转化存在的问题及对策[J].农业科技管理,33(6):8-10,84.

曹晨,陈学云,史贤华,2019.基于合作博弈的农业科技创新主体合作研究[J].滁州学院学报,21(2):60-63.

陈红华,田志宏,周洁,2011.基于Shapley值法的蔬菜可追溯系统利益分配研究——以北京市T公司为例[J].农业技术经济(2):56-65.

陈红喜,2009.基于三螺旋理论的政产学研合作模式与机制研究[J].科技进步与对策,26(24):6-8.

陈泓祎,2018.供需视角下福建高校农业科技成果转化的影响因素研究[D].福州:福建农林大学.

陈华,易启洪,2014.论我国农业科技成果转化的影响因素[J].科技广场

（1）：214-219.

陈静，2008. 基于三螺旋理论的区域创新体系研究［D］. 北京：北京交通大学.

陈萌山，2018. 科技引领乡村振兴要"软硬"并重［J］. 农村农业农民（5）：1.

陈明珍，刘燕娜，2014. 农业科技成果产业化影响因素的元分析［J］. 科技和产业，14（2）：1-5.

陈世昌，傅春明，2000. 建立健全农业科技成果转化机制［J］. 江西农业大学学报，22（1）：123-127.

陈伟斌，2019. 基于"三螺旋"理论的地方高校校政企深度融合机制构建［J］. 福州大学学报（哲学社会科学版），33（6）：97-102.

陈伟民，焦子隽，叶浩，等，2011. 农业科技成果转化中存在的主要问题及建议［J］. 贵州农业科学，39（1）：242-244.

陈希平，2011. 农业科技成果转化方式研究［J］. 湖南农业科学（3）：39-40.

陈湘东，王生林，2015. 农业科技成果转化过程中相关主体之间的博弈分析［J］. 河南农业大学学报，49（2）：271-275.

陈学云，史贤华，2011. 促进我国农业科技成果转化的产业化路径——基于农业科技的供求分析［J］. 科技进步与对策，28（14）：73-77.

程华东，刘堃，2017. 高校教育精准扶贫模式探究——以华中农业大学精准扶贫建始县为例［J］. 华中农业大学学报（社会科学版）（3）：17-22+149-150.

程泽强，王强，韩启忠，等，2020. 以"院县共建"模式加快农业科技成果转化的实践与思考——以河南省农业科学院院县共建现代农业综合示范县为例［J］. 农业科技管理，39（1）：49-52，72.

储成兵，2015. 农户病虫害综合防治技术的采纳决策和采纳密度研究——基于Double-Hurdle模型的实证分析［J］. 农业技术经济（9）：117-127.

邓磊，张希玲，赵婧洁，等，2016. 鲜食葡萄产业链利润分配研究——基于河北昌黎的案例分析［J］. 农业现代化研究，37（6）：1128-1134.

邓正华，杨新荣，张俊飚，等，2012. 农户对高产农业技术扩散的生态环境影响感知实证［J］. 中国人口·资源与环境，22（7）：138-144.

丁家云，周正平，2015. 基于农业产业链延伸的农产品国际竞争力研究 [J]. 南京审计学院学报，12 (3)：26-34.

丁帅，许强，2020. 国内外科技成果转化模式的比较与研究 [J]. 中国科技产业 (3)：69-74.

段巍巍，陶佩君，周大迈，2013. 社会资本视角下社区农业技术创新扩散研究 [J]. 河南农业科学，42 (4)：184-187.

高贵现，朱月季，周德翼，2014. 中非农业合作的困境，地位和出路 [J]. 中国软科学 (1)：36-42.

高洁，周衍平，2012. Shapley 值在植物品种权价值链利益分配中的应用 [J]. 运筹与管理，21 (2)：168-172.

高强，穆丽娟，2015. "合作社主导型农产品供应链" 利益分配研究 [J]. 西部论坛，25 (1)：8-15.

葛兆建，2014. 构建成果转化模式推进农业科技创新 [J]. 大麦与谷类科学 (1)：49-51.

耿宇宁，郑少锋，陆迁，2017. 经济激励、社会网络对农户绿色防控技术采纳行为的影响——来自陕西猕猴桃主产区的证据 [J]. 华中农业大学学报：社会科学版 (6)：59-60，150.

顾焕章，张景顺，1997. 完善农业科技成果转化的供求机制 [J]. 农业技术经济 (2)：22-23，37.

顾卫兵，蒋丽丽，袁春新，等，2017. 日本、荷兰农业科技创新体系典型经验对南通市的启示 [J]. 江苏农业科学，45 (18)：307-313.

郭海红，2019. 改革开放四十年的农业科技体制改革 [J]. 农业经济问题 (1)：86-98.

郭迎春，魏瑶，向飞，等，2020. 我国乳品产业链利益配比的风险系数修正模型及实证研究 [J]. 技术经济，39 (8)：183-190.

过仕明，侯日冉，2020. 高校图书馆专利转移的三螺旋演进路径及动力机制研究 [J]. 情报科学，38 (12)：85-91.

韩瑞娟，陈少愚，王晴芳，等，2020. 农业科研院所成果转化现状及转化路径分析——以湖北省农业科学院粮食作物研究所为例 [J]. 农业科技管理，39

（6）：71-74，91.

韩晓丹，张贺亮，林琳，2014. 影响农业科技成果转化的因素及对策分析［J］. 吉林农业（14）：13.

韩正涛，张悟移，2020. 农业科技协同创新中涉农企业间知识共享机制的演化博弈分析［J］. 农林经济管理学报，19（01）：55-66.

何振波，2003. 社会制度变迁与创新扩散——以何官庄村温室蔬菜种植新技术扩散为例［J］. 新闻与传播评论（1）：183-192，247，256-257.

贺德方，2011. 基于事实型数据的科技政策理论与方法研究［J］. 情报学报，30（9）：899-905.

贺一堂，谢富纪，陈红军，2017. 产学研合作创新利益分配的激励机制研究［J］. 系统工程理论与实践，37（9）：2244-2255.

贺志武，雷云，陆迁，2018. 技术不确定性、社会网络对农户节水灌溉技术采用的影响——以甘肃省张掖市为例［J］. 干旱区资源与环境，32（5）：59-63.

胡海华，2016. 社会网络强弱关系对农业技术扩散的影响——从个体到系统的视角［J］. 华中农业大学学报：社会科学版（5）：47-54，144-145.

胡瑞法，孙顶强，董晓霞，2004. 农技推广人员的下乡推广行为及其影响因素分析［J］. 中国农村经济（11）：29-35.

花昭红，张玲，2022. 互联网背景下中国休闲农业价值共创机制构建研究［J］. 商业经济，(3)：123-126.

华绪庚，2019. 新型农业经营主体视角下农业科技成果转化影响因素研究——以福建省为例［D］. 福州：福建农林大学.

黄波，孟卫东，李宇雨，2011. 基于双边激励的产学研合作最优利益分配方式［J］. 管理科学学报，14（7）：31-42.

黄钢，徐玖平，2007. 农业科技价值链系统创新论［M］. 中国农业科学技术出版社.

黄季焜，2018. 科技体系在改革中前行［J］. 中国农村科技（10）：6.

黄季焜，胡瑞法，智华勇，2009. 基层农业技术推广体系30年发展与改革：政策评估和建议［J］. 农业技术经济（1）：4-11.

黄亿红，鲁春光，2021."十四五"时期中国农业现代化技术发展的创新驱动路径［J］. 科学管理研究，39（3）：55-62.

黄永清，宁夏，孔令孜，等，2020. 加快广西农业科技成果转化机制创新研究［J］. 南方农业学报，51（7）：1776-1784.

黄勇，2017. 基于Shapley值法的猪肉供应链利益分配机制研究［J］. 农业技术经济（2）：122-128.

贾敬敦，吴飞鸣，孙传范，等，2015. 农业科技成果评价指标体系构建研究［J］. 中国农业科技导报，17（6）：1-7.

贾树英，2008. 农业科技成果转化存在的问题及对策［J］. 东北农业大学学报（社会科学版），6（1）：11-13.

蒋和平，郭超然，蒋黎，2020. 乡村振兴背景下我国农业产业的发展思路与政策建议［J］. 农业经济与管理（1）：5-14.

寇光涛，卢凤君，刘晴，等，2017. 东北稻米产业链收益分配研究——以黑龙江省为例［J］. 中国农业大学学报，22（4）：143-152.

旷浩源，2014. 农村社会网络与农业技术扩散的关系研究——以G乡养猪技术扩散为例［J］. 科学学研究，32（10）：1518-1524.

雷声芳，何忠伟，刘芳，2012. 基于三方博弈的农产品价格质量博弈研究［J］. 农产品质量与安全（2）：53-56.

李栋亮，陈宇山，2013. 广东新型科研创新机构发展的现状与对策［J］. 科技管理研究，33（3）：99-101，106.

李海波，周春彦，李星洲，高晓瑾，张红波，2011. 区域创新测度的新探索——三螺旋理论视角［J］. 科学与管理，31（6）：45-50.

李航飞，2019. 台湾农业技术在大陆扩散的特征、效应及机制分析［D］. 福州：福建师范大学.

李惠芬，黄庆，陆秀明，等，2009. 农业科技成果转化途径探讨［J］. 农业科研经济管理（1）：22-24.

李惠杰，郭微微，2011. 农产品加工业供应链利益均衡分配演化博弈分析［J］. 价值工程，30（8）：34-35.

李佳怡，李同昇，李树奎，2010. 不同农业技术扩散环境区农户技术采用行为分析——以西北干旱半干旱地区节水灌溉技术为例［J］. 水土保持通报，30（5）：201-205，236.

李娜，羊杏平，2018. "即研即推，即创即转"的农业科技成果转化模式探索——以江苏省农业科学院农业产业研究院建设为例［J］. 云南农业大学学报（社会科学），12（5）：26-30.

李润宜，2019. 基于创新价值链视角的新型研发机构科技成果转化研究［D］. 广东工业大学.

李天华，陈宏毅，2019. 中美高等院校科技成果转化模式比较研究［J］. 科技创新与应用，（23）：13-16.

李雪芹，周怀营 蔡翔，2010. 基于"三螺旋"理论的"创业型"大学建设［J］. 技术经济与管理研究（4）：46-49.

李宇，杨敬，2017. 创新型农业产业价值链整合模式研究——产业融合视角的案例分析［J］. 中国软科学（3）：27-36.

李兆友，夏一维，2016. 论农业科技成果转化中政府的角色移位［J］. 科技管理研究，36（9）：30-34.

李专，2014. 农业产学研合作运行状况调查与分析——以沈阳市农业企业为样本［J］. 沈阳农业大学学报（社会科学版），16（3）：262-265.

李紫娟，孙剑，陈桃，2018. 农户绿色防控技术采纳行为影响因素——基于湖北省 265 户柑橘种植户调查数据的分析［J］. 科技管理研究，38（21）：249-254.

林青宁，毛世平，2018. 中国农业科技成果转化研究进展［J］. 中国农业科技导报，20（4）：1-11.

林青宁，毛世平，2019. 高校科技成果转化效率研究［J］. 中国科技论坛（5）：9.

林青宁，孙立新，毛世平，2020. 中国农业企业科技成果转化效率测算与分析——基于网络超效率 SBM 模型［J］. 科技管理研究，40（8）：52-58.

林志强，高道才，2013. 多向合作是农业高校推动农业科技创新的根本途径——以青岛农业大学为例［J］. 高等农业教育（07）：109-112.

林钟高，2018. 创新驱动"最后一公里"的破局之道——《创新链集成视阈下科技成果转化模式研究》评介[J]. 安徽工业大学学报（社会科学版），35(6)：21-22.

林洲钰, 林汉川, 邓兴华, 2013. 加快我国科技成果转化的机制创新与实现路径[J]. 新视野, (2)：33-36.

林洲钰, 林汉川, 邓兴华, 2013. 加快我国科技成果转化的机制创新与实现路径[J]. 新视野 (2)：33-36.

刘家树, 吴佩佩, 菅利荣, 等, 2012. 创新链集成的科技成果转化模式探析[J]. 科学管理研究, 30(5)：26-29.

刘笑冰, 申强, 何忠伟, 2015. 我国农业科技成果转化资金绩效实证研究[J]. 农业技术经济 (6)：74-81.

刘笑明, 李同昇, 张建忠, 2011. 基于小麦良种的农业技术创新扩散研究[J]. 农业系统科学与综合研究, 27(2)：148-153.

刘兴斌, 盛锋, 李鹏, 2014. 农业科技成果转化与推广主体动态博弈及协调机制构建研究[J]. 科技进步与对策, 31(9)：24-27.

刘岩峰, 王绪龙, 2013. 风险规避及收入对农户采纳有害生物综合治理（IPM）技术的影响[J]. 江苏农业科学, 41(5)：396-398.

刘英辉, 2014. 农业科技成果转化的影响因素分析与对策研究[J]. 农业与技术, 34(8)：15.

刘勇, 菅利荣, 赵焕焕, 等, 2015. 基于双重努力的产学研协同创新价值链利润分配模型[J]. 研究与发展管理, 27(1)：24-34.

刘元芳, 彭绪梅, 彭绪娟, 2007. 基于创新三螺旋理论的我国创业型大学的构建[J]. 科技进步与对策 (11)：106-108.

刘忠强, 王开义, 谭华, 2011. 产业与地域视角的农业科技成果转化模式研究[J]. 中国农学通报, 27(4)：280-284.

柳岸, 2011. 我国科技成果转化的三螺旋模式研究——以中国科学院为例[J]. 科学学研究, 29(8)：1129-1134.

卢晓中, 卓泽林, 2020. 湾区高等教育的形成与发展——基于粤港澳大湾区与旧金山湾区比较的视角[J]. 高等教育研究, 41(2)：90-98.

鲁若愚, 傅家骥, 王念星, 2003. 校企合作创新的属性演化及对分配方式的影响［J］.中国软科学（10）：153-160.

陆建珍，徐雪高，汪翔，2021.我国农业科技成果转化的现状、问题及对策［J］.江苏农业科学，49（17）：238-242.

吕杰，金雪，韩晓燕，2016.农户采纳节水灌溉的经济及技术评价研究——以通辽市玉米生产为例［J］.干旱区资源与环境，30（10）：151-157.

吕荣杰，康凯，任永红，1999.农作制度变迁对杂交玉米技术扩散的影响研究［J］.河北工业大学学报（3）：25-27.

骆婷，2013.基于DEA模型对农业科技成果转化的绩效分析——以南京地区为例［J］.北京农业（15）：281-282.

马亚男，2008.大学-企业基于知识共享的合作创新激励机制设计研究［J］.管理工程学报，22（4）：36-39.

马永斌，王孙禺，2008.大学、政府和企业三重螺旋模型探析［J］.高等工程教育研究（05）：29-34.

孟洪，李仕宝，2016.新常态下促进农业科技成果转化对策研究［J］.农业科技管理，35（3）：57-60.

南佐民，2004.论三螺旋理论下的创业型大学建设［J］.教育与职业（30）：10-11.

宁云，章琰，王乾，2021.农业科技成果转化效益及其影响因素研究——以国家重点研发计划为例［J］.农业科技管理，40（2）：10-14，66.

潘冬梅，李仁刚，刘春全，2010.加强科技平台建设，促进农业科技成果转化［J］.华中农业大学学报（社会科学版）（04）：112-115.

彭绪娟，彭绪梅，2007.基于三螺旋理论的创业型大学的创业能力培育探析［J］.黑龙江高教研究（12）：106-108.

彭义杰，张开春，王文娟，等，2013.农业科研单位科技成果转化的问题与对策研究［J］.农业科技管理，32（5）：85-87.

戚迪明，刘云茹，向翠林，等，2016.农业科技成果转化影响因素研究［J］.沈阳农业大学学报（社会科学版），18（6）：658-662.

钱贵霞，张一品，吴迪，2013.液态奶产业链利润分配研究——以内蒙古呼和浩特为例［J］.农业经济问题（7）：41-47.

钱华, 赵杨, 2021. 探讨农业科技成果转化问题 [J]. 现代农业研究, 27 (8): 61-62.

屈晓娟, 邵展翅, 王彦飞, 2013. 农业科技成果转化制约因素及转化模式分析 [J]. 辽宁农业科学 (6): 33-36.

邵永发, 熊桉, 夏娟, 2016. 农业新常态下科技创新与推广的新模式探究 [J]. 湖北经济学院学报, 14 (6): 28-35.

申强, 徐莉莉, 王军强, 等, 2017. 北京市农业科技成果转化影响因素——基于科研人员和转化企业角度 [J]. 中国高校科技 (3): 74-76.

石照耀, 韩晓明, 2021. 高校科技成果转化模型与路径 [M]. 北京: 科学出版社: 56-58.

史勇强, 李双奎, 2016. 农业院校科技成果转化绩效评价体系构建研究 [J]. 内蒙古科技与经济 (7): 23-26.

孙思捷, 2020. 我国三螺旋创新理论研究综述 [J]. 科技经济市场 (11): 143-146, 150.

孙玉刚, 2007. 灰色关联分析及其应用的研究 [D]. 南京: 南京航空航天大学.

藤奎秀, 杨兴龙, 2021. 吉林省农业科技创新与成果转化研究 [M]. 北京: 中国农业科学技术出版社.

佟林杰, 孟卫东, 2014. 基于三螺旋理论的区域人才共享模式构建 [J]. 科技管理研究, 34 (2): 93-95+102.

万国超, 曹邦英, 全晓艳, 2019. 农业科技成果转化创新绩效评价——以四川省为例 [J]. 江苏农业科学, 47 (12): 320-324.

汪芹, 王长军, 2015. 科技成果转化中三螺旋接口组织创新模式研究——以中科大先进技术研究院为例 [J]. 科技进步与对策, 32 (8): 7-11.

王丹, 赵新力, 郭翔宇, 等, 2018. 国家农业科技创新理论框架与创新能力评价——基于二十国集团的实证分析 [J]. 中国软科学 (3): 18-35.

王格玲, 陆迁, 2016. 社会网络影响农户技术采用的路径研究——以民勤节水灌溉为例 [J]. 华中科技大学学报: 社会科学版, 30 (5): 83-91.

王浩, 贺颖, 2016. 近年三重螺旋创新模式国内外相关研究新动态 [J]. 科技管理研究, 36 (4): 26-30.

王佳江, 赵宇, 徐世艳, 等, 2019. 我国农业科技成果转化的障碍因素分析及对策 [J]. 农业科技管理, 38 (4): 79-80.

王敬华, 丁自立, 马洪义, 等, 2013. 关于农业科技成果转化资金绩效管理的思考与对策 [J]. 科技进步与对策, 30 (3): 22-24.

王敬华, 钟春艳, 2012. 加快农业科技成果转化 促进农业发展方式转变 [J]. 农业现代化研究, 33 (2): 195-198.

王宁, 梁凯桐, 顾巍巍, 等, 2022, 农业科研机构成果转化模式及能力提升对策 [J]. 江苏农业科学, 50 (5): 246-252.

王如东, 2008. 基于三螺旋的创意城市研究——以苏州工业园区为例 [J]. 上海管理科学 (5): 78-81.

王生林, 腾英, 2015. 农业科技成果转化主体耦合互动机制研究 [J]. 科技管理研究 (11): 197-200.

王希, 张晔, 赵兴, 2016. 国家农业科技成果转化资金项目中期绩效评价研究 [J]. 北京农业 (4): 169-170.

王小勇, 赵叶华, 2014. 公益性科技成果评价与转化模式研究 [J]. 科技管理研究, 34 (6): 79-83, 89.

王晓莉, 寇秋雯, 2021. 新时代我国农业科技成果转化的模式, 现状及对策探析 [J]. 农业科技管理, 40 (4): 79-81.

王欣, 2021. 高校科技成果转化机理与对策研究 [M]. 北京: 科学出版社.

王星醒, 2018. "合作社+科研单位+农民" 新技术推广模式研究 [D]. 山西农业大学.

王卓君, 2021. 基层农业科技创新平台促乡村振兴的思考——以山东省"农科驿站"为例 [J]. 中国农村科技 (7): 42-45.

危怀安, 文圆, 李旭彦, 2022. 科技成果转化机构利益共享与风险共担集成激励机制——基于湖北省多案例探索性研究 [J]. 中国科技论坛 (1): 14-21.

尉伟杰, 夏志禹, 王秀芳, 2016. 供给侧改革背景下农业科技成果转化的供需研究 [J]. 北方农业学报, 44 (6): 118-123.

魏奇锋, 顾新, 2019. 农业科技成果转化的知识服务体系构建研究 [J]. 情报理论与实践, 42 (6): 111-116.

温晗, 2020. 吉林省高校与科研院所农业科技成果转化影响因素研究 [D]. 吉林农业大学.

吴飞鸣, 孙传范, 王敬华, 2013. 农业科技成果转化资金分技术领域绩效评价 [J]. 中国农业科技导报, 15 (4): 72-77.

吴磊, 2016. 我国农业科技成果转化的制约因素及对策分析 [J]. 改革与战略, 32 (6): 81-84.

吴敏, 2006. 基于三螺旋模型理论的区域创新系统研究 [J]. 中国科技论坛 (1): 36-40.

吴素春, 项喜章, 刘虹, 2011. 湖北省农业科技产学研合作模式研究 [J]. 湖北农业科学, 50 (10): 2142-2145.

吴卫红, 陈高翔, 张爱美, 2018. "政产学研用资"多元主体协同创新三三螺旋模式及机理 [J]. 中国科技论坛 (5): 1-10.

吴悦, 张莉, 2014. 我国农业产学研联盟模式与机制探析 [J]. 决策咨询 (6): 70-74, 79.

夏海勇, 高华鑫, 2015. 浅析我国农业科技成果转化的现状、问题及对策 [J]. 中国农业信息 (14): 22-24, 39.

肖国华, 贺德方, 张娴, 等, 2021. 基于互信息的四螺旋模型创新协同度研究 [J]. 情报学报, 40 (1): 1-10.

肖娴, 毛世平, 孙传范, 等, 2015. 农业科技成果转化效率测度及分析 [J]. 中国科技论坛 (8): 139-144, 149.

谢科范, 刘海林, 2006. 产学研合作共建研发 (R&D) 实体的博弈分析 [J]. 科学学与科学技术管理 (10): 27-30+109.

熊桉, 2019. 农业科技成果转化：从外生向内生转变的机制与模式研究 [J]. 农业技术经济 (11): 83-92.

熊子康, 2020. 三螺旋模式下全行业集聚效应对协同创新效率的影响研究 [D]. 郑州大学.

徐士铁, 罗阁山, 2011. 论农业科技成果转化的基本模式及主要途径 [J]. 沈阳农业大学学报（社会科学版), 13 (2): 153-156.

许爱萍, 2016. 高度融合视角下农业科技创新成果转化提升路径分析 [J]. 农业经济（10）：17-19.

许程晨，2019. 基于价值共创的农产品区域品牌价值实现机制研究［D］. 浙江农林大学.

许莹，2016. 农产品区域品牌建设困境及对策研究［J］. 经贸实践（3）：251-252.

阳蓉，2020. 农业科技成果转化存在的问题及对策［J］. 现代农业科技（21）：246-248.

杨柳，全晓艳，汪继红，等，2016. 四川农业科技成果转化与金融支持问题研究［J］. 中国农学通报，32（26）：188-193.

杨善林，郑丽，冯南平，等，2013. 技术转移与科技成果转化的认识及比较［J］. 中国科技论坛（12）：116-122.

杨阳，李二玲，王琳，2019. 基于三螺旋理论的中国农业政产学研合作创新网络及其影响因素［J］. 河南科学，37（10）：1690-1699.

杨征，陈淳，孙雄松，等，2012. 影响农业高校农业科技成果转化的障碍因素分析［J］. 农业科技管理，31（3）：67-69.

杨志海，2018. 老龄化、社会网络与农户绿色生产技术采纳行为——来自长江流域六省农户数据的验证［J］. 中国农村观察（4）：44-58.

叶良均，2008. 以农民组织为纽带的农业科技成果转化机制研究［J］. 中国科技论坛（10）：111-115.

袁伟民，赵泽阳，2022. 农业科技成果转化内卷化：困境表征与破解进路［J］. 西北农林科技大学学报（社会科学版），22（2）：104-113.

袁宇，2013. 基于改进的三螺旋模型的农业科技创新体系研究［J］. 青岛农业大学学报（社会科学版），25（2）：20-23.

苑大超，2018. "一轴三螺旋"创新模式助残辅具科技成果转化研究［J］. 科技创业月刊，31（1）：21-24.

岳福菊，2012. 农业科技成果转化制约因素及转化模式研究［D］. 北京：中国农业科学院.

翟金良，2015. 中国农业科技成果转化的特点、存在的问题与发展对策［J］. 中国科学院院刊，30（3）：378-385.

张海滨，陈笃彬，2012. 基于三螺旋理论的高校支撑区域创新体系评价研究［J］. 东南学术（1）：181-189.

张家欢，魏冉，徐振宇，2017. 社会网络、技术交易与农业技术扩散［J］. 商业经济研究（16）：127-130.

张金波，2009. 三螺旋理论视野中的科技创新——基于美国创业型大学的分析［J］. 高等工程教育研究（5）：89-94.

张抗抗，郭征球，程碧军，2017. 农业科技成果转化的影响因素及其对策分析［J］. 湖北农业科学，56（22）：4394-4396.

张莉侠，吕国庆，贾磊，2018. 技术引进，技术吸收能力与创新绩效——基于上海农业企业的实证分析［J］. 农业技术经济（9）：80-87.

张琳，吴敬学，王敬华，等，2014. 我国农业科技成果转化资金绩效评价研究［J］. 中国科技论坛（5）：149-154.

张梅申，王慧军，2011. 农业科技成果转化的长效机制及实例分析［J］. 农业科技管理，30（2）：24-28.

张萌，付长亮，2021. 我国农技推广高效协同创新研究——基于机制视角［J］. 中国农机化学报，42（1）：219-224.

张荣庆，王柯淇，2021. 基于改进层次分析法的农业科技成果转化资金绩效评价研究［J］. 湖北农业科学，60（21）：183-187.

张淑辉，郝玉宾，2014. 农业科技成果低转化率的主要原因探讨［J］. 理论探索（1）：98-101.

张淑云，陶佩君，陈曦，等，2010. 农业技术创新扩散的实证分析［J］. 河北大学学报（哲学社会科学版），35（3）：103-105.

张水玲，2014. 外源推动与内源驱动整合：农业科技推广模式创新机制研究［J］. 江苏农业科学，42（9）：484-486.

张铁石，2007. 农业科技成果转化率的影响因素及解决措施［J］. 河北农业科学，11（2）：106-108.

张文亚，丁三青，2021. 科技创新三螺旋模式中政府的适切功能与定位［J］. 科学管理研究，39（2）：37-41.

张晓娜，2020. 我国服务业与城镇化的灰色关联度实证考察［J］. 统计与决策，

36（19）：97-101.

张学军，2007. 农业科技成果转化若干理论问题探析——基于新制度经济学视角［J］. 中国科技论坛（5）：118-121.

张雨，2007. 浅析农业科技成果转化运行机制存在的问题［J］. 西北农林科技大学学报（社会科学版），7（2）：5-10.

赵晓飞，李崇光，2008. 农产品供应链联盟的利益分配模型与策略研究［J］. 软科学，22（5）：90-94，110.

赵岩，2011. 加强农业科技创新，助推农业现代化［J］. 吉林农业（2）：48.

郑丽，涂修亮，王建华，等，2016. 湖北省农业科技成果转化现状与发展对策［J］. 湖北农业科学，55（14）：3758-3761.

郑阳阳，罗建利，李佳，2017. 技术来源、社会嵌入与农业技术推广绩效——基于8家合作社的案例研究［J］. 中国科技论坛（8）：141-151.

钟慧，吴玉宇，2015. 湖南省农业科技成果转化资金实施效果分析［J］. 农业现代化研究，36（1）：68-72.

周春彦，李海波，李星洲，等，2011. 国内外三螺旋研究的理论前沿与实践探索［J］. 科学与管理，31（4）：21-27.

周广洲，刘楷，周远扬，等，2019. 基于平台化的广东省农业科技成果转化服务模式研究［J］. 农业开发与装备（4）：39-40.

周晓光，2016. 浙江省农业科技成果转化机制构建及优化研究［M］. 北京：中国农业科学技术出版社.

周星星，曾国平，刘建峰，2021. 三螺旋理论视角下的农业科技企业孵化器运行机制研究——基于金颖农科孵化器的实证研究［J］. 广东农业科学，48（1）：54-62.

周业付，2018. 虚拟农产品供应链合作联盟构建及利益博弈［J］. 华东经济管理，32（12）：174-179.

周振亚，叶纪明，付仲文，等，2015. 我国农业科技成果转化的障碍因素及对策研究——基于吉林省的调查［J］. 农业科技管理，34（4）：7-10，75.

庄涛，王桂东，2017. 官产学研协同创新四维关系研究——基于三螺旋视角［J］. 技术经济与管理研究（8）：27-32.

ANDERSON T R, DAIM T U, LAVOIE F F, 2007. Measuring the efficiency of university technology transfer [J]. Technovation, 27 (5): 306-318.

ANNE, MARCOVICH, TERRY, et al., 2011. From the Triple Helix to a Quadruple Helix? The Case of Dip-Pen Nanolithography [J]. Minerva, 49 (2): 175-190.

BARHAM B L, CHAVAS J P, FITZ D, et al., 2014. The roles of risk and ambiguity in technology adoption [J]. Journal of Economic Behavior & Organization, 97: 204-218.

BENNETT D, 2002. Innovative technology transfer frame-work linked to trade for UNIDO action [R]. United Nations Industrial Development Organization.

BINSWANGER H P, 1974. The measurement of technological change biases with many factors of production [J]. The American Economic Review, 64 (6): 964-976.

CARDOZO R, ARDICHVILI A, STRAUSS A, 2011. Effectiveness of university technology transfer: An organizational population ecology view of a maturing supplier industry [J]. The Journal of Technology Transfer, 36 (2): 173-202.

CHEN R R, YIN S, 2010. The equivalence of uniform and Shapley value-based cost allocations in a specific game [J]. Operations Research Letters, 38 (6): 539-544.

CRAMA P, REYCK B D, DEGRAEVE R Z, 2008. Milestone payments or royalties? Contract design for R&D licensing [J]. Operations Research, 56 (6): 1539-1552.

CURI C, DARAIO C, LLERENA P, 2012. University transfer: How efficient are French universities [J]. Cambridge Journal of Economics, 36 (3): 629-654.

DEVI P I, SOLOMON S S, JAYASREE M G, 2014. Green technologies for sustainable agriculture: Policy options towards farmer adoption [J]. Indian Journal of Agricultural Economics, 69 (3): 414-425.

DOSS C R, CHERYL R, 2006. Analyzing technology adoption using microstudies: limitations, challenges, and opportunities for improvement [J]. Agricultural Economics (5): 207-219.

ETZKOWITZ H, 2011. The triple helix: science, technology and the entrepreneurial spirit-based Innovation in China [J]. Journal of Knowledge, 3 (2): 76-90.

ETZKOWITZ H, LEYDESDORFF, 1995. The triple helix of university–industry–government relations: a laboratory for knowledge–based economic development [J]. EASST Review, 14 (1): 14-19.

ETZKOWITZ H, LEYDESDORFF L, 1997. Introduction to special issue on science policy dimensions of the triple helix of university–industry–government relations [J]. Science and Public Policy, 24 (1): 2-5.

ETZKOWITZ H, LEYDESDORFF L, 1998. The endless transition: A'triple helix' of university-industry-government [J]. Minerva, 36 (3): 203-208.

FEDER G, JUST R E, ZILBERMAN D, 1985. Adoption of agricultural innovations in developing countries: A survey [J]. Economic Development and Cultural Change, 33 (2): 255-298.

FEDER G, MURGAI R, QUIZON J B, 2004. Sending farmers back to school: the impact of farmer field schools in Indonesia [J]. Review of Agricultural Economics, 26 (1): 45-62.

GERICHHAUSEN M, BERKHOUT E D, HAMERS H J M, et al., 2009. A quantitative framework to analyse cooperation between and rural households [J]. Agricultural Systems, 101 (3): 173-185.

HUTTUNEN S, PELTOMAA J, 2016. Agri-environmental policies and 'good farming' in cultivation practices at Finnish farms [J]. Journal of Rural Studies, 44: 217-226.

KARI L, MIRKA L, PETTERI P, 2015. Open innovation between higher education and industry [J]. Journal of the Knowledge Economy, 6 (3): 589-610.

KIM Y, 2013. The ivory tower approach to entrepreneurial linkage: Productivity changes in university technology transfer [J]. The Journal of Technology Transfer, 38 (2): 180-197.

KNOWLER D, BRADSHAW B, 2007. Farmers' adoption of conservation agriculture: A review and synthesis of recent research [J]. Food Policy, 2007, 32 (1): 25-48.

LAI E L C, RIEZMAN R, WANG P, 2009. Outsourcing of innovation [J]. Economic Theory, 38: 485-515.

LANGE F, GRABISCH M, 2011. New axiomatizations of the Shapley interaction index for bi-capacties [J]. Fuzzy Sets and Systems, 2011, 176 (1): 64-75.

MACHO-STADLER I, PÉREZ-CASTRILLO D, 2010. Incentives in university technology transfers original research article [J]. International Journal of Industrial Organization, 28 (4): 362-367.

MAY D E, 2013. Explaining family farm run businesses' capacity to develop dynamic capabilities [J]. International Journal of Sustainable Economies Management, 2 (1): 12-25.

METZ B, DAVIDSON O R, MARTENS J W, et al., 2000. Methodological and technological issues in technology transfer [J]. Journal of the Royal Society of Medicine, 84 (12): 753-756.

NASH J F, 1953. Two-person cooperative games [J]. Econometrica, 21 (1): 128-140.

PARK, WOO H, 2014. Transition from the Triple Helix to N-Tuple Helices? An interview with Elias G. Carayannis and David F. J. Campbell [J]. Scientometrics, 99 (1): 203-207.

PROSKURYAKOVA L, MEISSNER D, RUDNIK P, 2017. The use of technology platforms as a policy tool to address research challenges and technology transfer [J]. The Journal of Technology Transfer, 42: 206-227.

RADZIK T, 2012. A new look at the role of players' weights in the weighted Shapley value [J]. European Journal of Operational Research, 223 (2): 407-416.

RHEE B V D, VEEN J A A, VENUGOPAL V, et al., 2010. A new revenue sharing mechanism for coordinating multi-echelon supply chains [J]. Operations Research Letters, 38: 296-301.

ROGERS E M, 1995. Diffusion of innovation [M]. New York: The Free Press.

ROGERS E M, SHOEMAKER F F, 1971. Communication of innovations: A cross-cultural approach (2nd ed. of Diffusion of innovations) [M]. New York: Free Press.

SCHMOOKLER J, 1966. Invention and Economic Growth [M]. Cambridge: Harvard University Press.

SHAPLEY L S, 1953. A value for n-person games. Contribution to theory of games [J]. Annals of Mathematics Studies, 2: 28.

SIEGEL D, WRIGHT M, CHAPPLE W, et al., 2008. Assessing the relative performance of university technology transfer in the US and UK: A stochastic distance function [J]. Economics of Innovation and New Technology, 17 (8): 717-729.

TODO Y, MATOUS P, MOJO D, 2015. Effects of social network structure on the diffusion and adoption of agricultural technology: evidence from rural Ethiopia [J]. Ssrn Electronic Journal, 9 (5-6): 231-234.

ZELLER M, DIAGNE A, MATAYA C, 1998. Market access by smallholder farmers in Malawi: implications for technology adoption, agricultural productivity and crop income [J]. Agricultural Economics (19): 219-229.

ZILBERMAN D, JUST R E, 1984. Labor supply uncertainty and technology adoption [M]. Ames: Iowa State University Press.

ZILBERMAN D, ZHAO J H, HEIMAN A, 2012. Adoption versus adaptation, with emphasis on climate change [J]. Annual Review of Resource Economics, 4 (1): 27-53.

附　　录

附录一　农业科研机构/高校农业科技创新与转化模式调研问卷

农业科技成果转化模式调查问卷

（科研单位/大专院校/科研人员）

尊敬的专家：您好！

　　这是关于国家重点研发计划子课题"基于价值共创的农业科技信息与成果转化利益分配机制与模式"学术研究的调查问卷，问卷主要涉及农业科技成果转化模式及利益分配的调研。这些内容均用于学术研究，分析过程不会单独使用单位/个人的信息，而是对全体调查对象进行综合分析。非常感谢您的支持！

　　一、制约因素关联影响程度打分表

序号	制约因素	不相关 1分	不重要 2分	一般重要 3分	比较重要 4分	非常重要 5分
1	科研立项与市场需求紧密度					
2	科研人员成果转化意识					
3	成果转化制度与机制					
4	技术成熟度不够					
5	缺乏相应的成果转化制度、机制					
6	科技成果转化成本					
7	中试基地缺乏					
8	缺乏成果转化的中介机构					
9	公平合理的科技成果转化利益分配机制					
10	第三方科技成果评价					
11	科技成果市场前景					
12	科技成果转化周期					
13	研发转化的合作模式					
14	与科研方的可持续合作					

(续表)

序号	制约因素	不相关 1分	不重要 2分	一般重要 3分	比较重要 4分	非常重要 5分
15	产业化组织缺乏					
16	成果相关销售渠道					
17	第三方服务：融资、担保、风险防控等					
18	政府扶持（减税、减息等）					
19	农技推广政策					
20	成果推广配套设备（水肥一体化、农机具等）					
21	农技推广人员的数量					
22	农技推广人员专业素质					
23	农技推广奖励机制					
24	成果推广地的经济水平					
25	成果推广成本					
26	成果示范标杆					
27	标准化技术推广体系					
28	技术引进及消化吸收能力					
29	政府政策扶持（经济补贴、提供基础设备等）					
30	配套的社会化服务组织					
31	新型经营主体文化素质					
32	成果产品销售渠道					
33	农资价格					
34	风险保障机制					
35	同质化技术选择					
36	新型经营主体对新技术的接受度					
37	农业科技中介机构					

二、农业科技成果转化模式及利益分配问卷

1. 贵单位农业科技成果管理情况。请直接打√选择。

贵单位是否建有固定的部门或人员负责成果转化	1. 是　2. 否
贵单位是否与涉农企业建立稳定产学研合作	1. 是　2. 否
贵单位是否建立关于知识产权（包括专利信息）的数据库	1. 是　2. 否
贵单位是否通过中介（比如技术转移公司）转化科技成果	1. 是　2. 否
贵单位是否内设推广服务组织	1. 是　2. 否
贵单位是否有中试平台	1. 是　2. 否
如没有，是否准备建立中试平台	1. 是　2. 否

2. 贵单位持有的科技成果转化主要渠道是？（请直接打√选择）【可多选】

A. 通过中介机构进行转化　　B. 通过固定的产学研合作伙伴

C. 通过政府部门　　　　　　D. 通过技术创新或产业联盟

3. 目前贵单位的科技成果转化模式有：_____（请直接打√选择）【可多选】

①政府购买/参股等②中介机构购买/推广③科研主体自行推广

④与企业/新型经营主体合作⑤高校自办产业⑥金融机构进行担保/融资/贷款

如您知晓，请将各主体利益分配比从大到小排列_____

4. 贵单位是否将科研成果转化收益分配给科研人员？

A. 有，但不清楚分配占比

B. 有，收益分配占比小于等于25%

C. 有，收益分配不多于50%

D. 有，收益分配大于50%

E. 没有，但是正在制定/研究收益分配制度

F. 没有考虑过将科研成果转化收益分配给科研人员

三、科研人员农业科技成果转化市场需求与转化模式

1. 您在推进科研成果转化时会采取哪种方式？（请直接打√选择）【单选】

A. 主动去寻找市场，积极促进成果的转化

B. 等企业或相关部门主动来寻求成果转化的合作才积极从事转化工作

C. 把科研成果交由中介机构或风险投资资金去进行成果转化

D. 不太关注科研成果的转化，交由单位的科研管理部门去处理

2. 您认为较好的成果转化模式有哪些？（请直接打√选择）【可多选】

A. 专家+企业

B. 政府+专家+企业

C. 政府+专家+新型经营主体

D. 政府+专家+新型经营主体+社会化服务组织

E. 政府+专家+新型经营主体+社会化服务组织+第三方服务机构

F. 平台+专家+新型经营主体+社会化服务组织+第三方服务机构

G. 其他_____（请补充）

3. 您对各类信息的需求强度如何？请直接打√选择

	非常需要	需要	一般需要	无所谓	不需要
农业科技信息					
市场供求信息					
农业成果转化政策信息					
农业科技成果应用前景					
成果的潜在技术经济效益					
成果接收方的条件、资质					
成果转让方的业界声誉与研发实力					

附录二　农民合作组织农业科技创新与转化模式调研问卷

农业科技创新与转化模式调研问卷

（专业协会/合作社/家庭农场/大户）

调查对象：_____　　时间：2021 年 ___ 月 ___ 日　　地点：_____ 区（县）_____ 街道（乡镇）_____ 社区（村）

1. 基本情况

家庭农场或合作社名称	成员人数	经营范围和类型	年产值（万元）	您个人情况		资产总额（万元）
				年龄	学历	

2. 您获取科技信息与成果的类型主要有（　　）？（可多选）

　A. 农资产品　　B. 科技服务　　C. 咨询服务

　D. 冷链物流等基础设施支持　　E. 其他_____

3. 您当前获取科技信息的途径有哪些（　　）？（可多选）

　A. 农技人员　　B. 参加培训　　C. 同行交流　　D. 网络平台与手机 App

　E. 土专家、田秀才　　F. 其他_____

4. 您是否使用科技信息与成果转化平台（　　）？

　A. 是　　　B. 否

5. 您在购买新品种或新技术或新农资上的投入资金占利润的比例是_____%。

6. 您对科技成果（服务）类型的需求（　　）？（可多选）

　A. 研究成果　　B. 授权专利　　C 软件著作权　　D. 电商服务

　E. 智慧农业

7. 您与科研院所、企业等合作进行农业科技成果应用推广的时间（　　）？

　A. 1 年以内　　B. 1~3 年　　C. 3 年以上　　D. 没有合作

8. 您与科研院所、企业等合作进行农业科技成果应用推广带来经济效益增长_____%，新的增长占整体经济效益的_____%，是否达到预期　是□　否□。

9. 请选择您参加成果转化和利益联结模式（　　），并将各参与主体的利益分配比例完善。

  A. 政府____%+专家____%+新型经营主体____%

  B. 政府____%+专家____%+新型经营主体____%+平台____%

  C. 政府____%+专家____%+新型经营主体____%+社会化服务组织____%+平台____%

  D. 协会____%+新型经营主体____%+社会化服务组织____%+平台____%

10. 您认为在该模式下，企业科技创新面临的主要风险有（　　）（可多项选择）

①自然风险　　②技术风险　　③经济风险　　④社会风险

⑤法律风险　　⑥信用风险

请按风险由大到小进行排序（填序号）：_____

半结构访谈：

1. 您使用过哪些科技服务平台（例如科技扶贫在线等）？这些平台有什么不方便之处，有没有需求没有得到满足的方面？

_____

2. 您在科技创新应用（新品种、新技术、新农资）方面有哪些尝试？给您带来了怎样的效益？

_____

3. 您在与企业、政府、科研院所有没有合作？合作情况怎样，利益分配如何，存在什么问题？

_____

附录三　农业企业农业科技创新与转化模式调研问卷

农业科技创新与转化模式调研问卷
（涉农企业）

尊敬的企业负责人：您好！

为了更好地推进《基于价值共创的农业科技信息与成果转化利益分配机制与模式研究》的课题研究，现针对涉农企业开展农业科技创新与转化模式调研，调研内容仅用于学术研究，分析过程不会单独使用单位/个人的信息，而是对全体调研对象进行综合分析。非常感谢您的支持！

一、企业基本情况

企业名称		
企业所在地		
企业注册时间		
企业资产规模（万元）		
年营业额（万元）	①小于100□　②100~500□　③500~1 000□ ④1 000~5 000□　⑤5 000~10 000□　⑥大于10 000□	
员工人数（人）	①小于100□　②100~500□　③500~1 000□ ④1 000~5 000□　⑤5 000~10 000□　⑥大于10 000□	
从事研发活动人数（人）		
填表人姓名	联系电话	电子邮箱
企业所属领域＿＿＿＿＿＿＿＿＿＿＿＿（请选择或填写） ①种植业　②畜牧业　③水产业　④林业　⑤农产品加工　⑥植物保护　⑦资源高效利用 ⑧农林生态环境　⑨农业装备　⑩农业信息　⑪生物技术与产品技术　⑫其他＿＿＿＿＿＿		
企业性质	□国有　□集体　□民营　□合资　□其他	
是否获得过转化资金支持	□是　　□否	

二、企业科技创新和转化模式

1. 企业研发机构状况：（限选一项，请在"□"中划√）

　①企业单独设立□　　②与科研单位、院校联合成立□

　③由企业其他机构兼顾□　　④没有□

2. 企业研发人员学历状况：（限选一项，请在"□"中划√）

①以本科为主□　　②以硕士研究生为主□　　③以博士研究生为主□

3. 从事的科技领域：（可多项选择，请在"□"中划√）

①种植业□　　②养殖业□　　③农产品加工□　　④节水农业□

⑤生态环境□　　⑥农机装备□　　⑦高新科技□　　⑧农业资源□

⑨农药、肥料□　　⑩兽药、饲料、饲料添加剂□　　⑪其他_____

4. 企业获取新技术的主要途径：（可多项选择，请在"□"中划√）

①自主研发创新□　　②产学研结合创新□　　③购买国内新科技□

④引进国际先进科技□

5. 企业获得科技信息的主要渠道为：（可多项选择，请在"□"中划√）

①大众媒体□　　②专业信息机构□　　③产品市场□

④科技市场□　　⑤同行业其他企业□　　⑥其他（请列明）_____

6. 企业是否具有自主知识产权的核心科技：（限选一项，请在"□"中划√）

①没有□　　②有□

7. 最近3年，企业是否实施了如下几类科技创新：（可多项选择，请在"□"中划√）

①开发新产品□　　②采用新设备□　　③采用新的加工工艺□

④采用新材料□　　⑤其他_____

8. 企业核心技术（产品）水平状况：（可多项选择，请在"□"中划√）

①国际领先□　　②国际先进□　　③国内领先□　　④国内先进□

⑤国内一般□

9. 企业科技创新成效主要体现在：（可多项选择，请在"□"中划√）

①降低成本□　　②增加新产品□　　③提高生产效率□

④提高产品质量□　　⑤降低环境污染□　　⑥开拓新市场□

⑦增加就业岗位□　　⑧效益不明显□　　⑨其他（请列明）_____

10. 企业科技创新能带来经济效益增长_____%

11. 企业科技创新面临的主要风险有：（可多项选择，请在"□"中划√）

①自然风险□　　②技术风险□　　③市场风险□

④社会风险□　　⑤专利侵权风险□　　⑥信用风险□

请按风险由大到小进行排序（填序号）：_____

12. 企业科技创新经费的来源渠道：（可多项选择，请在"□"中划√）

①国家科研项目□　　②政府三项费用□　　③企业自筹□

④合作投资□　　⑤银行贷款□　　⑥其他（请列明）_____

13. 阻碍企业科技创新的主要因素：（可多项选择，请在"□"中划√）

①资金缺乏□　　②信息不足□　　③承担风险能力低□　　④收益不明显□

⑤产权不明确□　　⑥科技开发成本高□　　⑦缺乏科技开发人员□

⑧缺乏有效的激励机制□　　⑨缺乏有效的科技市场□

⑩其他（请列明）_____

14. 企业迫切需求哪方面的科技创新：（可多项选择，请在"□"中划√）

①生产原料方面□　　②农产品加工方面□　　③产品方面□

④智能装备方面□　　⑤信息智能采集与分析技术方面□

⑥生产过程中的关键技术方面□　　⑦工程方面□　　⑧生产工艺方面□

⑨其他（请列明）_____

15. 以下哪些政策对企业科技创新促进作用明显：（可多项选择，最多选4项，请在"□"中划√）

①培育科技市场□　　②建立科技中介机构□

③对科技企业税收优惠□　　④国家加大对企业科研项目的支持□

⑤帮助聘请专职或兼职高级人才□　　⑥拓展科技信息渠道□

⑦开展公益性的科技推广□　　⑧其他（请列明）_____

16. 企业在农业科技成果转化上的投入资金占企业利润的比例是_____%

17. 目前影响企业科技成果转化的主要因素：（可多项选择，请在"□"中划√）

①科研与市场需求分离，致使大量科技成果不符合市场需要□

②科技体制制约科技成果转化进程□

③科技投入资金不充裕，导致科研的后劲不足□

④政府引导企业科技创新的力度不够□

⑤科研（大学）单位与企业的结合不够，转化渠道不畅□

⑥缺乏配套技术□

⑦缺乏科研成果转化平台和中介机构□

⑧知识产权保护不力□

⑨其他（请列明）＿＿＿＿＿＿

18. 贵企业一般采用何种方式进行成果宣传？（可多项选择，请在"□"中划√）

①参加成果展示交易会□　　②通过技术市场进行转化宣传□

③派专人宣传□　　④通过科研人员宣传□　　⑤通过新媒体宣传□

⑥其他（请列明）＿＿＿＿＿

19. 企业新产品（技术）的销售额占全部产品（技术）销售额的比例：（限选一项，请在"□"中划√）

①5%以下□　　②5%~10%□　　③10%~20%□　　④20%以上□

20. 企业自主创新产品（技术）占全部新产品（技术）的比例：（限选一项，请在"□"中划√）

①5%以下□　　②5%~10%□　　③10%~20%□　　④20%~50%以上□

⑤50%以上□

21. 企业与其他主体的农业科技成果转化合作及利益分配比例（可多项选择，请在"□"中划√）

①本企业与其他主体是否建立了农业科技成果转化合作：是□　　否□

②请您根据在农业科技成果转化中，本企业与合作主体各自对应的新产品（技术）研发、推广和应用环节，在□中打√，并填写合作分配比例。

参与主体						
研发		比例	推广	比例	应用	比例
本企业 □		＿＿%	本企业 □	＿＿%	本企业 □	＿＿%
科研院所 □		＿＿%	经销商 □	＿＿%	合作社 □	＿＿%
高校 □		＿＿%	零销商 □	＿＿%	家庭农场 □	＿＿%
专家团队 □		＿＿%	政府 □	＿＿%	大户 □	＿＿%
其他企业 □		＿＿%	中介机构 □	＿＿%	其他 □	＿＿%
其他 □		＿＿%	协会 □	＿＿%		
			其他 □	＿＿%		

22. 企业与其他主体开展农业科技成果转化合作，为其他主体带来的经济效益增长为：

研发环节：科研院所____% 高校____% 专家团队____% 其他企业____% 其他____%

推广环节：经销商____% 零销商____% 中介机构____% 协会____% 其他____%

应用环节：合作社____% 家庭农场____% 大户____% 其他____%

23. 企业与其他主体进行农业科技成果转化的合作时间：（限选一项，请在"□"中划√）

①1年以内□　　②1~2年□　　③2~3年□　　④3年以上□

24. 农业科技成果转化中企业对其他主体分配利益的方式是：（请在"□"中划√）：

①固定薪资□　　②一性次奖励□　　③科研项目承包协议□

④股权分配□　　⑤期权分配□　　⑥利润分成□

⑦其他（请列明）_____

您认为较好的利益分配方式是_____，原因是_____。

填报日期：　　年　月　日